精益化工

精益管理在化工行业的实践

夏岚　编著

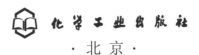

·北京·

内容简介

本书主要从文化、流程、工具、物质4个层面全面介绍精益塔精益变革管理体系。结合一些实际案例，分享作者10年来在化工一线从事精益管理过程中亲身进行和组织进行大量实践后的心得，期望给致力于化工行业及其他相关行业开展精益工作的人士以有益的借鉴，为精益管理在化工行业的更好发展提供有益的帮助。

本书适用于化工行业从事生产管理、技术管理方面工作的管理人员。

图书在版编目（CIP）数据

精益化工：精益管理在化工行业的实践/夏岚编著．—北京：化学工业出版社，2021.6
ISBN 978-7-122-38987-9

Ⅰ.①精… Ⅱ.①夏… Ⅲ.①化工企业-工业企业管理 Ⅳ.①F407.7

中国版本图书馆CIP数据核字（2021）第072797号

责任编辑：仇志刚　高　宁　　　　　　　　　　装帧设计：王晓宇
责任校对：宋　玮

出版发行：化学工业出版社（北京市东城区青年湖南街13号　邮政编码100011）
印　　装：三河市延风印装有限公司
710mm×1000mm　1/16　印张20¼　插页1　字数385千字　2021年6月北京第1版第1次印刷

购书咨询：010-64518888　　　　　　　　　售后服务：010-64518899
网　　址：http://www.cip.com.cn

凡购买本书，如有缺损质量问题，本社销售中心负责调换。

定　价：88.00元　　　　　　　　　　　　　　　　版权所有　违者必究

前言
PREFACE

本书是一本实践之书、启发之书、诚意之书。

实践之书。 随着精益管理的日益发展和普及，关于精益思想、工具的书籍已经比较丰富，其中不乏经典佳作。为了避免重复，本书的内容更偏向于实践，从实践的角度进行分享，以期对读者有特别的帮助。本书中没有出现比较多的案例，为了写作需要所举的案例也多为简单描述，更多的是分享笔者在国内化工标杆企业主导实施精益管理的10年实践心得。

启发之书。 过去的一百年里大部分主流的生产运营管理理论创新来自于化工之外的行业，譬如汽车行业、建筑行业，化工行业只在安全管理这一领域创新比较多。在本书写作的过程中，为了尽量保证用词精确、用典精准，笔者参考了不少专业书籍资料，也因此发现国内化工行业生产管理、技术管理方面实践类的书籍比较少。笔者的另一个业务领域是数字化，而在这个领域有很多优秀的实践类的书，大多是不同专业人士在各自的专业领域精耕多年后的心得之作。通过这些书籍最新的创新实践得以传播，这为读者搭建了理论到实践之间的桥梁，给予读者更多实际工作方面的启发。本书也想达到这样的效果，希望本书能抛砖引玉，为精益化工的更好发展起到一臂之力。

诚意之书。 为完成本书的编著，笔者因此有了一段时间去回顾过去的工作经历并进行系统的梳理从而形成了精益塔变革管理体系。过去这些年笔者一直和亲密的伙伴们在高速发展的组织中疾步前行，随着肩负的一个个阶段KPI（关键业绩指标）的制定、实施和关闭，一年一年就这样过去了，难以有时间系统地进行深度的回顾和整理，这次终于如愿以偿。见解也许浅薄，思考也许片面，笔法也许简单，但还是鼓起勇气，以十足诚意写就此书。如有不周之处欢迎各位读者斧正！

本书的出版要感谢太多的人！

感谢亲爱的领导同事！

加入万华是笔者一生中最幸运的事之一，为万华服务是笔者一生的自豪。我入职后赶上了公司开始持续高速发展腾飞的时期，从烟台到宁波，在公司给予的各个发展机会中努力学习、实践、分享，自身得到了成长和发展，也尽己所能为公司的发展贡献了自己的一份力量，并在其中收获了深厚的友情。回首十几年的工作经历，公司的优良文化、领导师傅们的谆谆教诲、同事们的卓越能力在笔者的人生中打下了深深的不可磨灭的烙印，深刻地塑造了笔者的人生观、价值观、思维方式、自我管理体系。非常感恩万华的各位领导、各位同事在过去这些年中的培养、信任、支持和帮助！

感谢敬爱的老师们！

在精益变革的过程中，公司先后聘请了精益、六西格玛、TPM 各个领域的顶级专家为我们进行培训和指导，持续安排我们到国内外各个标杆企业、专业组织、咨询公司和各有所长、术有专攻的老师们进行学习和讨教。每一次的培训都让人意犹未尽，每一次的指导都让人茅塞顿开，每一次的学习都让人收获满满，每一次的讨教都让人获益多多！各位老师是我们在精益道路上的领路人，亲手带我们开启了激动人心的精益之旅！

感谢我的家人们！

感谢我的家人们对我工作上的支持和生活上的照顾，使我能全身心地投入精益工作！

没有你们，就没有本书的诞生！

还有许多感谢，永记心中……

夏岚

2021 年 5 月　宁波

致谢
Thank

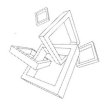

  谨以此书献给万华!

  加入万华是我一生中最幸运的事之一,为之服务是我一生的自豪。 在这里我进入了精益领域,这改变了我一生的轨迹。 我找到了我喜欢做又比较擅长做的事情,锲而不舍是我的专长,通过精益我可以为大家带来或多或少的价值,这对于我是多么幸运!

目录
CONTENTS

绪论 / 1

第1章 精益塔及相关概念 / 5
1.1 精益 / 6
1.1.1 价值的定义 / 6

1.1.2 浪费的定义 / 6

1.1.3 精益的定义 / 10

1.1.4 实现精益的两种方式：投资和改善 / 10

1.1.5 精益的过去、现在和未来 / 12

1.1.6 精益的最佳拍档——六西格玛管理 / 13

1.1.7 精益和六西格玛融合 / 15

1.2 化工 / 16
1.2.1 蓬勃发展的化工行业 / 16

1.2.2 化工企业的组织系统及面临的挑战 / 17

1.3 精益应用于化工 / 22
1.3.1 化工企业应用精益两大重点：操作和设备 / 22

1.3.2 精益化工的定义 / 29

1.4 精益塔 / 30

第2章 为什么需要精益塔 / 32
2.1 精益塔解决的是精益变革的问题 / 33
2.1.1 精益是一场全员的变革 / 33

2.1.2 精益变革成功的标志 / 35

2.2 精益变革的3大挑战——全员会、愿、能 / 36
2.2.1 会——基本条件 / 36

2.2.2 愿——行为动力 / 37

  2.2.3　能——成功保证　/ 37
 2.3　精益塔的作用——让全员会、愿、能，持续精益　/ 39

第3章　谁来应用精益塔　/ 43
 3.1　精益塔的组织结构　/ 44
 3.2　精益塔的关键角色　/ 45

第4章　在哪里应用精益塔　/ 47
 4.1　操作——所有的操作都可以应用　/ 48
 4.2　流程——所有的流程都可以应用　/ 49
 4.3　供应链——可以拓展应用到供应链　/ 50

第5章　什么时候应用精益塔　/ 53

第6章　如何应用精益塔之文化层　/ 55
 6.1　精益文化的重要性　/ 56
 6.2　精益文化和企业文化　/ 56
 6.3　精益文化的建设步骤　/ 57
 6.4　精益塔10条精益文化理念释义　/ 58
 6.5　精益文化，管理者的无限责任　/ 62

第7章　如何应用精益塔之流程层　/ 63
 7.1　流程层总论　/ 64
 7.2　输入层总论　/ 64
 7.3　高层推动　/ 65
 7.4　全员参与　/ 68
 7.5　过程层-支持台总论　/ 72
 7.6　战略展开　/ 73
 7.7　绩效考核　/ 79
 7.8　认可激励　/ 83
 7.9　变革沟通　/ 88
 7.10　专家工作　/ 90
 7.11　过程层-提升环总论　/ 94

7.12 学习总论 / 95
7.13 培训计划 / 96
7.14 课程开发 / 100
7.15 培训认证 / 107
7.16 标杆学习 / 112
7.17 实践总论 / 116
7.18 项目识别 / 119
7.19 项目实施 / 128
7.20 项目验收 / 135
7.21 项目巩固 / 137
7.22 TPM / 140
7.23 分享总论 / 150
7.24 简报分享 / 150
7.25 论坛分享 / 153
7.26 现场走动 / 158
7.27 输出层总论 / 162
7.28 项目评价 / 163
7.29 体系审核 / 168

第8章 如何应用精益塔之工具层 / 172

8.1 工具层总论 / 173
8.2 统计基础 / 175
 8.2.1 数理统计基础 / 176
 8.2.2 收集和归纳数据 / 180
8.3 基础工具 / 186
 8.3.1 8大浪费 / 187
 8.3.2 5个为什么 / 191
8.4 黄带工具 / 192
 8.4.1 黄带方法论——A3 / 193
 8.4.2 直方图 / 197
 8.4.3 排列图 / 200
 8.4.4 散点图 / 202
 8.4.5 分层法 / 203
 8.4.6 鱼骨图 / 205

8.4.7 检查表 / 206
8.4.8 过程决策程序图 / 207
8.4.9 箭头图 / 208
8.4.10 矩阵图 / 210
8.4.11 优先矩阵图 / 211
8.4.12 关联图 / 212
8.4.13 系统图 / 213
8.4.14 亲和图 / 215
8.4.15 价值流图 / 216
8.4.16 5S / 221
8.4.17 可视化 / 224
8.4.18 OEE / 226
8.4.19 标准作业 / 228
8.4.20 防错 / 230
8.4.21 快速换模 / 232
8.4.22 头脑风暴 / 233
8.4.23 有效会议 / 235

8.5 绿带和黑带工具 / 236
8.5.1 绿带和黑带方法论——DMAIC / 237
8.5.2 Kano模型 / 240
8.5.3 质量成本 / 241
8.5.4 CTQ树 / 242
8.5.5 平衡计分卡 / 243
8.5.6 SWOT分析 / 244
8.5.7 思维导图 / 246
8.5.8 六顶思考帽 / 247
8.5.9 力场分析 / 248
8.5.10 跨职能流程图 / 249
8.5.11 流程分析 / 250
8.5.12 SIPOC / 255
8.5.13 详细流程图 / 256
8.5.14 因果矩阵 / 259
8.5.15 FMEA / 261
8.5.16 测量系统分析 / 263

8.5.17 过程能力分析 / 268
8.5.18 相关分析 / 272
8.5.19 回归分析 / 274
8.5.20 假设检验 / 276
8.5.21 试验设计 / 280
8.5.22 控制图 / 285

第 9 章 如何应用精益塔之物质层 / 290

第 10 章 如何建立精益塔 / 292
10.1 建立的步骤 / 293
10.2 建立的原则 / 296

附录 / 297
附录 1 缩写表 / 298
附录 2 六西格玛知识结构 / 299
附录 3 精益变革风险集 / 308

参考文献 / 310

后记 / 311

绪 论

关于精益塔

本书内容围绕精益塔展开。

精益于20世纪形成于汽车行业,目前已普及到包括化工行业在内的所有制造行业及其他社会领域。但因为和诞生精益的汽车行业在客户需求、运营策略、生产组织体系、成本结构、系统变异源、员工工作方式、资产设备特性等各方面有所不同,理解精益思想并将精益工具方法应用于化工行业的过程并不是那么简单。数十年来化工行业的一批批优秀企业都在以各自不同的方式进行着有益的精益管理变革实践,而精益塔就是其中一个探索出的答案。

精益塔是对笔者过去十年间曾组织开展的精益变革实践进行系统梳理而形成的一个精益变革管理体系,由文化、流程、工具、物质4个层面组成,因其组成结构类似塔的形状而得名精益塔。精益塔的文化层(塔顶)包括10条精益文化理念;流程层(塔身)包括21个精益变革流程(流程层细分为输入层、过程-支持台、过程层-提升环、输出层);工具层(塔底)包括45种核心工具以及A3和DMAIC这2个解决问题的方法论;物质层(塔座)包括5种物质载体。如果借用传统文化的"道法术器"的概念来解构,文化是道,流程是法,工具是术,物质是器,这4个层面有机结合,构成了完整的精益塔,精益塔的力量来自4个层面的合力(见图0-1)。

精益塔可以帮助组织驾驭精益变革,快速导入、稳步发展、更快成熟,形成完善的精益管理体系,并融于组织运营管理体系中,让全员会改善、愿改善、能改善,为组织创造非凡价值。

本书的主要内容就是精要介绍精益塔,以期能为读者提供有益的借鉴,为精益化工的更好发展提供帮助。

阅读指南

本书的编写,力求简单明了,用最少的语言将事情说清楚。全书总体采用5W1H(What、Why、Who、Where、When、How)这个逻辑结构展开。

第1章 精益塔及相关概念(What)主要介绍了精益、精益化工、精益塔等相关概念。

第2章 为什么需要精益塔(Why)主要介绍了精益塔对于组织的作用。

第3章 谁来应用精益塔(Who)介绍了精益塔应用所要求的组织结构和关键

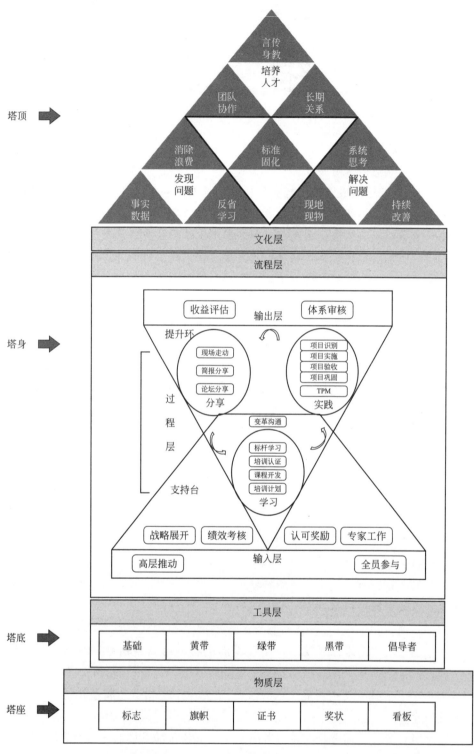

图 0-1 精益塔

角色人员的职责和能力要求。

第 4 章　在哪里应用精益塔（Where）介绍了精益塔的应用范围。

第 5 章　什么时候应用精益塔（When）介绍了精益塔的应用时间。

第 6 项　如何应用精益塔之文化层（How）主要介绍了精益塔 10 条精益文化理念。

第 7 章　如何应用精益塔之流程层（How）介绍了 21 个精益变革流程。每个流程的介绍也采用了 5W1H 的逻辑结构展开，其中在 How 怎么做里包括流程概要、原则、工具和技术、常见问题及参考回答。

第 8 章　如何应用精益塔之工具层（How）介绍了 45 种核心工具以及 2 个解决问题方法论。每种工具的介绍包括适用情景、应用步骤、要点，部分工具列出了使用案例。

第 9 章　如何应用精益塔之物质层（How）介绍了 5 种物质载体。

第 10 章　如何应用精益塔（How）介绍了在一个组织中建立精益塔管理体系的步骤和原则。

后记展望了精益的发展，给出了寄语。

本书中常出现的几个词语说明如下：

组织：开展精益管理的公司或其他企事业单位。

精益：精益是一种旨在通过消除产品与过程中的浪费来降低成本、改进效率的系统优化过程，也指系统优化后所达到的状态。本书中的精益融合了六西格玛的要素，特别是在项目实施和工具应用方面。

精益管理系统：为了提高精益管理的效率而在精益管理标准化、表单化基础上设计并运行的信息管理系统。

精益办：精益办公室的简称。

精益积分卡：量化记录组织中个人和组织精益行动的数量和质量的积分系统。

读者对象

本书适合化工行业及其他行业从事精益管理相关工作的人员阅读。

不论是负责组织精益管理工作的精益专业岗位人员，还是各级管理者、各岗位员工，阅读本书都会有所收获。本书介绍的精益塔由文化层（道）、流程层（法）、工具层（术）、物质层（器）4 个层面有机组成（见图 0-2），读者可以根据各自的兴趣重点阅读。其中文化层、流程层是与行业无关的，可以适用各个行业；工具层部分更多是介绍在化工行业情景下的应用，化工行业的读者读起来会感到更加亲切，其他行业的读者可以借鉴。

读完本书可能的收获

一个精益管理体系，可供借鉴。本书系统介绍了精益塔管理体系，读者可以

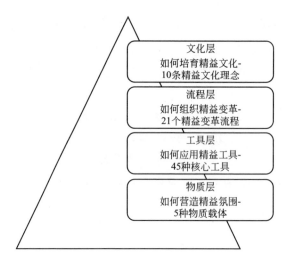

图 0-2　精益塔 4 个层面的作用

此为参考建立适应自己组织的精益变革管理体系和流程。

一批精益工具方法，可供参考。本书简要介绍了 45 种精益工具的应用。

一套精益工具模板，可供使用。本书展示了浪费检查表、A3 报告等 10 个精益工具的模板。

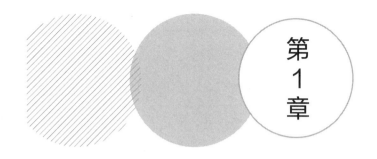

第 1 章

精益塔及相关概念

1.1 精益

1.1.1 价值的定义

在精益管理的语境里,价值是指客户需要的产品或服务。

客户包括外部客户和内部客户。外部客户主要是指购买产品和服务的组织或个人,也包括政府部门、社区等重要相关方。内部客户是指企业内部结构中相互有业务交流的组织或人员,例如:下游装置是上游装置的内部客户,生产装置是设备部门的内部客户,所有部门是后勤部门的内部客户。内部客户很多情况是双向的,互相服务。

化工行业的产品包括基础油及原料、有机中间体、精细化学品、高分子材料等种类繁多的产品。随着化工行业的快速发展和客户需求的驱动,化工行业的产品种类不断增加,客户对产品的品质要求不断提升。

化工行业的服务包括对客户应用产品的支持等服务。

和其他行业一样,化工行业的产品和服务存在日益激烈的竞争,促进了产品和服务的发展进步。企业存在的意义就是提供客户需要的产品和服务,如果企业想持续发展、基业长青,就要提供满足并超越客户需要的产品和服务。

1.1.2 浪费的定义

浪费是指产品和过程中非增值的部分。

产品中非增值的部分是指客户不需要的部分,例如消费者买到的手机有太多多余的功能,买到的非精装房通常会先拆除部分墙体才可以装修入住。化工行业中经常出现的一种情形是某种化工产品的部分指标客户没有要求或指标要求出现质量过剩,而为了达到这部分指标要求生产工艺流程中已经投入了更多的能源、物料、生产时间等资源。过程中非增值的部分是对过程产出没有贡献的部分。过程可以是生产产品的过程、提供产品或服务的过程或使用产品的过程。

从时间的角度观察过程,浪费普遍存在。例如人员进行普通健康体检,为了获得体检数据而进行的抽血、测血压、做心电图、做B超等体检项目的个人总实际操作时间合计不超过20分钟,但从开始体检到拿到体检结果常常需要1周或更长。委外加工一个化工设备备件的实际加工时间只有2小时,但从送出去到拿回来再到装上去需要1周。一套化工装置设计年运转时间是7200小时,但由于装置设备故障、原料供应中断、产品订单不足等原因实际运转时间远低于设计运转时间,非运转时间装置都在闲置而资产折旧照常。间歇生产一种化工产品,从原料进厂到产品送到客户大概需要200小时,而其中增值的反应过程等部分只有约20小时。

从范围的角度观察过程，浪费普遍存在。化工生产过程中原辅料的使用会有浪费，能源的使用会有浪费，设备维修保养过程中的备品备件会有浪费；各种非化工生产过程的工作如设备维修保养、质检分析、物流发运、仓库保管等各种工作中会有浪费；装置的工程建设和技术改造中会有浪费；产品开发中会有浪费。只要有过程的地方都会有浪费，完全没有浪费的过程只存在于理想状态中。优秀企业和普通企业的一大区别在于浪费的比例高低和是否有消除浪费的文化、组织流程和工具方法。

从测量的角度观察过程，浪费普遍存在。随着行业的发展和科技的进步，近年来化工行业中有关原料辅料、水电气风等资源的测量仪表配备和仪表可靠性、成本统计等方面进步迅速，但限于现有测量技术的能力、实施有效测量的成本和管理细化的程度，现阶段不是所有的浪费都是可以准确测量出来的。在没有测量数据的情况下，这些浪费可能会被低估，想想一个没有装单独水表的水龙头如果滴水，1年下来会有多少水的浪费？

本书后续内容中包括对识别浪费的流程、工具方法的进一步介绍，消除浪费的第一步是识别浪费，当我们可以熟练识别浪费，就会自然养成一种习惯，每看到一个地方都会问：这里有没有浪费？

1.1.2.1 浪费的分类

浪费有两种：纯浪费和现阶段存在且必要的浪费，如表1-1所示。

表1-1 浪费的两个种类

例子	增值	纯浪费	现阶段存在且必要的浪费
在会议室里从座位起来去关电灯	按动电灯开关关灯	多个灯的开关在一起而且没有标识。关了几次都没有将需要关的灯关闭，存在返工	走到电灯开关处的过程
叉车运输一个设备到仓库	叉车按照最优的路线行驶到仓库	因为接收指令存在失误，叉车先送到了另一个仓库，被拒收后再送到应该送到的仓库而多行驶了距离	叉车在路上没有按照最优路线多行驶的距离

对待两种浪费的策略不同。纯浪费是最不可容忍的，要想尽办法及时消除。现阶段存在且必要的浪费始终会存在，现阶段无法绝对消除，但要努力减少。

图1-1所示为消除两种浪费的顺序。

如果不先正确区分增值和两种浪费就直接消除减少所谓的"浪费"则有可能损伤增值。例如化工企业中按照需要配备并有效使用的劳保手套是增值的，但所有领用的劳保手套中也可能存在浪费，例如存放不当而不能使用、保管不当而造成丢失。正确的做法是区分劳保用品的增值和浪费并只消除减少浪费。但是如果不加区分而只降低劳保手套的总费用，有可能就会影响增值。再如化工产品成本中有增值的部分是客户需要的，也有浪费的部分。正确的做法是区分成本中的增值和浪费并只消除减少浪费，但是如果不加区分而只降低总成本，成本降下来了，但是也会影响增值，有损客户需要。

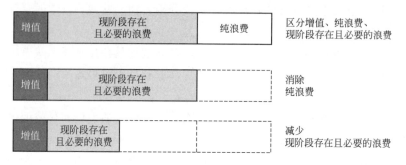

图 1-1　消除两种浪费的顺序

图 1-2 所示为消除浪费的正确及错误方式的对照。

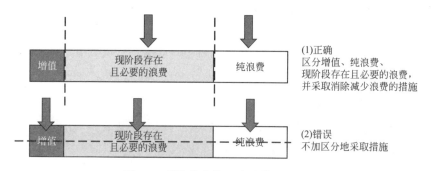

图 1-2　消除浪费的正确及错误方式

1.1.2.2　浪费/机会：两种视角两种结果

对待浪费有两种视角。视角不同结果也不相同。

（1）把浪费只看作浪费，避而远之

把浪费只看作浪费，不采取措施改变，浪费不会减少，可能会被隐藏。亡羊补牢，为时未晚。发现了问题就要尽快解决问题。主体比较独立的浪费相对比较容易解决，而跨职能、跨部门、跨领域的浪费的消除往往更为困难，需要付出更多的努力，但只要抱着锲而不舍的精神，总是能够完全解决或大部分解决。问题如果不能及时解决，出于各种考虑，问题就会被隐藏。而对于如何隐藏问题，更熟悉流程的人会更有办法。

（2）把浪费也看作机会，穷追不舍

如果把浪费也看作机会，并努力消除浪费，浪费就会越来越少。只要抱着向前看的态度客观地看待浪费、采取措施消除浪费，并继续发动全员去寻找浪费、消除浪费，流程中的浪费就会减少，流程就会更精益，进而为组织创造更多的价值。

1.1.2.3 发现浪费、消除浪费的原则

发现浪费、消除浪费是一个持续的过程，为了把好事办好，需要遵守相关的原则。

(1) 大胆发现

要善于思考、善于观察、善于突破思维定势。有的浪费我们比较容易发现，例外水龙头漏水、房间里的灯该关的时候没有关。有的浪费的发现没有那么容易，有的需要改进测量系统，例如管道的热量损失；有的需要突破性的思考，例如生产流程周期的缩短。

(2) 谨慎评估

发现了浪费，要进行谨慎的评估以确认浪费是否可以直接消除，在化工企业这一点特别重要。有些浪费可以直接消除，有些浪费不能直接消除。要在正确的地方将最应该先消除的浪费以最佳的方式、最小的代价消除，消除后对系统不能有负面影响，消除后不会反弹并要建立有效机制保障浪费不再重复出现。浪费识别要有全局观、时间观、深度观，全面考虑，谨慎定夺。

(3) 区分消除

根据评估的结果可以直接消除的，不要犹豫马上消除；不可以直接消除的，需要制定计划通过合理的措施如实施改善项目、投资改进项目进行消除。

在与浪费做斗争的过程中，有些浪费很快可以解决，有些则需要锲而不舍的持续努力。发现浪费、消除浪费是一种常态化的工作。

图 1-3 所示为消除浪费的步骤。

发现浪费、消除浪费的能力需要通过持续的实践、持续的思考来得到提升，其中一些需要注意的地方不可忽视，以下是消除浪费 10 禁条。

① **隐藏浪费**　没有真正消除浪费，而是想办法隐藏了浪费。

② **转移浪费**　没有真正消除浪费，而是转移了浪费。

③ **没有按照优先级消除浪费**　浪费是不少的，精力是有限的。浪费有优先级，要从高优先级开始。

④ **没有在根源处消除浪费**　要深入思考，找到问题的根源，例如发现了库存的浪费，再进一步思考，就可以发现供应链管理需要改进的地方。在根源处解决问题才是真的解决问题。

⑤ **消除浪费没有区分增值**　没有清楚地区分浪费和增值，损害了增值的部分。

⑥ **不可控地消除浪费**　没有经过谨慎的评估，在没有完全的把握下就进行消除，可能会出现负面的后果。

⑦ **完全不计代价消除浪费**　一个地方的浪费消除了，但是付出了非常大的

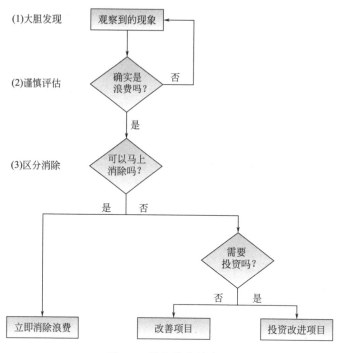

图 1-3　消除浪费的步骤

成本、精力等代价,得不偿失。

⑧ **没有区分战略浪费**　有些战略意图的浪费需要结合背景情况理解,如博弈库存的设立。

⑨ **消除浪费后停止继续优化**　已经识别的浪费被消除了,但还有改善的空间。

⑩ **消除浪费后没有完善的巩固机制**　没有机制保障,浪费会卷土重来。

1.1.3　精益的定义

"精益是一种旨在通过消除产品与过程中的浪费来降低成本、改进效率的系统优化过程,也指系统优化后所达到的状态。"❶

定义可以帮助我们去界定一个事物的独特属性,但完全理解一个事物更好的方式是自己亲身去了解、实践、思考。当我们了解精益,就会更清楚在什么地方用什么方式应用精益去帮助我们把想做的事情做好。

1.1.4　实现精益的两种方式:投资和改善

消除浪费、实现精益可以通过两种方式:投资和改善。投资是指通过资金的

---

❶ 《朱兰质量手册》(第六版)。

投入、技术的应用对流程进行根本的改造；改善是指不投入或投入非常少的资金，通过分析问题并制定措施来改进的方式。例如为了提升设备备件仓库的效率，减少备件入库出库的时间浪费、消除备件的浪费，可以采用投资的方式，将传统仓库改造成自动化立体仓库；也可采用改善的方式，提升人员进行入库出库操作的标准化操作水平。两种方式各有所长，需要根据不同的情况选择合适的方式。投资和改善常常配合进行共同提升流程的绩效。

（1）投资和改善目标相同，区别很大

投资和改善都是为了提升流程或操作的绩效，目标是相同的，但是在资金投用、技术应用等各个要素方面区别很大，见表1-2。

表 1-2 投资和改善的区别

要素	投资	改善
资金投入	较大或很大	很小或没有
技术应用	新技术的应用	技术应用中的调整
准备时间	较长	较短
行为主体	企业	企业中的改善团队或个人
改进效果	如果成功会有突破性改进	如果成功会有显著的改进
限制条件	是否有充足的资金、可用的技术、可实施的时间窗口	是否有经过充分训练的改善成员、是否正确地进行改善活动
管理流程	投资或技术改造项目管理流程	精益改善项目管理流程
工具方法	化工专业技术、项目管理技术	精益工具方法、项目管理技术

（2）投资之前先改善

投资之前先改善，可以实现不投资就改善成功的可能，可以激发员工的深度思考，通过分析研究对流程掌握得更加深入。

例如一个装置的产品的某个指标一段时间内出现不合格现象，不是一直不合格，而是有时合格有时不合格，说明生产流程有生产出合格产品的能力但不具备长时间稳定生产出合格产品的能力。

有两种可选的方案：

一是投资方案。直接进行技改，这样可以一次解决问题。这需要有投资的资金、需要有技改的时间窗口、需要有可靠的技术。

二是改善方案。进行问题的深入分析和研究。在不投资的情况下调整工艺控制参数、进行少规模的改造。这需要有受过训练的精益人才力量和进行分析研究的时间。

这种情况不妨先试试改善方案，看能否先通过改善达成提升目标，如果改善没有解决问题再进行投资，只要控制好尝试实施改善的时间就可以。

（1）如果通过改善已经没有潜力，要合理进行投资如果进行了改善而进展不足，这个时候可以考虑投资。敢于投资、善于投资也是非常好的选择。在高速发展的时间周期内不要浪费投资的机会。关于合理投资另外有相应的管理体系和流程。

（2）投资和改善综合使用，共同配合达到最佳改进效率

投资和改善综合使用，就会达到最佳的改进效率。两种方法不可偏废。因为客户的需要、因为流程的变化。改进很难避免。改进能力的重要性愈发凸显，组织具备投资和改善两种能力就会更加游刃有余。

1.1.5　精益的过去、现在和未来

图 1-4 所示是精益的形成和发展。

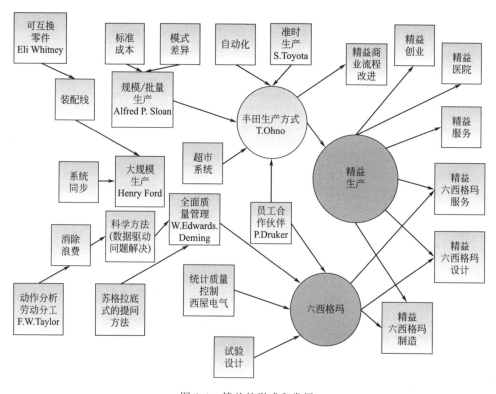

图 1-4　精益的形成和发展

（1）精益的过去

历史上管理思想的演变始终未曾停息，无数的管理学派都曾努力解决一个古老的问题：即分配稀少的资源以实现组织及人员的目标，满足其期望。精益是现代管理发展到一个阶段的产物，在精益之前的过程中，一系列科学管理、工业工程的理论在实践中不断出现，之后 20 世纪在日本的汽车行业慢慢形成了精益，最突出的代表是日本丰田汽车。因为丰田汽车的突出业绩引发了美国管理界专家

的兴趣，通过他们的研究慢慢将精益生产介绍给了世界。而在20世纪90年代，六西格玛管理也逐渐发展成熟。精益和六西格玛因其互补性而逐渐融合。精益、六西格玛对于生产运营管理的影响巨大，和标杆管理、卓越绩效等方法一起，成为一段时间内应用最广泛的管理实践。

（2）精益的现在

精益的核心理念是消除浪费，这对于包括制造流程在内的各种流程都是普遍适用的，当精益在汽车行业诞生并取得成功后，其他各个行业都想应用精益。但在早期因为行业的不同，汽车行业成熟的精益工具有些可以在其他行业直接使用，有些无法则直接使用，这限制了精益的推广速度。后来各行业通过持续不断摸索，围绕精益的核心思想，在吸收汽车行业精益实践基础上慢慢开拓了更符合各行业实际情况的精益实践，例如精益造船。而除了在制造业，在医疗、政务、服务业等行业也形成了各具特色的精益管理实践，例如精益医院、精益餐饮。医院中的可视化和防错，餐饮中的减少用餐等待时间、提高翻台率、减少食材损耗等改善都切实提高了客户满意率，消除了浪费。

（3）精益的未来

时至今日，精益仍在不断地发展并和移动互联网、大数据、云计算、人工智能等最新的科技相结合，围绕更好地提供客户需要的产品和服务这一共同目标而融合发展。例如共享用车相比传统的出租车减少了车辆的空驶率，减少了车辆使用过程中的浪费，以科技的手段贯彻了精益消除浪费的理念。

1.1.6 精益的最佳拍档——六西格玛管理

精益的最佳拍档是六西格玛管理。精益关注消除浪费，六西格玛关注减少波动。精益和六西格玛产生的背景不同、方法不同，但因其互补性而成为提升管理的最佳拍档。

六西格玛（6σ）概念作为品质管理概念，最早由摩托罗拉公司的比尔·史密斯于1986年提出，其目的是设计一个目标：在生产过程中降低产品及流程的缺陷次数，防止产品变异，提升品质。六西格玛真正流行并发展起来是在通用电气公司的实践，杰克·韦尔奇在六西格玛管理模式中总结了全面质量管理的成功经验，提炼了其中流程管理技巧的精华和最行之有效的方法，使六西格玛成为一种提高企业业绩与竞争力的管理模式。六西格玛包含以下三层含义：

① **指标说** 一种质量尺度和追求的目标。要努力降低六西格玛值、提升六西格玛水平。

② **方法说** 一套科学的工具和管理方法，运用DMAIC（定义、测量、分析、改进、控制）或六西格玛设计（DFSS）的过程进行流程的设计和改善。

③ **战略说** 一种经营管理策略。六西格玛管理是在提高顾客满意程度的同

时降低经营成本和周期的过程革新方法，它是通过提高组织核心过程的运行质量，进而提升企业盈利能力的管理方式，也是企业获得竞争力和持续发展能力的经营策略。

六西格玛管理是一种开创式的管理模式，具有以下特征：

(1) 以顾客为关注焦点的管理理念

六西格玛是以顾客为中心，关注顾客的需求。它的出发点就是研究客户最需要的是什么？最关心的是什么？在化工行业中有时会出现这么一种现象，一方面产品的所有指标分析合格，但客户那边就是感觉不好用；另一方面部分产品指标合格与否客户根本不关心，而在生产流程中为了保证这些指标合格付出了很多的资源，流程的重点和客户的需求并不是完全吻合。六西格玛是根据顾客的需求来确定管理项目，将重点放在顾客最关心、对组织影响最大的方面。

(2) 通过提高顾客满意度和降低资源成本提升经营业绩

六西格玛项目瞄准的目标有两个，一是提高顾客满意度。通过提高顾客满意度来占领市场、开拓市场，从而提高组织的效益。二是降低资源成本。通过降低资源成本，尤其是不良质量成本损失（COPQ，cost of poor quality），从而增加组织的收入。因此实施六西格玛管理方法能给一个组织带来显著的业绩提升，这也是它广受青睐的主要原因。

(3) 基于数据实施的管理

六西格玛管理方法是一种高度重视数据，依据数字、数据进行决策的管理方法，强调"用数据说话""依据数据进行决策"。另外它通过定义"机会"与"缺陷"，通过计算每个机会中的缺陷数（DPO）、每百万机会中的缺陷数（DPMO），不但可以测量和评价产品质量，还可以把一些难以测量和评价的工作质量和过程质量，变得像产品质量一样可测量并用数据加以评价，从而有助于获得改进机会，达到消除或减少工作差错及产品缺陷的目的。六西格玛管理广泛采用各种统计技术工具，使管理成为一种可测量、数字化的科学。

(4) 以项目为载体

六西格玛管理方法的实施以项目为基本单元，通过一个个项目的实施来实现。通常项目是以黑带或绿带为负责人，牵头组织项目团队通过项目成功完成来实现产品或流程的突破性改进。

(5) 实现对产品和流程的突破性质量改进

六西格玛项目的一个显著特点是项目的改进都是突破性的。通过这种改进能使产品质量得到显著提高，或者使流程得到改造，从而使组织获得显著的经济利益。实现突破性改进是六西格玛的一大特点，这与精益改善是非常好的互补。

(6) 有预见地积极管理

"积极"是指主动地在事情发生之前进行管理，而不是被动地处理危机。有预见地积极管理意味着我们应当关注那些常被忽略了的业务运作，并养成习惯：确定远大的目标并且经常加以检视；确定清晰的工作优先次序；注重预防问题而不是疲于处理已发生的危机；经常质疑我们做事的目的，而不是不加分析地维持现状。

六西格玛包括一系列工具和实践经验，它用动态的、即时反应的、有预见的、积极的管理方式取代那些被动的习惯，促使企业在愈发激烈的竞争环境下能够快速向前发展。

（7）无边界合作

在六西格玛管理中无边界合作需要确切地理解最终用户和流程中工作流向的真正需求，更重要的是，它需要应用各种有关顾客和流程的知识使各方受益，由于六西格玛管理是建立在广泛沟通基础上的，因此六西格玛管理法能够营造出一种真正支持团队合作的管理结构和环境，黑带是项目改进团队的负责人，而黑带项目往往是跨部门的，要想获得成功就必须由黑带率领项目团队打破部门之间的障碍，通过无边界合作完成六西格玛项目。

（8）追求完美，容忍失误

作为一个以追求卓越作为目标的管理方法，六西格玛为企业提供了一个近乎完美的努力方向。没有不执行新方法、贯彻新理念就能实施六西格玛管理的企业，而这样做总会带来风险。在推行六西格玛的过程中，可能会遇到挫折和失败，企业应以积极应对的心态，面对挑战和失败。

（9）独创的 DMAIC 的改进方法

六西格玛有一套全面而系统地发现、分析、解决问题的方法和步骤，这就是 DMAIC 方法，DMAIC 的具体意义如下：D（define）——项目定义阶段，M（measure）——数据测量阶段，A（analysis）——数据分析阶段、I（improve）——项目改进阶段、C（control）——项目控制阶段。本书工具层部分会进一步进行介绍。

（10）关注骨干人员的培养

六西格玛管理方法比较强调骨干队伍的建设，其中倡导者、黑带大师、黑带、绿带是整个六西格玛队伍的骨干。对不同层次的骨干进行严格的资格认证制度。如黑带必须在规定的时间内完成规定的培训，并主持完成一项价值较大的改进项目。

1.1.7 精益和六西格玛融合

本书所指的精益融合了六西格玛管理的成功要素，主要包括以下方面。

（1）思想理念

将六西格玛减少波动的思想理念和精益消除浪费的思想理念相融合。波动会造成浪费，减少波动就会从根源消除浪费。例如因为装置负荷不能保持稳定，造成日产量波动，为了保证对客户的稳定供应就需要增加产品库存，这就造成了库存的浪费，如果从源头提升装置负荷的稳定性，就可以减少库存浪费。

（2）方法论

将六西格玛的 DMAIC 方法论融入精益改善项目体系，设立六西格玛项目渠道，专用于问题原因复杂、流程频次高、相关数据多的大项目。

（3）工具

六西格玛的工具种类多，特别是统计工具多。化工企业的流程复杂、问题原因复杂、数据相对丰富，六西格玛工具配合精益工具，在一些重点难点项目中可起到关键作用。

（4）项目管理机制

六西格玛的项目管理基于现代项目管理体系，更加规范、容易操作。在精益项目管理中进行了借鉴，把所有的项目都视作一个常规的项目按照项目管理的要求进行管理。

（5）人员培养机制

六西格玛的带级认证机制合理有效，在精益培训开展中进行了借鉴。

对于企业而言管理的名称、概念并不是头等重要，解决问题才是关键。有波动的地方就可以用六西格玛，有浪费的地方就可以用精益。精益和六西格玛融合，可以在组织的持续改进中展现全面的力量。

1.2 化工

1.2.1 蓬勃发展的化工行业

化工行业是指生产过程中化学方法占主要地位的所有单位的集合。现代化工大致可分为三个类别：无机化工，有机化工，精细化工，产品广泛应用于农业和工业生产中。新中国成立以来特别是改革开放以来我国的化学工业蓬勃发展，现已发展成为门类齐全、规模庞大的国民经济重要支柱行业之一。按照 GB/T 4754—2017《国民经济行业》，化工行业主要涉及化学原料和化学制品制造业、医药制造业、化学纤维制造业、橡胶和塑料制品业等行业大类。主要包括化学原料和化学制品制造业大类中的基础化学原料制造、肥料制造、农药制造、涂料、油墨、颜料及类似产品制造、合成材料制造、专用化学产品制造、炸药、火工及焰火产品制造、日用化学产品制造等行业；医药制造业大类中的化学药品原料药制造、化学药品制剂制造等行业；化学纤维制造业大类中的纤维素纤维原料及纤维制造、合成纤维制造等行业；橡胶和塑料制品业大类中的橡胶制造等行业。每一个细分行业都有其自身的特色。

随着社会的发展，化工行业面临着广阔的发展前景。国内外市场对于化工产品的需求量不断增长，驱动化工企业的规模不断扩大、产品种类不断丰富、产品质量不断提升。化工工艺不断进步，加速走向绿色低碳、环境友好的发展道路。化工制造技术不断进步。工业互联网、大数据、人工智能等新技术陆续在化工行业落地推广，给化工行业的提质增效插上了腾飞的翅膀。

化工行业是一个历史悠久的行业，同时是一个充满希望的行业，是国民经济不可或缺的关键行业，是与民生息息相关的基础行业。发展好化工行业是每个化工企业、每个化工人共同的追求。

1.2.2 化工企业的组织系统及面临的挑战

和其他行业总体类似，通常的化工企业的组织系统如图1-5所示。从左往右是供应商、资源、内部过程、产品和服务、客户等要素构成的产品流；从上到下是使命、愿景、战略、内部过程、结果等要素构成的经营流。其中内部过程包括流程、资产、人、技术、文化等关键要素。每个要素的情况及各个要素的协同情况决定了企业通过产品和服务满足客户需求的绩效表现和企业自身经营的绩效表现，这些绩效表现决定了企业的生存和发展。

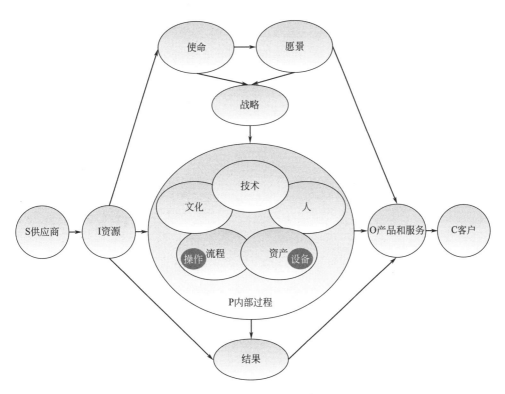

图1-5　组织系统13要素

化工企业组织系统中的特别之处就是资产中的设备和流程中的操作，这两方面对于整体的运营至关重要。

(1) 使命

使命是组织存在的价值，是组织所应承担并努力实现的责任。回答了我们是做什么的。

(2) 愿景

愿景是组织对未来的展望，是组织实现整体发展方向和目的的理想状态。回答了我们要做到什么程度。

(3) 战略

战略是一种已明确定义的计划、想法或行动步骤，关注组织如何赶上或超越竞争对手。准确理解战略是实施精益的第一步。

(4) 流程

流程是把一个或多个输入转化为对顾客有价值的输出活动。流程分为战略性流程、经营性流程和辅助性流程。战略性流程是指组织为了自己的未来进行规划的流程，包括战略规划、产品开发等流程；经营性流程是指组织实施常规职能的流程，例如生产制造、客户服务等流程；辅助性流程是指那些辅助战略性流程和经营性流程实施的流程，例如人力资源管理、信息系统管理等流程。这3种类型的流程适用于所有的组织，每一类流程都可以细分为一系列的子流程，这些子流程又可以一步一步地细分为更为具体的流程，直到细分到每个员工的工作流程（图1-6）。

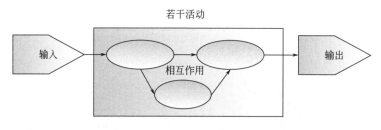

图1-6 流程

在流程之中包括操作。操作由动素、动作逐级组合而成；若干操作组成流程；若干相互关联的流程形成了流程组。针对动素和动作层级通常进行动作分析；针对操作层级通常进行操作分析；针对流程和流程层级通常进行流程分析，如图1-7所示。化工企业中业务流程中的每个部门的每个岗位都有各自不同的操作。例如生产工艺岗位有现场工艺操作、DCS操作、装置检修操作、异常处理操作，质检岗位的样品操作、分析测试操作、设备维护操作，设备岗位的设备维护保养操作、设备检修操作，财务岗位的报销操作、合同操作、账务操作等等。

每个操作的质量对于组织的高效运作都会有影响，有的很小，有的很大。

图1-7 操作和流程

流程和操作面临的挑战：

① **流程效率下降** 流程越来越复杂，涉及的部门和环节越来越多，导致流程的效率下降。另外，流程关键控制点的控制可能缺失而造成流程缺陷甚至失控，反过来进一步增加了流程的复杂度。

② **操作非最优化** 每个操作都有自己的操作步骤，每个步骤都有各种可以选择的做法，各种操作都有优化的空间，特别是当相关情况发生了变化，如果操作没有进行调整，就很难保持最优状态，例如工艺生产优化很好，但是主要原料进行了更换，原料的指标虽然合格但是和以前的原料差异很大，这个时候原有的最佳工艺操作控制参数都需要进行再优化。

（5）资产

资产是指企业过去的交易或者事项形成的、由企业拥有或者控制的、预期会给企业带来经济利益的资源。包括流动资产、长期投资、固定资产、无形资产、递延资产等各种资产。化工企业与生产运营比较相关的是固定资产，主要是指使用年限较长、单位价值较高，并在使用过程中保持原来物资形态的资产，包括房屋及建筑物、机器设备、运输设备、工具器具等。

作为资产的重要组成部分，化工企业的设备种类繁多。常见设备包括传热设备例如换热器、加热器、冷却器、蒸发器、再沸器、冷凝器、分凝器等，传质设备例如填料塔、板式塔等，输送设备例如离心泵、往复泵、柱塞泵、通风机、鼓风机、压缩机、真空泵、提升机等，其他还有粉碎设备、混合设备、分离设备、制冷设备、干燥设备、包装设备、储运设备、成型设备、反应器、压力容器、仪器仪表、辅助设备等等。化工设备都面临着高温高压、强酸强碱等复杂工况的持续考验。

资产和设备面临的挑战：

① **设备可靠性下降** 会造成对"安稳长满优"运营目标的不利影响。

② **资产利用率降低** 化工行业是重资产行业，资产利用率降低，对产品成本降低造成巨大压力。

（6）人

现代化工企业的人员配备都比较精干，对人员的技能水平要求高，人员培养的时间长，人员的操作水平对流程的绩效影响大。随着社会进步和人民生活水平的提高，市场上对高标准、高质量的化工产品需求量越来越大，科技含量要求也越来越高，造成了我国化工人才日益紧缺。另一方面化工行业的工作需要甘于寂寞、勤于动脑、善于动手，需要志存高远、脚踏实地、乐于奉献。

人面临的挑战：

① **吸引力下降** 企业对员工特别是新员工的吸引力下降，优秀的人才不想来、来了想走。

② **敬业度下降** 员工敬业度下降，企业没有更好地激发员工的潜能，没有充分发挥员工的潜力。

③ **士气降低** 员工士气降低，工作积极性不高。

（7）技术

化工企业的技术是运营绩效的关键。技术的突破会带来运营绩效的根本性提升。

技术面临的挑战：

① **技术应用效果不佳** 例如工艺流程设计的技术指标在投入实际生产后不稳定，不是不能生产出好产品，而是不能稳定生产出好产品。

② **技术开发效率需要提升。**

（8）文化

企业文化是企业在生产经营实践中逐步形成的，为全体员工所认同并遵守的、带有本组织特点的使命、愿景、宗旨、精神、价值观和经营理念，以及这些理念在生产经营实践、管理制度、员工行为方式与企业对外形象的体现的总和。企业文化是企业发展的核心动力和竞争力。

文化面临的挑战：

优良文化的保持面临持续的挑战。

（9）结果

企业经营结果是指一定时期内企业生产经营活动所创造的有效劳动成果的总和。企业统计一般从实物量和价值量两个方面反映企业经营结果。实物量可以归纳为产品和服务的数量、品种和质量等方面，价值量包括产值、利润率、安全环保绩效等方面。

结果面临的挑战：

① 产值提升速度慢。

② 利润率降低。

③ 安全环保绩效持续提升充满压力。

（10）供应商

化工企业的供应商主要包括产品原辅料的供应商、设备和设备备品备件的供应商，水电汽风等公用工程的服务供应商。供应商的表现对于化工企业的稳定生产、"降本增效"影响密切。

供应商方面面临的挑战：

① **供应的稳定性下降**　供应的稳定性下降，对生产造成影响，导致生产降负荷甚至停车。有可能被动地新增库容，付出了额外的代价。

② **供应质量下降**　供应的质量下降，影响生产。有可能为此进行工艺调整，产生额外的成本。

③ **供应的成本居高不下**　影响整个产业链的竞争力。

（11）资源

化工企业的资源包括原辅料、设备、设备备品备件、公用工程等有形资源，也包括时空资源、信息资源等无形资源。资源通常是越来越稀缺的。

资源面临的挑战：

① **资源利用率下降**　导致成本上升。

② **资源稀缺**　在一定的时间和空间内买也买不到，甚至影响 OEE（全局设备效率）。

（12）产品和服务

化工企业的产品种类日益丰富、产品品质日益提升、产品价格日益亲民、产品产量日益充足，为国民经济的发展和人民群众的生活水平提升起到了重要的作用。

产品和服务面临的挑战：

① **Q（质量）下降**　造成客户使用出现问题，引发客户抱怨和投诉。

② **C（成本）上升**　失去市场竞争力。好产品不能为更广层面的用户所使用。

③ **D（交期）增长**　影响客户使用。危及客户生产计划的有序执行。

（13）客户

化工企业的客户包括企业和个人。日用化工产品的客户主要是个人，其他大部分化工类别如石油化工、煤化工、精细化工的客户都是企业或其他组织。

客户方面面临的挑战：

① **满意度下降**　客户订单减少。

② **忠诚度下降**　客户被更强的竞争对手抢走，客户流失，造成产能闲置。

化工组织系统各要素都面临着短期或长期的挑战，如何有效应对这些挑战是企业经营管理永远的核心主题，是企业生存和发展的核心问题，是企业走上卓越的核心考题。

1.3 精益应用于化工

1.3.1 化工企业应用精益两大重点：操作和设备

精益产生于汽车行业，化工行业与汽车工业相比较，两个行业在客户需求、运营策略、生产组织模式、成本结构、系统变异源、员工工作方式、资产设备特性等方面的差异决定了浪费的不同，决定了精益开展重点的不同，化工行业浪费的两大重点是操作和设备。

1.3.1.1 浪费的重点——操作

（1）操作是化工企业运营管理的重点

操作是化工企业运营管理的重点，这是化工操作总体的复杂性决定的。化工企业的操作种类多但每种操作的频次不同，有的每班每小时都要操作一次，有的几个月或者几年操作一次；操作的复杂度不一，有的操作比较简单，有的操作比较复杂甚至异常复杂只能有经验的老师傅才可以胜任；操作的影响面不一，可能很小也可能很大，一个操作失误可能导致整个装置停车。化工操作对人的要求高，合格员工的培训周期长，在其他制造行业一个月甚至一周可以培训上岗，在化工行业常常是一年或更长。

表 1-3 所示为化工工艺、设备、质检各岗位的操作例。

表 1-3　化工工艺、设备、质检各岗位的操作例

岗位部门	一级操作分类	二级操作分类	实例
生产工艺装置	现场操作	现场巡检	动设备电流查看分析
		过滤器清理	E-XX 过滤器清理
		动设备切换	P-XX、P-XX 泵切换
		静设备操作	XX 真空机组清理
		管线疏通吹扫	XX 管线吹扫
	DCS 操作	DCS 开停车操作	蒸汽接入仪表室操作
		日常 DCS 控制	XX#系统提负荷
		异常判断	动设备异常判断
	装置检修	装置停车	XX 工艺系统停车
		装置排液	XX 工艺系统排液
		系统吹扫	XX 工艺系统吹扫
		塔器检修	C-XX 塔检修
		换热器检修	XX 塔再沸器检修
		系统气密	XX 工艺系统气密
	异常处理	异常处理	P-XX 跳闸
	应急预案	应急预案	XX 系统停电应急预案

续表

岗位部门	一级操作分类	二级操作分类	实例
质检	分析测试	原料分析测试	XX原料分析测试
		中间品分析测试	XX中间品分析测试
		产品分析测试	XX产品分析测试
		环保分析测试	XX环保分析测试
	样品操作		日常取样操作
			样品回收操作
	化学品操作		化学试剂的更换操作
			化学品搬运储存操作
			钢瓶气更换操作
	设备使用		高速旋转设备操作使用操作
	设备维护操作		气相色谱老化柱子操作
			气路阀门检查操作
			顶空瓶清洗操作
			玻璃器具的清洗使用操作
	固废处理		试验室废液管理
	异常处理		仪器异常处理操作
	应急预案		紧急停电断电处理操作
设备维修	钳工操作		钳工錾削、锯割和锉削
	维护保养		离心泵的日常维护与保养
	检修		离心风机的检修
	故障处理		罗茨真空泵的常见故障原因及处理

(2) 操作中的浪费需要持之以恒的消除和减少

操作中的浪费需要持之以恒的消除和减少，识别发现浪费是第一步。精益管理中有一个广为流传的浪费识别工具——8大浪费，总结了生产现场最常见的浪费，可以帮助进行结构化思考快速识别浪费。这个工具用于化工企业操作层面的浪费识别也很适用。以下是通过8大浪费识别出的操作中浪费的例子。

① **返工** 没有一次就做对而造成的再次处理。

工艺岗位：
- 取样时，由于置换不充分，样品不合格，需重复取样。
- 焊接管道时，完成焊接后才发现前后管道材质不符，需重新切开更换。
- 吊装作业人员在设备起吊后发现绑定位置不妥，需放回原地重新绑定。
- 申请材料时未注明型号，导致材料不可用，需重新领料。
- 由于装置不稳定，造成产品不合格，需重新操作。

- 包装后发现重量不符，需重新填充。
- 对阀门不能一次性调整到需求值，需返回现场重复调节。
- 现场记录数据与仪表室不符，需返回现场确认。
- 由于中间品质量不合格，而导致浪费。
- 拆螺栓时，没有搞清楚螺栓大小，需要来回更换扳手。
- 取样时发现取样瓶不够，需要到仓库领取。

设备岗位：
- 由于未确认，仪器配件安装反转，造成返工。
- 新员工对现场情况尚不明确就直接操作，时常导致重复确认。

质检岗位：
- 处理数据发现仪器谱图不佳，需重复分析。
- 由于操作不熟练，导致重复分析。
- 使用时才发现器具清洗不干净，需要重复清洗及烘干。

② **生产过剩** 生产过多，超出需求。

工艺岗位：
- 上游供应过多中间品，下游用户无消耗能力，导致放空或增加中间罐库存。
- 几个工序负荷不匹配，造成"憋罐"。
- 公用工程由于"产"大于"消"，而被排空或排液。
- 由于工艺参数控制不当，产出超出客户需求的量。
- 副产品的产出没有计划性，导致时常供过于求。
- 装置上一次性配药过多，用不完无处储存。
- 按照每日包装计划表打印标签，结果包装时发现并无那么多料，造成浪费。
- 由于现场数据记录表更新，之前打印的记录本浪费。

设备岗位：
- 对设备加油量不清楚，时常溢出，造成浪费。

质检岗位：
- 一次性配制大量标准液，未使用完就已过期。
- 样品取样量太大，分析用量太少，造成浪费。

③ **搬运** 所有不增值的物料移动。

工艺岗位：
- 需要将设备多次搬运至目的地之后，方能实施吊装。
- 仓库物品摆放混乱，时常需要移开一些物品才能取出所需物品。
- 仓库物品时常被乱摆放，需要不断整理。

设备岗位：
- 由于一些条件限制，设备从工艺现场移走维修，维修结束之后运回工艺现场。

质检岗位：
- 试剂库距离分析室远，领料需要很多搬运。

④ **操作动作** 任何多余不增值的动作。

工艺岗位：
- 槽车装卸过程中，工作人员时常反复拿取工具，上下工作台，均需重新挂安全带。
- 操作阀门调节失误，造成工艺波动。
- 由于阀门干涩，不易控制开度，造成物料浪费。
- 仪表室人员与现场人员沟通有误，导致操作错误。
- 突发异常时，由于应急措施不完善，导致异常恢复时间延长。
- 巡检路线规划不合理，导致反复上下楼梯。
- 使用完工艺气体忘记关阀门。
- 工艺问题未彻底解决，过滤器频繁清理。

设备岗位：
- 配电室抽屉太多，寻找钥匙，浪费时间。
- 由于5S不到位，导致长时间寻找所需工具。

质检岗位：
- 试剂瓶的标签被样品污染，需要不断更换。
- 清洗样品瓶的溶剂，使用完即倒掉回收。

⑤ **等待** 在操作和流程中因为人、设备、物料、信息未及时到位而不能继续进行。

工艺岗位：
- 货车不及时，等待装卸物料，造成浪费。
- 经常由于叉车数量不足，造成排队等待。
- 等待质检分析结果来调节参数。
- 寻找工具的等待。
- 检修时工作证办理需要较长的等待。
- 设备故障，等待维修人员到现场确认。
- 现场人员等待仪表室告知查看的位置。
- 检修时所用物料不符合要求或未到货，需要等待就绪后才能操作。
- 设备做气密时，打压需要一定时间，需要等待打压结束后做测漏。

设备岗位：

- 等待申请单的审批,等待配件的就位。
- 到达现场,发现工具未配备齐全,返回去取,造成等待。

质检岗位:
- 取样送样过程的等待,等待分析数据。
- 分析样品时,等待数据输出。
- 仪器出现故障,返回厂家维修,需要等待。

⑥ **库存** 超出必要的多余库存。

工艺岗位:
- 现场很多垫片平时用不到,但仓库中却有大量存货,反而是常用的存货不足。
- 由于中间罐存过多,导致生产被迫发生中断。
- 下计划包装后安排托货时间较长,导致产品库存积压。
- 由于上下游衔接不当,中间罐库存过量。
- 一些原料库存过多,过期变质仍未使用完。
- 现场常有很多螺栓无处使用。
- 一些劳保用品,领用过多,造成使用不足就废弃的浪费。

设备岗位:
- 仓库存储设备配件过多。
- 对于仪器所需的配件没有准确估算,导致多采购了配件却无处使用。

质检岗位:
- 由于事先未估算试剂用量,仓库存储超出必要的试剂。
- 仓库中存放很多坏的旧仪器设备,占用库存。

⑦ **过度加工** 超出真正需求的处理。

工艺岗位:
- 装置生产的产品指标超出顾客的要求。
- 需要高温的设备,加热值超出其需要值。
- 装置现场照明灯过多,产生浪费。

设备岗位:
- 工作使用的管线材质等级超出需要。
- 加工配件的加工精度超出客户的需求。

质检岗位:
- 制备超出仪器电导率要求的高纯水。

⑧ **员工创造力** 员工的潜力得不到发挥,这是最大的浪费。
- 未根据工作量分配工作,导致团队工作量很不平衡。
- 仪表室人员对现场情况不熟悉,无法向现场人员传达确切信息。

- 工艺相关培训没有统一的方式，导致员工的能力差异较大，不利于新员工的培养。
- 每个员工的工作方式不同，对工作的完成质量差异较大。

从上面的例子可以看出化工企业中的操作中存在各种浪费，种种浪费都是不增值的，消灭一点浪费，流程就会更精益一点，我们所提供的产品和服务就好一点。与浪费做斗争是一个只有开始没有结束的过程，这是精益的永恒主题。

1.3.1.2 浪费的重点——设备

（1）设备是化工企业运营管理的重点

化工设备种类多而复杂，失效影响大，维修保养难度大，设备资产和维修保养费用高。设备管理是化工企业运营管理的重点。

① **设备种类多而复杂**　化工是技术密集型、资产密集型、设备密集型的行业。为了满足化工工艺流程的多种需要，化工设备的种类很多，设备的操作条件也比较复杂。按操作压力来说，有真空、常压、低压、中压、高压和超高压；按操作温度来说，有低温、常温、中温和高温；处理的介质大多数有腐蚀性，或为易燃、易爆、有毒、剧毒等。有时对于某种具体设备来说，既有温度、压力要求，又有耐腐蚀性要求。化工企业设备可靠性要求高、技术壁垒高、制造周期长，设备造价昂贵。表1-4所示为常见化工设备。

表1-4　常见化工设备

设备类别	常见设备
传热设备	换热器、加热器、冷却器、蒸发器、再沸器、冷凝器、分凝器等
传质设备	填料塔、板式塔等
粉碎设备	研磨机、破碎机、磨碎机、粉碎机、球磨机、砂磨机、超微粉碎设备等
混合设备	搅拌机、均质设备、混合机、捏合机等
分离设备	筛分、蒸发、沉降、过滤、萃取、离心设备等
制冷设备	制冷压缩机、风冷冷冻机、冷却塔、凉水设备、淋水装置等
干燥设备	干燥机、烘箱、烘干机、脱水机等
包装设备	清洗机、灌装机、包装秤、包装机、封口机、贴标机、捆扎机、充填设备等
输送设备	离心泵、往复泵、柱塞泵、通风机、鼓风机、压缩机、真空泵、运输机、提升机等
储运设备	储藏设备、罐体、瓶体、箱体等
成型设备	成型机、制粒机、造粒机等
反应器	管式反应器、槽式反应器、塔式反应器等
压力容器	锅炉、高压锅炉、常压锅炉、其他压力容器
仪器仪表	测量仪表、分析仪表等
辅助设备	管材、管件、阀门、密封件等
其他设备	水处理设备、灭菌消毒设备、增湿器、减湿器等

② **设备失效影响大**　单个设备故障就有可能影响整个系统或装置甚至园区。化工是国民经济的基础性、支柱性产业，和离散制造企业相比，它的生产过程大多是连续性的、流程性的，生产的自动化程度高，一个环节发生设备的异常，就会阻塞整个生产进程，带来连锁反应。一个关键设备故障可能需要系统停车才能维修处理，这就有可能造成一个生产装置甚至是一个化工园区的降负荷或停车，如果不在最短可能的时间顺利完成维修恢复生产，装置每停车1个小时的时间有可能是千百万的损失，越大越复杂的装置系统和园区越是如此。

③ **设备维修保养难度大**　设备的维修需要先对设备相关的装置进行复杂的处理才可以进行，维修需要非常有经验的专业人员以及厂家人员配合支持；设备维修所需的备件的持有成本大，有些大型设备的关键样品需要等待到场才能检修，维修作业的空间等环境比较有限，检修人员进行作业需要克服很多困难。备品备件的采购业务常态化，需要专人负责。除此之外，不管是预防性的检修保养，还是平日的例行维修保养，都必须考虑生产的淡旺季需求，和生产计划相配套，制定非常完善的预防性的检修保养计划。

④ **设备资产和维修保养费用高**　化工装置的投资中设备投资通常占很大比例。在设备的全生命使用周期中，设备的维修、维护保养、备品备件等费用巨大。而化工企业中设备相关技术人员、维保人员也占企业总人数的很大比例，设备部门通常是化工企业中关键的部门。

(2) 设备可靠性的影响

"设备不要停、停了赶快修、维修费用少"是对设备管理的普遍期望，完成程度对化工企业影响巨大。设备失效会造成直接或间接的浪费，设备可靠性水平直接影响 SQCDM 绩效。

① **安全环保（S）**
- 设备故障可能会造成对人员的直接或间接伤害。
- 设备故障导致装置开停车的频次增加，而开停车阶段是化工企业事故的高发时间。
- 设备故障可能对环保造成影响。

② **质量（Q）**
- 设备故障直接造成质量波动。工艺流程的质量指标优化后的稳定受控状态被打破，需要额外的工艺调整才能恢复，有时甚至一时无法完全恢复。
- 设备故障导致开停车，引起质量波动。
- 设备故障造成产品质量合格率降低。
- 设备故障导致开停车所产生的不合格中间品需要进行额外的工艺处理。

③ **成本（C）**
- 设备进行频繁维修增加料工费的支出。

- 设备故障造成降负荷或停车、设备异常导致产品质量合格率降低造成 OEE 的直接损失。化工企业 OEE 水平很大程度决定了成本表现。
- 设备可靠性不高会增加投资。若设备可靠性不高、OEE 的水平不高这种情况无法完全解决，就会多于最佳配置量而增加装置的备机、备线，从而增加投资，增加的折旧会影响产品成本。而备机、备线也需要进行同样的维护保养从而产生费用。
- 设备可靠性不高，为了保证客户的供应、保障服务水平，就会增大库容，产生的投资会影响产品的成本，而产品库存也会产生更多持有成本。

④ **交期（D）**
- 设备故障造成装置降负荷或停车，影响对客户的供应甚至断供。
- 对生产计划执行造成影响，造成胀库或断库。

⑤ **士气（M）**
- 设备故障需要进行维修导致额外的工作量上升。
- 设备故障引发的开停车导致额外的工作量上升。

设备可靠性降低对于员工的工作量影响明显，人员疲于应付，难免加班，没有精力进行主动的改善，工作会陷入又忙又没有成绩的境地。

安全、稳定、长周期、满负荷、优化的运转是化工企业的共同目标，实现这个目标就可以保证人员和装置的安全、保持产品质量稳定合格、保持低成本、降低员工不增值的工作量，从而提升士气，而这离不开设备的高可靠性。设备的高可靠性需要企业建立完善从工艺设计、设备选型采购、设备安装到设备维护保养的全生命周期的专业设备管理体系，而精益全员生产维护（TPM）也会起到重要关键作用。高水平的专业设备管理和持续有效开展的 TPM 会达成最理想的设备可靠性，保证装置"安稳长满优"的运转。

1.3.2 精益化工的定义

精益化工是精益管理应用于化工行业以满足客户需求，提升组织安全（S）、质量（Q）、成本（C）、交期（D）、士气（M）各维度绩效表现的管理方式。

精益化工中的两大改善方向是操作最优化和设备可靠性提升。操作的最优化通过精益改善项目实施＋标准化控制的方法来开展，设备的可靠性提升通过 TPM（包括 5S、可视化）体系评估达标＋巩固的方法来开展。这两大改善方向是精益思考的重点、改善开展的重点、变革资源投入的重点。

源自精益的定义，精益化工是一种活动，也是一种状态。精益化工涵盖了以消除浪费、创造价值从而满足客户需求、提升绩效为目标的不同层面、不同方式的管理活动，也代表着一个最高水平状态的追求。

随着精益管理在汽车行业之外的普及，国内外化工行业已经在精益化工的实践道路上持续探索了多年，很多化工行业的标杆精益企业陆续都有了成效突出、各具特色的管理实践，为化工行业运营质量的提升做出了突出的贡献。而在这个过程中化工行业对于精益的理解也更全面，不光看到精益的工具，更看到精益的活动组织、精益的文化，更多地关注精益的核心——消除浪费、创造价值。基于更全面的理解就可以明确精益可以很好地适用于化工行业，但具体开展精益的流程、形式、方法和重点都需要根据行业的本身特点进行探索。

1.4 精益塔

（1）精益塔是经过实践检验的精益变革管理体系

精益塔是一个在化工标杆企业经过实践检验的系统化的精益变革管理体系，可以帮助组织快速导入精益管理、稳步发展、更快成熟，让全员会改善、愿改善、能改善，通过精益管理为组织创造价值。精益塔的建立和应用可以使组织运营系统中绩效改进部分更加系统。ISO9001 质量管理体系或（和）卓越绩效管理体系都包括改进的部分，已经开展 ISO9001 质量管理体系或（和）卓越绩效管理体系的组织可以使其改进的部分更加系统。

图 1-8 所示为 ISO 质量管理体系中的改进。图 1-9 所示为卓越绩效中的改进。

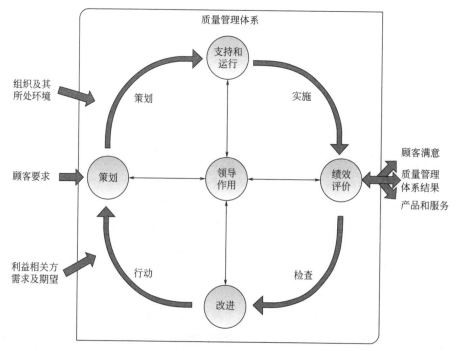

图 1-8　ISO 质量管理体系中的改进

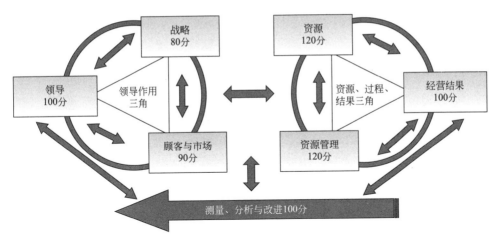

图 1-9 卓越绩效中的改进

（2）精益塔的组成

精益塔由文化、流程、工具、物质 4 个层面组成。精益塔的文化层包括 10 条精益文化理念；流程层包括 21 个精益变革流程；工具层包括 45 种核心工具以及 A3（丰田公司开创的 A3 报告方法）和 DMAIC 这 2 个解决问题方法论；物质层包括 5 种物质载体。如果借用传统文化的"道法术器"的概念来解构，文化是道，流程是法、工具是术，物质是器，这 4 个层面有机结合，构成了完整的精益塔，精益塔的力量来 4 个层面的合力。

（3）精益塔具有普适性和开放性

精益塔来源于化工行业的实践，在不同层面具有普适性。其中文化层和流程层具有跨行业的普适性。工具层在化工行业具有普适性。精益塔是一个具备开放性的精益变革管理体系，可以根据不同组织的情况进行调整以适应组织的需要，可以持续吸收新的管理理念和工具方法以紧跟时代的发展。

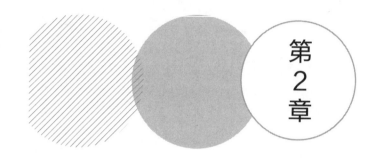

第 2 章

为什么需要精益塔

2.1 精益塔解决的是精益变革的问题

一个人做一件好事并不难,难的是一直做好事。一个人做一项精益改善不难,难的是一直做改善,更难的是组织的所有人都一直主动做改善。精益的力量不在于一个人做好一项改善,而是整个组织能够持续地做改善。精益塔解决的是组织的精益变革的问题,不是单纯做得好一个精益改善项目的问题。组织的精益变革成功就能够保证形成全员围绕组织目标持续做改善的永续机制。

2.1.1 精益是一场全员的变革

精益是一场全员的变革,需要全员在思维方式、工作方式、沟通方式上进行根本性的改变。

（1）思维方式的改变——怎么想

先想明白了,才能干明白,精益变革会深刻改变我们对待工作的思维方式。精益变革前后的思维方式会发生显著变化。

表 2-1 所示为精益带来思维方式的改变。

表 2-1 精益带来思维方式的改变

精益变革前	精益变革后
我觉得这是有价值的	客户需要的才是有价值的
我觉得没有问题	客户觉得有没有问题
我想应该这样做	客户希望怎么做
我觉得先解决这个问题	客户希望先解决哪个问题
我不觉得还有改善的空间	想尽办法看哪里还可以改善
只要问题解决了,每个人解决问题的办法不一样没什么关系	大家一起形成一个最好的问题解决方式
我这项工作做好了	我这项工作做好了,还有哪些地方可以再改进一下
还有几个月,工艺就会进行投资改造了,问题就会解决了	投资改造之前的这段时间,我们可以做哪些改善
那个地方的问题我很了解	要不要到现场去看看问题发生的地方
……	……

（2）工作方式的改变——怎么做

从做成到做好,精益变革会改变我们的工作方式。变革前后的工作方式会发生显著变化。

表 2-2 所示为精益带来工作方式的改变。

表 2-2　精益带来工作方式的改变

精益变革前	精益变革后
做成工作就可以了	以最少的人力、物力等资源投入做成工作
救火式处理问题	根源解决问题
单纯依赖经验开展工作	更多依据事实数据工作
大家各做各的工作	更多团队协作
可以标准化的工作没有标准化	可以标准化的工作标准化
不多想直接去做工作,出问题了再解决	PDCA(计划、执行、检查、处理)
……	……

(3) 沟通方式的改变——怎么说

话由心生,话语是内心的反照。精益变革会改变我们的沟通方式,一言一语中都会体现变革的力量。

表 2-3 所示为精益带来沟通方式的改变。

表 2-3　精益带来沟通方式的改变

精益变革前	精益变革后
明天再说	我们马上去看看吧
这不是我的错	先解决问题
差不多	精确的数据是多少
不关我的事	我们都有责任做好
其实还可以	差一点也不行
算了	要追根究底搞明白
下不为例	一次也不能放过
好像	准确的情况是什么
可能	准确的情况是什么
我听说	准确的情况是什么
也许是	准确的情况是什么
以前一直这样做的	有哪些地方可以做得更好

组织的精益变革需要付出不懈努力才能取得成功,这种变革面广、根深、线长,充满挑战。面广意味着组织中所有部门的全体员工都要根据岗位职责的不同有层次地参与精益变革。根深意味着精益变革需要改变我们业已形成多年的工作习惯,工作时间越长的员工可能难度越大。线长意味着组织的精益变革通常需要至少1~3年才能导入成功,至少3~5年才能发展成熟,中间难免有变革的平台期,如果中间中断停滞,就可能前功尽弃。不能停下来变革。主动开展精益变革的组织都是业绩优良有追求的组织,都需要在高速发展的过程中进行精益变革,

没有停下来变革的机会,只能边跑边变革。

2.1.2 精益变革成功的标志

一个组织精益变革成功的标志和一个人的精益变革成功的标志完全不同,和一个人做好一个精益改善项目的标志更是不可同日而语,而成功的输出回报、成功需要的主要条件、达到成功可能的投入也相差甚远。对此要有充分的理性认识。有了更好的认识,就可以更好地进行准备,付出应有的努力,实现期望的变化。

表2-4所示为精益变革的标志。

表2-4 精益变革的标志

项目	做好一个精益改善项目	一个人的精益变革成功	一个组织的精益变革成功
成功的主要标志	精益改善项目实施顺利,达成改善目标	精益思想文化理念融于个人认知,体现在日常工作行为上	精益思想文化理念深入人心
		熟练掌握精益工具,并能帮助他人,成为组织内部的精益改善人才	组织内人员普遍掌握精益工具方法
		定期实施精益改善项目并持续取得成功	精益改善人才层出不穷
		工作中严格执行标准作业程序并定期持续改进标准	精益改善项目持续深入开展,持续取得成功
			客户及相关方满意度持续提升
			组织的经营业绩、运营效率持续提升
			组织成为业内广泛学习的标杆精益组织
需要的主要条件	掌握项目开展所需的精益工具方法(有些精益项目,可能只需要很少量简单的工具,只需数天的培训即可基本掌握)	经过严格的精益培训,得到专业的辅导	组织具备成熟稳固的精益思想文化理念,可以完全影响个人,促成个人的转变遵从
	具备做好一个精益改善项目的意愿	经过多次改善实践	组织具备培养精益改善人才的系统能力,包括培训、辅导、交流、分享、知识管理
	有机会开展项目	通过持续学习和实践,个人深入领会精益思想文化理念并持续践行	组织具备完善的机制保持全员持续的改善意愿
		个人在工作中持续不断地PDCA,反省学习	组织具备完善的精益改善项目实施的流程
		个人有持续进行改善活动并标准固化的意愿	组织具备完善的流程机制保障精益改善项目在可控的状态下持续进行
		有流程机制保障精益改善项目在可控的状态下进行	

续表

项目		做好一个精益改善项目	一个人的精益变革成功	一个组织的精益变革成功
成功的输出回报		一个精益改善项目成功带来的价值，包括安全绩效提升、质量改进、成本降低、交期缩短稳定等价值	组织内多了一个精益改善人才，可以解决很多棘手的问题	组织具备系统精益改善能力，成为卓越运营不可或缺的组成部分
				组织可以批量培养精益人才
			每个精益改善人才每年都可以成功实施多个精益改善项目	组织通过大量的精益人才持续不断地成功实施大量的精益改善项目，取得安全、质量、成本、交期、士气各方面的显著业绩提升
				组织的精益思维文化理念和精益管理体系可以传播移植，当组织进行扩张和并购时可以移植形成多地统一的系统
达到成功可能的投入		短期的工作要求或短期的激励	组织对个人进行系统培养（需要培训的成本）	进行组织范围的精益变革，建立完善的精益管理体系
		几乎不需要投入或只投入少量激励资金	外部招聘具备精益改善能力的人才（需要招聘和雇佣人才成本）	需要组织投入领导力资源和精力资源，特别是在导入的阶段需要集中投入
			需要很少量组织的领导力资源和精力资源	需要精益变革所需的培训、咨询、认可激励等方面的资金

2.2 精益变革的 3 大挑战——全员会、愿、能

精益变革中存在着方方面面的挑战，不同组织面临的挑战也并不相同。而会、愿、能是最突出的挑战。会是基本条件，不会没法做；愿是行为动力，会了之后必须有意愿才可以做；能是成功保证，做的时候要有控制和授权才能做成。会了不愿、既会又愿但不能都不可以。

2.2.1 会——基本条件

会的范围包括会使用精益工具方法、实施精益改善活动、实施组织精益变革。以上要求不用组织中的每个人全部都会，但要分别有人会。

① **会使用精益工具方法** 在精益改善的实战中要选对精益工具方法、用对精益工具方法，高效完成改善工作。这方面现在越来越容易。随着社会的进步、科技的发达，获取和使用精益工具方法越来越简单，员工的基本文化素质越来越高，学习能力越来越强，经过规范培训很快就可以学会。

② 会实施精益改善活动　　例如领导一个团队完成一个精益改善项目、完成一个区域的 TPM 达标创建，这需要充分调动和发挥团队的力量，凝心聚力做成事，这方面的难度没有降低。

③ 会实施组织精益变革　　组织可以是集团公司、公司、部门或班组。要学会持续开展实施精益改善活动和标准化控制相结合，持续提升组织绩效，学会营造培养精益文化、学会培养精益人才。这一方面始终是最大的挑战。

只有学会后进行实践，特别是进行有挑战性的实践，能力水平才会真正提升，不论是学精益工具方法、学实施精益改善活动，还是学实施组织精益变革都是如此。

2.2.2　愿——行为动力

会是基础，归根结底是时间的问题。一次学不会，再继续学一次，一年学不会，下一年再学，绝大多数最终都会学会。会了之后要愿，保持持续不断的自我行为动力，而不能单靠被动要求。

① 愿意做事　　围绕客户需求和组织目标，有提升绩效的意愿，愿意做事。大部分组织通过岗位目标职责体系、绩效管理体系可以保证这一点。

② 愿意精益地做事　　为了提升绩效有很多办法，例如单纯依赖投资改造、单纯依靠数量提升、延长工作时间、增加系统冗余备份等等，都能把事做成，但精益的思维是怎么样以最少的资源投入做成事，无休止地消除浪费。要做到这一点需要组织精益文化的建立和形成，测量体系的建立和健全，行之有效的 PDCA 和持续改进。

③ 持续地愿意精益地做事，止于至善　　很多初次接触精益的人会感觉为什么有些如此简单的精益工具方法，例如 5 个为什么、可视化控制、标准化操作、PDCA，可以起到那么大的作用。而奥秘之一就是持续应用这些精益工具方法进行不间断的精益改善。这种精益改善从时间上可以持续几天、几周、几年、几十年，从频次上从每年进行一次改善到每周、每天、每班、每小时进行改善。在精益改善结合标准化控制的循环提升模式下，任何时间和空间范围内可能的改善机会都不会放过，提升到了任何水平都不会停止改善。

2.2.3　能——成功保证

解读一下改善这个词，可以体会到目标是"善"，就是要变好，核心是"改"，是改动调整。不动无法达成改善，但动之中有很多风险，化工行业尤为如此。化工行业的性质决定了如果要在企业中持续开展精益项目，必须要对改动有非常充分的准备、必须建立规范的精益改善项目授权机制，高度重视和严格进行项目实施中的风险管理，这是成功实施的保证。如果这方面疏于考虑、没有做到位，一个精益改善项目出了问题就可能让整个精益变革停滞或退步，让精益背上不应有的负担。为了实现精益变革的总体目标，必须抓早抓牢、抓实抓稳。

(1) 精益改善要防止两个极端：什么都不动和什么都乱动

知道动什么、知道怎么动就是包括化工行业在内的各制造行业的奥秘。化工的流程和操作中包括人员配置、工艺参数、设备参数、原料配比、操作步序、质量控制指标、测量系统……方方面面都可以动，可以调整的地方不计其数，越是复杂的化工工艺越多，而且是指数级地增多。每个可以动的地方可以调节的水平也很多，例如一个压力在100～200kPa范围内以10kPa为步序进行调整，这样就有110kPa、120kPa、130kPa……200kPa共10个可调整的水平。如此多可以动的地方和可以动的水平在可以调整的前提下组合起来，就有不可计数的动的组合方式，其中总会有最优的组合。如何找到或者趋近最优的组合就是运营优化的核心。

精益改善中要防止两个极端：什么都不动和什么都乱动。

① 什么都不动　任何可以调整的地方都完全不动。这可以理解，但有时会造成流程的绩效无法保持、无法提升。流程系统相关的人、机、料、法、环、测都可能会变化甚至劣化。原本已经固定的操作标准可能不再适用，流程绩效就无法保持在最佳状态。如果不主动进行调整，流程的绩效提升便无法实现，很多情况下靠天吃饭。本质上是流程还没有摸透，流程对于我们而言还是一个"黑匣子"。而持续进行精益改善项目可以一步步解构"黑匣子"，逐渐进入"自然王国"。

② 什么都乱动　接受了精益的培训，熟悉了精益工具方法后，犹如手里有了锤子，看什么都是钉子，什么都想动。如果组织缺乏严格的工艺管理、变更管理，有的情况下甚至真的会乱动。这种乱动体现在没有事先评估调整可能对流程带来的影响，就在风险未知的情况下动；动的过程没有详细严谨的实施计划和量化细致的分享总结；没有用最少的动来解决问题，虽然像爱迪生一样600次试验可以把灯泡材料试出来，但其实现在有更好的方法如试验设计（DOE），通过更少的动、更少的代价来达到同样的目标；动了之后没有评估流程可能的影响，一段时间以后才发现动引发了其他的问题。化工行业生产系统复杂、关联影响复杂、乱动产生的后果绝对不可低估，要始终有敬畏之心，在判断动的底线结果可以接受前绝不能乱动。

(2) 精益改善项目的风险管理——贯穿项目选做验固全周期

做项目犹如对流程做手术，存在很多风险，项目越大风险越大，为了保证项目在风险可控的情况下顺利实施，必须对项目识别（选）、项目实施（做）、项目验收（验）、项目巩固（固）的全周期进行严密的风险管理。

① **项目识别流程**　进行实施前风险评估，确定范围和人员，通过项目注册正式授权。

在项目识别过程中进行项目实施前风险评估，风险可以接受是项目选定的必要条例。风险的高低纳入项目的筛选排序标准。收益大、风险小的项目优先做，收益小、风险大的后做或者不做。在项目识别过程汇总确定项目的范围，通常可以选定一个小一些的范围（如流程的范围、项目相关的产品的范围）先做，没有问题了可以再稳妥地推广。根据项目的大小、难度和风险情况安排对应的带级、具有精益项目经验和业务流程经验的人员。项目风险大的让带级高、精益项目经验丰富、业务流程精益丰富的人来实施。项目的范围和人员确定后，通过项目注册环节进行正式的授权，有了授权后符合要求的带级人员才可以在规定的范围内可控地开展项目。

② **项目实施流程**　改善措施实施前制定风险控制计划，按需进行变更管理，实施过程严密监控。

化工行业的精益改善项目特别是比较大的项目经常会有变更，随着化工行业安全管理的发展，各企业都建立了变更管理流程和制度。最基本的要求是只要精益改善项目涉及变更管理的范围，就要遵守变更管理的规定。改善措施实施过程中要按照风险控制计划严格监控，如有异常及时启动预案。

③ **项目验收流程**　评估项目实施后可能存在的风险，制定风险控制计划。

项目验收准备过程中，项目团队要评估项目实施后可能存在的风险、制定风险控制计划并纳入项目的控制计划进行严密监控。

④ **项目巩固流程**　跟踪风险。

项目标准固化过程中，要进行风险的跟踪，如有异常及时进行调整。精益办在组织项目巩固核查工作中也要将项目相关的风险控制情况作为核查的重点。

风险管理的原则之一就是"过度"反应，在精益改善项目风险管理的全过程管理中要始终以严谨的态度考虑所有的可能风险并提前进行完全足够的反应。

2.3　精益塔的作用——让全员会、愿、能，持续精益

精益塔的作用是让全员会、愿、能，持续开展精益活动。精益塔的文化层可以有效影响全员持续实施改善、持续学习精益工具方法的意愿；精益塔的流程层可以有效组织调动全员持续愿意实施改善；精益塔的工具层可以帮助员工会改善；精益塔的物质层可以营造改善氛围、让员工更愿意做改善。多个层面的综合

作用让全员会、愿、能,持续开展包括精益改善项目、TPM 区域创建、标准化控制在内的卓有成效的精益行动,持续精益。

持续的精益行动会给组织各要素带来显著的变化。随着市场竞争的加剧,组织系统各要素都面临更快更好发展提升的挑战,精益可以以不同方式对各要素起到重要的支持提升作用,帮助把每个方面都做得更好。

(1) 精益和使命

精益会帮助组织更好地履行使命。

(2) 精益和愿景

精益会帮助组织更快地趋近愿景。

(3) 精益和战略

精益会帮助组织更快地实现战略。

(4) 精益和流程、操作

精益可以识别流程、操作中的浪费并消除浪费,让流程、操作更精益。

① **效率提升** 通过日常精益项目、精益改善周、点改善、六西格玛项目等各类精益改善项目提升流程的效率。

② **操作优化提升** 通过日常精益项目、精益改善周、点改善、六西格玛项目等各类精益改善项目提升操作最优化水平。

(5) 精益和资产、设备

① **设备可靠性提升** 通过 TPM 配合专业设备管理可以提升设备可靠性,降低维修成本。

② **资产利用率提升** 通过精益改善项目和 TPM 有助于化工装置"安稳长满优"地运行,从而提升资产利用率,对产品成本降低起到立竿见影的作用。

(6) 精益和人员

① **吸引力增加** 通过改善流程、改善工作环境帮助提升组织对于员工的吸引力。

② **敬业度提升** 通过改善流程、改善工作环境提升员工敬业度,助力工作业绩提升。

③ **士气提升** 通过改善流程、改善工作环境提升士气,有助于工作业绩提升。

精益有助于让员工来得了、留得下、干得好。

(7) 精益和技术

精益可以从技术应用效果提升和技术开发效率提升两方面对技术有所帮助。

① **技术应用效果提升** 可以提升并保持技术应用的最佳表现。

② **技术开发效率提升** 精益中理念和工具方法可以对技术开发有所帮助,例如 DOE 试验设计、MSA 测量系统分析、QFD 质量功能展开都比较适用于技

术开发。

(8) 精益和文化

丰富组织的文化。精益投入少、回报显著并能在过程中帮助员工成长，如果开展得当，很少有组织能够拒绝精益，都会将精益文化的元素进行吸收融合。

(9) 精益和结果

精益行动的目标必须体现到结果，与组织目标结果没有密切关系的精益活动都是没有意义的，所有的精益行动都要有结果导向。

① **资产回报率提高**　精益可以提升资产利用效率，提高资产回报率。

② **安全环保绩效提升**　精益可以通过识别和消除流程的浪费、减少流程缺陷、减少流程波动来提升安全环保绩效。

(10) 精益和供应商

精益可以帮助企业提升供应链管理，并可以通过联合供应商进行精益改善，从源头和根本上改进供应链绩效。

① **供应的稳定性提升**　可以稳定生产，并降低为了应对稳定性不足而增加的库存。

② **供应质量提升**　可以提升供应产品的质量水平并降低检验成本，减少检验带来的时间等待。

③ **供应的成本降低**　可以帮助供应商开展精益改善项目，降低供应的成本。

(11) 精益和资源

精益会最大化地利用资源，消除资源浪费，提高资源的利用率。

(12) 精益和产品、服务

精益会帮助企业更好地提供客户需要的产品和服务。

① **质量（Q）水平提升**　可以提升产品质量水平，提升品牌档次。

② **成本（C）降低**　可以降低成本并保持低成本优势。

③ **交期（D）缩短**　可以提升服务水平，降低产品库存。

(13) 精益和客户

精益可以持续帮助企业持续满足客户需求，可以和客户联合进行多种形式的精益行动并共享创造的价值，会使客户更满意，提高客户的忠诚度。

① **满意度提升**　通过持续提供达到并超出客户期望的产品和服务提升满意度。

② **忠诚度提升**　通过持续提供达到并超出客户期望的产品和服务提升客户的忠诚度，并吸引更多潜在客户。

图 2-1 所示为精益对组织系统各要素的支持作用。

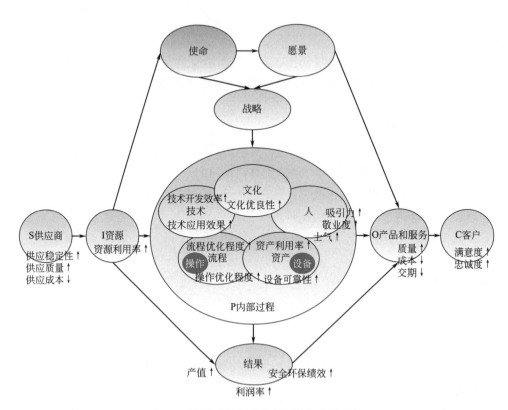

图 2-1 精益对组织系统各要素的支持作用

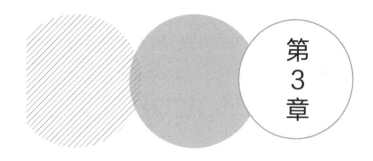

第 3 章

谁来应用精益塔

精益变革需要全员有层次参与，精益塔的运营需要建立相关的组织，安排关键角色。组织的职能发挥是否到位，关键角色的职责是否有效履行决定精益塔的建立和运行的质量。

3.1 精益塔的组织结构

精益塔相关的组织结构通常包括组织层面的精益变革推行委员会、精益办公室、TPM 分委会以及部门和班组。

精益变革推行委员会（简称：推行委员会）由组织的高层管理者和部门的负责人组成，主要负责精益变革战略的制定和审批，重点精益改善项目的立项审批、实施监管、结项审批，精益认可奖励计划的制定和审批。

精益办公室（简称：精益办）主要负责组织精益战略的制定，组织精益方面的学习、实践、分享活动，建立完善精益管理流程。

TPM 分委会负责组织 TPM 区域创建达标、TPM 相关流程、标准、规范的制定。

各部门负责组织本部门的精益变革工作，包括组织员工参加精益培训认证、组织实施精益改善项目和部门 TPM 区域创建工作、组织开展分享活动。

生产部门的班组负责班组相关的精益改善项目的实施、TPM 区域的创建达标。

图 3-1 所示为精益塔的组织结构。

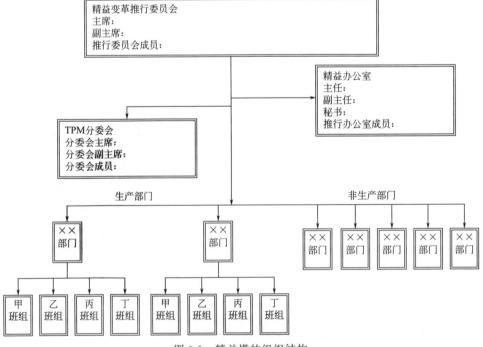

图 3-1 精益塔的组织结构

3.2 精益塔的关键角色

(1) 专职和兼职各有优势

精益管理需要很多不同的角色各司其职,包括组织的精益变革负责人、组织精益业务管理、部门精益业务管理、精益讲师、精益项目负责人、精益项目倡导者、精益项目成员、TPM 区域负责人、精益项目财务审核等等,组织中一个人会承担一个角色或多个角色的工作。如果一个人只承担精益管理方面的角色,那么就是专职;如果在精益管理的角色之外有其他角色,那么就是兼职。专职和兼职各有优势,专职有利于精益管理人员的快速成长,但需要组织投入专门人力;兼职有利于将精益工作和其他岗位工作紧密结合,但不利于组织精益专业管理的积累和提升。专职还是兼职的安排需要根据组织的实际情况确定,并可以根据组织不同变革阶段的情况进行调整。组织如果规模较小,可以兼职;如果规模大,建议少量专职配合大部分兼职。如果条件允许,更好的安排是专职定期轮岗,让组织中的骨干轮流担任专职精益管理人员并回到原岗位部门,这样可以通过人员的流动将精益管理和部门业务结合更紧密。

(2) 精益塔的关键角色

在精益组织结构中,各个角色都有轻易不可替代的职责,其中精益变革推行委员会主席和精益工程师(一般兼任精益办公室秘书)是相对比较关键的角色。

① **精益主席** 精益变革推行委员会主席(精益主席)一般由公司主要领导担任,肩负着定方向、定资源、领导变革的重任。主要职能包括:

- 根据公司战略领导建立精益推行的愿景,确定精益推行长期和短期的目标,制定推行规划。
- 确保公司每个员工和相关方都知晓相关的精益的理念、目标和指标,向所有员工沟通精益推行的意义。
- 分配相应的人力、财力等资源,确保精益推行工作的顺利开展。
- 确保具体推行活动有效开展,精益制度、标准、程序有效执行。
- 确保精益推行活动符合雇员安全与健康程序要求。
- 通过自身的身体力行,领导精益变革。

② **精益工程师** 精益工程师通常需要理工科专业,具备一线生产岗位工作经验,熟练应用变革管理、精益、培训、项目管理的知识和方法,具备良好的沟通能力、学习能力、制度构建能力、组织协调能力,主要职责主要包括:

战略管理

- 和组织的中长期战略和年度经营战略进行对接,并以此为基础制定精益中长期战略和年度战略,报精益变革推行委员会审批。

- 确定组织的年度变革推行绩效指标，年度变革推行总体目标、指标、措施。
- 组织各部门分解年度精益变革推行总体目标、指标、落实措施。

学习管理
- 负责编制组织的精益知识结构，开发和组织开发课程，培训和认可各类讲师。
- 负责实施和组织实施精益培训。
- 负责实施和组织实施精益认证。

实践管理
- 负责日常精益项目、精益改善周项目、六西格玛项目的选项和注册。
- 负责指导和支持日常精益项目、精益改善周项目、六西格玛项目的实施，提供工具、方法、模板和最佳实践。
- 负责组织日常精益项目、精益改善周项目、六西格玛项目的验收，财务和非财务收益评价，项目移交和推广，项目巩固。
- 负责组织 TPM 区域达标创建。

分享管理
- 组织方法和实践的总结及内部推广，组织召开精益分享论坛、编辑出版专业简报、案例集，编制工具和方法模板，管理精益知识库。
- 组织与国际标杆企业的对标，组织标杆学习活动。

流程管理
- 负责精益变革推行工作的流程、标准和工作网络建立。
- 通过流程审计与国内外标杆企业对标，定期修订和完善流程。

精益工程师是一个充满挑战性的岗位，需要朝着理论深厚、实践丰富、联系广泛、格局广博的目标持续努力日日精进，而从事这项工作也会为个人的职业发展打下深深的烙印。

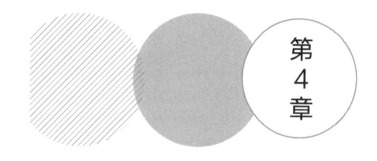

第 4 章

在哪里应用精益塔

一个组织的运作包括流程层面和操作层面。所有的流程和操作中都存在或多或少的浪费现象，都可以采用不同方式应用精益塔的文化理念、流程、工具方法来进行改善；在组织内部做好精益的基础上，通过和供应链的合作伙伴在供应链范围共同拓展应用精益塔，会创造更多的价值，取得共赢的效果。

图 4-1 所示为精益塔应用的范围。

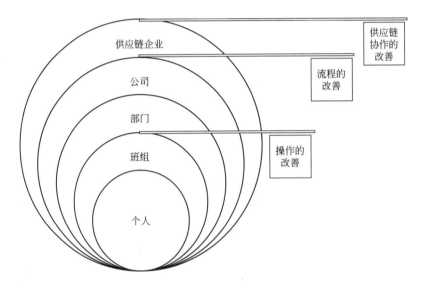

图 4-1　精益塔应用的范围

4.1　操作——所有的操作都可以应用

(1) 操作优化的目标

操作优化的目标是安全第一，SQCDM 总体最优。安全（S）是一切的前提，首先要保证操作的安全。质量（Q）、成本（C）、交期（D）、士气（M）要统筹考虑，追求总体最优。除了安全必须保证之外，根据组织情况的变化，不同阶段质量（Q）、成本（C）、交期（D）之间可能会有所侧重，但总体需要最优。

(2) 应用精益塔优化操作

围绕 SQCDM 总体最优的操作优化目标，所有的操作都可以应用精益塔的精益项目改善流程和精益工具方法定期进行改善优化，改善后进行标准化控制。通过持续的循环提升保证操作目标水平的持续提升。

① **精益塔可以优化不同领域的操作**　包括工艺管理、技术管理、检修管理、设施管理、成本管理等所有管理领域的操作都可以优化。

② **精益塔可以优化不同层次的操作**　从操作自身的动素、动作，基本操作，

单元操作到系统操作。

③ **精益塔可以优化不同阶段的操作** 从操作准备、正常操作、操作停止到操作切换。

④ **精益塔可以优化不同的对象** 从人员、机器、物料、方法、环境到测量。

图 4-2 所示为精益塔对于操作的优化。

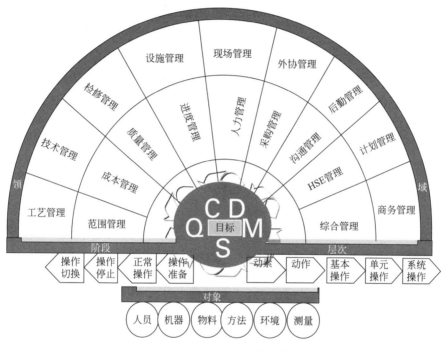

图 4-2 精益塔对于操作的优化

4.2 流程——所有的流程都可以应用

在比操作更高一个层次的流程层面上，精益也会发挥重要的作用。

(1) 流程优化的目标

流程优化通常有两大方面的目标，一方面是提高流程的效率，以更短的时间周期、更少的成本提供满足客户需要的流程输出；另一方面是加强流程的控制，减少不符合流程控制目标的现象发生。效率和控制需要根据不同的情况进行平衡以更好兼顾。

(2) 应用精益塔优化流程

① **围绕流程优化目标** 所有的流程都可以应用精益塔的精益项目改善流程和精益工具方法定期进行改善优化，改善后进行标准化控制。通过持续的循环提

升保证流程的效率不断提升、流程完全可控。

② **精益塔可以缩短流程的时间周期**　通过应用 8 大浪费、流程分析、价值流图等工具可以识别并消除不增值的流程环节，减少流程步骤之间的等待、缩短每个流程步骤的时间周期。

③ **精益塔可以减少流程的成本**　通过浪费识别和消除、参数优化等方式可以减少流程的人力成本、物力成本、管理成本等各项成本。

④ **精益塔可以减少流程的失效模式发生，提高流程的控制水平**　通过实效模式分析（FMEA）、可视化、防错等工具的应用可以预先分析流程可能失效的环节并制定预防和控制措施，防患于未然。

4.3　供应链——可以拓展应用到供应链

化工企业都有关联的供应链企业，如果在一个化工园区，就是供应链园区企业，简称园区企业，这种情况在化工行业相当普遍。供应链企业的稳定高质量运营对于整个供应链的运营绩效至关重要。精益塔可以合作拓展到供应链企业。一方面通过供应链企业的精益帮助供应链企业从源头稳定交期、提升质量、降低成本，另一方面只要合作可以取得实效并有所回报，也会受到供应链企业的欢迎，双方通过合作会取得双赢结果。精益塔这一理念发展成熟后就在一些供应链企业、园区企业以不同方式进行过多次成功的合作拓展并广受好评。

（1）合作方式

根据合作的深度分为项目合作和战略合作。项目合作是供应链双方通过选定重点项目，进行合作实施。战略合作是从精益塔体系学习、实践、分享各方面全面进行合作。采取何种方式需要根据供应链企业的情况、双方的意愿、可以提供的资源综合考虑决定。

（2）合作原则

① **减少浪费**

● 减少已有互供中的浪费　供应链企业之间存在着单向供料或互相供料的关系。供料的质量指标、供料时间、供料操作上都有可能存在浪费，要通过价值思考识别浪费、消除浪费。

● 通过新增互供减少浪费　供应链企业都在不断地发展。产出的物料和公用工程等资源每年或每几年都会有变化。对于一家企业有的产出是没有用的，一直在弃用甚至需要花钱请有资质的其他企业处理。供应链企业可以及时识别是否可以将这些产出直接互供，如果直接互供不具备条件是否可以通过一些技术改造例如将输出的压力、数量、质量指标进行调整后互供，尽管每个项目实施起来都不容易，但是考虑到实施完成后可以给双方带来的价值，就会有动力想方设法早点做好。

● 通过共享资源减少供应链企业的闲置浪费 资源存在着不平衡性。例如一个化工园区中每家企业都有叉车班组，叉车在生产的高峰期、检修的高峰期是不够用的。但是其他大部分时间叉车的使用率并不是很高。再如园区每家企业都投入巨资建有非常好的质检实验室，在各家样品分析的高峰期可能都忙不开，但是在高峰期之外质检分析检验能力都有不少的余量。类似这样的设备设施、技术服务资源的间歇富余在供应链企业、园区企业中普遍存在，可以通过资源共享来错开使用、平抑峰谷、消除浪费。

② **共享价值** 为了调动供应链企业的积极性、促进持续深入的合作，合作创造的价值要以适当的方式进行分享，让每个参与方都能有所回报。如果形成了良好的机制，供应链企业会更为主动、想得更早、做得更快。如果机制不够有效，就会变成单向推动式的合作，有可能会损失时间角度的价值。

③ **快速行动** 大型化工企业体量巨大，某一点改善的价值就可能非常可观，早一天完成就早一天受益，晚一天完成就损失一天收益。化工企业的性质决定了有些合作精益项目如果需要施工，项目的工期比较长、施工窗口非常宝贵（例如只有大修才能施工），从有想法到做成常常需要几个月或者跨年。供应链的合作精益项目需要快速行动、只争朝夕。

④ **向前思考** 现有的问题通过合作项目来进行改进，而与此同时供应链企业也可以向前思考，在条件允许的情况下从各家企业的发展规划、产品规划、产能规划提前进行深度交流对接，寻找潜在合作机会，尽可能在更早的时间形成更匹配的产能计划和供料计划。

(3) 合作行动

与供应链企业的合作行动包括精益塔导入及建立、学习、实践、分享等各个方面，具体开展哪些合作根据合作方式、可用资源确定。

① **精益塔导入及建立** 如果进行战略合作可以帮助供应链企业全面导入精益塔。可以提供诊断，帮助制定精益变革战略，并在战略的实施中进行支持，帮助培养精益工程师。

② **学习** 为供应链企业培训认证精益带级人员，帮助供应链企业建立精益人才队伍，先人后事为改善活动的有效开展打下基础。帮助供应链企业培训讲师，指导开发课程，建立供应链企业自己的培训课程体系。

③ **实践**

● 开展供应链精益项目 供应链项目的选项方式和组织的精益改善项目选项方式类似，只是范围扩大到了供应链范围。根据供应链消除浪费的特点通常包括新增互供、互供优化、资源共享3大类项目。

● 开展 TPM 区域达标创建 供应链企业的供料关系要求供应链企业的装置

稳定高效按需运转，设备和装置的可靠性至关重要。可以帮助供应链企业识别重点设备管理区域，开展 TPM 区域创建达标，通过 TPM 提升可靠性，源头上增加供应链保障能力。通常这方面的工作要取得显著效果需要很长时间不间断的有效推进，但因为这是化工企业共同的重点难点，对每家企业的 SQCDM 各方面业绩至关重要，很多供应链企业都愿意通过持续不懈的努力达到目标。

④ **分享**　组织供应链企业定期交流，包括邀请供应链企业的人员参加论坛分享、进行现场走动、组织供应链企业精益交流会议活动、参加标杆学习。通过分享活动可以加速供应链企业的精益变革步伐，更快输出精益变革成果。

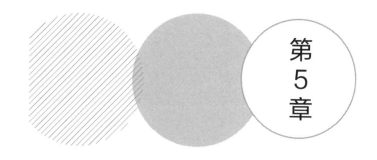

第 5 章

什么时候应用精益塔

以最少的组织资源、最短的时间、最佳的质量完成变革，使精益管理成为组织卓越运营能力的重要部分，持续为组织创造实实在在的价值是精益变革的目标。每个组织精益变革的过程有所不同，但通常可以划分成准备期、导入期、发展期、成熟期4个阶段，每个阶段都有其重点的任务，根据组织大小和背景的不同每个阶段的时间也有所不同，如表5-1所示。

表 5-1 精益变革的 4 个阶段

阶段	描述	重要任务	通常时间
准备期	组织进行精益导入的准备	● 通过与外部学习交流了解精益的价值 ● 完成组织对于精益变革的承诺	0.5～1 年
导入期	组织正式导入精益管理	● 完成首批人员培训认证 ● 开始开展精益项目、TPM ● 开始制定精益管理的流程制度	0.5～1 年
发展期	精益管理导入后通过持续实践不断发展，并逐步与企业原有的管理体系进行融合	● 持续开展培训认证 ● 持续进行项目实施 ● 持续进行精益分享和知识管理 ● 完善制定精益流程制度，有条件地进行相应的管理信息化	1～3 年
成熟期	通过持续的发展，精益管理体系高效运作，与组织运营管理体系高度融合	● 根据需要向外输出成果，成为行业、地域的精益管理典范	持续

精益塔提供了一个系统化的方法论以支持企业的精益变革。在各个阶段都会发挥精益管理体系框架的作用，有效掌握管理资源实现不同阶段的目标。准备期进行精益塔建立的准备，建立组织机构，确定关键角色人员安排；导入期应用精益塔开展学习、实践、分享等相关工作并逐步建立相应流程，实现精益管理工作的标准化、流程化；发展期全面应用精益塔系统开展学习、实践、分享等活动，持续输出价值；成熟期持续深入应用精益塔与组织运营高度融合。精益塔可以帮助组织从无到有建立完善精益管理体系。

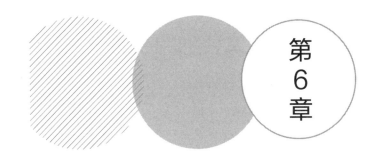

第 6 章

如何应用精益塔之文化层

6.1 精益文化的重要性

(1) 精益文化，不可替代

在精益塔的文化、流程、工具、物质4个层面中，文化层面不可替代。

没有文化，工具难以发挥作用。很多精益工具掌握起来并不难，但是如果组织没有建立精益的文化，则工具无法发挥其最大的价值。例如8大浪费仅需一堂培训课就可以基本掌握了，但是如果没有杜绝浪费、反省学习的文化，掌握了这个工具后也很难挖地三尺、入木三分地深入找寻浪费，年复一年、日复一日地持续消除浪费，同样的工具应用的效果就会差异很大。没有文化，流程难以高效运作。如果没有团队合作的文化，精益项目中的团队组织就会效率低下；如果没有事实数据的文化，解决问题的效果就会不好。

(2) 构建更困难，保持更重要

相比流程、工具、物质，精益文化的构建更困难。物质的构建以月为单位，流程和工具的构建以年为单位，文化的构建以代为单位，需要组织中一代管理者和员工的共同努力和自我改变，精益文化才能真正扎下根来。而精益文化既有其强大的一面，也有其脆弱的一面。

如果精益文化非常强大，一个几千人的公司只要有几十个人几年内就可以带动起来。在某化工企业并购一家欧洲公司后这家公司发生的完美蜕变就验证了这一点。其高层领导曾感慨地分享到："我们向新并购的公司灌输精益制造的理念。原来现场随处可见跑冒滴漏和看不见的但可精益的'跑冒滴漏'，通过精益制造、精益管理，通过管理输出，让新并购的公司一步步走出困境。我们赢得了员工发自肺腑的尊敬！"

如果精益文化不够强大，当组织快速发展、人员快速增加时，则文化也会被稀释，具体体现在已经约定俗成的设定不再成立，例如每件工作完成后不再主动找不足持续改进；已经养成的好习惯不再保持，例如5S、TPM的可能退步。

6.2 精益文化和企业文化

企业文化又称组织文化，是一种群体文化，是企业或组织成员所共有的总的行为方式、共同的信仰和价值观。它是通过企业长期经营与培育而形成的一种有别于其他企业的、能反映本企业特有经营管理风格的、被企业成员所共同认可和自觉遵守的价值观念与群体行为规范。企业文化具备凝聚、激励、约束、导向、互动、辐射等多种功能，优良的企业文化可以降低组织的管理成本、完善组织机能、提供组织协调性。

精益文化是企业文化的有机组成部分，精益文化贯彻了企业文化的要求，丰富了企业文化的内涵。每个企业的文化不同，但客户导向、以客户为中心是很大一部分企业共同关注的方面，精益的原点是消除浪费，创造价值以更好满足客户需求，看似复杂的流程和工具都是为了这个初心而一步步发展构建而来的，这一点契合很大一部分企业的企业文化内涵要求。在客户导向文化比较强烈的企业，精益文化的建立和导入比较简单。因为目标是一致的，都想干好，精益可以提供特有的精益管理组织流程和工具方法把想干的事情干好，一旦通过扎实的精益实践让组织内的所有人看到精益可以起到的作用，精益文化很快就会扎下根来，在丰厚的企业文化滋养下快速生长逐渐枝繁叶茂，和企业文化水乳交融，进一步丰富企业文化的内涵。

在一些市场竞争不够激烈的行业和领域内，企业文化中关于客户导向方面的要求和内涵可能还在逐步发展之中，精益文化的发展会使企业文化中关于客户导向的部分进一步丰富。在市场竞争愈加激烈的趋势下，如何通过提供更好的产品和服务赢得和保留客户是大多数企业生存和发展的关键，而精益聚焦于此、擅长于此，从认识精益开始到逐步开展精益，这个过程可以使企业文化中客户导向方面的文化的建立和发展更为全面，这一方面的薄弱环节会加快完善补齐补牢，通过具体的精益实践关注客户需求的满足会使企业找到发展的准心，更好地成长和发展。客户是企业成长的指南针，满足客户的过程充满挑战、不乏痛苦，需要持续不断地突破有形的边界和框架，持续不断挑战流程的极限，但只要通过努力满足了客户，客户会真心认可企业的产品和服务，成为忠诚的客户并会为企业带来更多的客户。

6.3 精益文化的建设步骤

经过多年的发展，企业文化已成为大多数企业经营管理的重点，企业文化建设的方式方法越来越成熟完备、企业文化建设的优秀案例也越来越丰富。精益文化的建设也比照企业文化的建设，具体操作上有所简化和调整，主要包括以下步骤。

（1）学习标杆，渐进形成

精益管理从 20 世纪产生以来，从汽车行业开始，在各行各业已经有很多优秀的标杆。在每个标杆精益企业身上，精益文化都是其最难被学到的一面。组织可以通过开展标杆学习、参加培训、阅读经典精益文化书籍等方式感知标杆精益文化，并在精益变革的亲身实践中逐步深入体会。通常经过一段时间的实践，组织就会渐进形成本组织的精益文化，每个亲身实践精益的人都会感同身受，在组织基本掌握了精益的工具、构建了精益变革流程之后，精益文化的建设是必不可少的。

（2）总结提炼，宣贯倡导

当精益文化渐进形成后，精益办负责进行总结提炼，编制《精益文化手册》，并在组织中通过培训宣讲、精益宣传口号征集、知识竞赛、宣传看板等方式进行宣传贯彻倡导，让全体员工都能够理解并掌握精益文化的内容。

《精益文化手册》，示例如下：

《精益文化手册》目录

一、历史篇

1. 精益管理概述

2. 公司精益变革推行历史

二、理念篇

1. 精益变革的使命

2. 精益变革的愿景

3. 精益变革的战略

4. 精益文化理念释义

三、行为篇

四、形象篇

1. 精益标志（LOGO）

2. 精益宣传口号

3. 标准 VI

附录：

1. 精益分享渠道

2. 精益推荐书目

3. 精益术语

4. 精益管理编年表

（3）巩固保持，持续发展

在完成了精益文化的总结提炼、宣贯倡导后，要巩固保持，持续发展。定期通过精益的简报分享、论坛分享、现场走动等渠道宣传符合精益文化的典型表率，曝光纠正不符合精益文化的典型问题，持续地引导和纠偏，始终将组织的精益文化维持在一个标准的状态上。要与时俱进，持续发展精益文化，定期将最新最好的精益文化理念和标准做法吸收到组织的精益文化中，定期修订《精益文化手册》并持续宣贯。

6.4 精益塔 10 条精益文化理念释义

经过长期的积累，精益塔逐步形成了 10 条精益文化理念，涵盖发现问题、解决问题和培养人才各方面，这些理念是组织中全体员工的共同认知和行为操守，如图 6-1 所示。

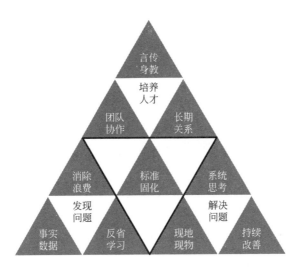

图 6-1　精益塔 10 条精益文化理念

(1) 发现问题三角

① **消除浪费——从粗放管理到价值思维**　精益是以价值为核心的，客户及重要相关方定义了价值，要从这里开始思考哪些是有价值的要进行保留，哪些是没有价值的浪费要进行消除。这个过程通常不是一蹴而就的，需要持续不断地追求，需要不断地发现显见或隐藏的问题。如果没有正确地识别价值，我们所做的很多努力对于客户及重要相关方是没有意义的，而另一方面客户的需求我们也并不一定可以满足。例如我们的某种产品从可测量的质量指标上来看是最好的，从数据上来看远超出客户的需求，为此我们在生产流程上进行了非常多的资源投入，但是在产品的包装上并不是尽善尽美，而对于某些国外的客户，他们非常重视产品的包装。通过识别客户这方面的需求并进行有针对性的改进，我们以并不多的资源投入弥补了短板，显著提升了客户满意度。

② **事实数据——从主观臆测到量化依据**　在改善活动中经常有一句话：如果问题被有效定义，通常已经解决了 50%。当我们明确问题的时候，不能主观臆测、笼统地描述，例如说质量指标不好，客户不满意，而是要量化依据。客户都分布在哪些地域和行业？最近一段时间有多少次客户的抱怨？客户的抱怨可以细分为多少种情况？每种情况的占比是多少？占 80% 投诉的情况是什么？客户的抱怨都发生在什么时间？客户抱怨事件对应的我们的生产车间是什么情况？班组是什么情况……与问题相关的所有情况都要弄清楚，量化成数据，进行定量分析。

③ **反省学习——从躲避问题到暴露问题**　不要躲避问题而要暴露问题。先暴露问题，可以解决的马上解决，不能马上解决的把目标拆解，一步步解决，持

续改善。持续地自我反省学习,真诚地承认自己做得还不好,急切地去寻找可以改进的地方,只有这样的态度,才能发现问题。例如在化工企业大修是非常重要的工作,每次大修结束后,即使大修的目标都非常好地达到了,组织还是会花很长一段时间通过集体研讨找不足,通过找不足去找到需要改进的问题,分门别类地制定改进计划并追踪落实。

(2) 解决问题三角

① **系统思考——从经验主义到 PDCA** 工作中积累的经验非常宝贵,但是经验也有其局限性。经验需要多年的持续积累、多次工作机会的沉淀,经验常常没有显性化,难以在组织内有效传承,化工厂经验丰富的老师傅们有时休长假都比较困难,因为工厂确实离不开他们。例如分析某反应流程的原料的多个检测指标变化对于产品的多个质量指标的影响,经验丰富的师傅们肯定有很深的见解。但是其经验并不一定完整,也并不一定完全正确。而通过 PDCA 系统化的分析,借助相关、回归、假设检验、试验设计等量化工具的使用,借助团队智慧的汇集,一次有效的改善活动就有可能把问题解析得更加全面准确,而解析的结论和过程通过文档化可以在保密受控的前提下在组织内有效推广。

② **现地现物——从人云亦云到亲临实地** 当我们分析问题的时候,不要依赖他人的转述,不要止于收到的报告材料。任何的描述和材料都有可能存在信息传递过程中的失真,都不能反映与现场问题相关联的全部情况。我们要形成第一时间到现场的工作习惯,自己去全面观察,和现场的人员仔细交接,收集第一手的信息和资料,以此为起点开始我们的问题分析。例如现场一台关键设备出现了故障,第一时间我们就要到现场对设备"望闻问切",借助仪器和自己的感官了解设备情况和现场工况,向设备的使用人员、维护人员实地了解设备最近一段时间运行和维护保养的情况,向工艺人员实地了解最近一段时间工艺工况的情况。

③ **持续改善——从一劳永逸到日日精进** 化工是一个非常依赖突破性改变的行业,例如工艺流程的重大技术进步、重大的投资改造。但是这并不妨碍我们考虑进行持续的改进。在保证工艺稳定的前提下,一段时间内的持续改进可以创造在重大技术进步之外的价值,而且持续改进可以为重大技术进行提供一些有益的参考。日日精进,久久为功,每天进步一点点,也会有惊人的成就。例如某装置的工艺流程中有一个原料罐车卸车的工艺单元,这里是装置产能提升的瓶颈,每天卸车的车数决定了整个流程的负荷水平,但限于场地和技术储备、施工的时间窗口机会,重大的投资改造项目一直在紧张准备,但不能在很短的时间内马上完成。在这种情况下,卸车工艺单元的员工就组成团队一边准备重大的投资改造项目,一边没有等待而是持续不懈进行卸车标准化操作的改善项目,通过人员操作、工器具准备、车辆预处理、卸车前后系统处理各方面进行改善,从每天 8 车、10 车到 12 车,甚至更多。改善每成功一次,整个流程的负荷水平就提升到

一个更高的水平。在重大投资改造未完成的几年里，通过这个地方的改善提升了装置负荷，意味着增大了产能，提高了产量和利润，获得了实打实的效益。而重大投资改造完成后，卸车系统每天的卸车数量实现了翻倍。装置的负荷水平得到了飞跃的提升。改善和投资改造发挥了各自的作用，接力提升了目标水平。

（3）培养人才三角

① **言传身教——从听我要求到向我看齐**　每年我都会在组织中进行培训，有一次培训课间我和一位学员交流。我问他为什么要参加培训，他说他感觉他的领导参加了精益培训后，处理问题的思维方式不一样了。虽然他在倒班，抽空来培训很不容易，但他还是主动争取来学习。他的领导我认识，是一位优秀的黑带，在繁忙的工作间隙全程参加了培训通过了认证，作为团队负责人带领团队开展了多个重大的改善项目，解决了困扰工艺几年的痛点问题，并得到了组织的表彰奖励。我想正是他的领导身体力行地先学习，并学以致用解决了实际的问题，才会带动组织中的员工共同来学习，这比多少次的宣传发动都更有效。学习如此，其他方方面面也如此，如果管理者要求员工做好5S、TPM，就要自己带头参与其中；如果要求员工在解决问题时严格地PDCA，就要在过程中率先垂范；如果要求员工严格遵守标准作业程序，就要自己也严格遵守，不能有例外。言胜于行，员工都会学习。

② **团队协作——从单打独斗到团队协作**　小问题，一个人就可以解决，如果是更大的问题就需要团队协作，根据问题涉及范围，需要跨班组、跨专业、跨部门、跨组织的团队。一个问题解决的全过程离不开团队协作，问题的认识需要汇聚团队不同成员的观察和见解；问题的分析需要团队不同成员的研讨和交流；问题的改进措施的制定和执行需要团队成员的共识和配合，没有团队协作很难使问题得到真正解决。例如一个压缩机漏油的TPM类问题，需要工艺人员、设备人员、技术人员、采购人员多个专业、多个工艺班组共同参与，从设备本身的分析到设备相关工艺情况的分析，到不同工艺班组和设备保全班组对于改善措施的执行，各个环节共同努力才能解决问题。

③ **长期关系——从合同契约到敬业奉献**　长期雇佣关系不是精益开展的必要条件，但对于精益的开展是个非常重要的利好，从反省学习、团队协作、长期绩效观、改善意愿各方面都会有很好的帮助。长期雇佣关系下，员工更愿意找不足、暴露问题，因为这是组织持续的文化，只要抓紧解决问题，不会有人责怪，大家都是如此；员工一起工作多年，互相了解，更容易建立信任，团队整合的成本更低，互相毫不保留，有困难大家一起上；员工做工作考虑问题会更看重长期的结果，不易急功近利；员工逐渐和组织形成命运共同体，更加敬业奉献，主动自发改善，不计较个人得失，因为长远看只要工作做好了，大家都会好。

（4）标准固化三角——从各显身手到统一更新

每个人都想把工作做好，每个人从日常操作到解决问题都有自己的好办法，但精益更要求将这个过程标准化，把最好的做法统一下来推广到组织的各个地方，鼓励进行改善并及时进行标准化，提倡改善始于标准、终于标准。在标准化的过程中要注意方式。具备统一的一定要在最短时间内统一，统一的时候注意如有必要不同情况要分层标准化，例如工艺控制参数根据负荷不同都多套控制参数。注意定期或不定期地动态修订标准，及时吸纳好的做法；确有必要的可以例外管理。

精益塔 10 条精益文化理念是在精益管理的实践中逐步萌生并提炼形成的，每个组织在应用精益塔的过程中都可以借鉴并根据自身组织企业文化的情况进行发展，形成具有自身组织特色的精益文化理念，这会对组织精益文化的建立起到指引和规范的长远作用。

6.5 精益文化，管理者的无限责任

对于精益文化的建设、保持与发展，管理者肩负着无限的责任，从高层管理者、中层管理者到基层管理者都责无旁贷。

管理者的要求决定了精益文化的方向。要求明确了，全体员工就会朝着要求的方向努力，这就从个人自发的过程过渡到了组织的规范。文化某种意义上是组织的习惯，习惯的养成和固化需要管理者不厌其烦地观察、纠正和示范。管理者的行为体现了精益文化的刚性。管理者对待符合精益文化的行为是否有认可和肯定，对待不符合精益文化的行为是否有指示和纠偏，管理者是否在自己的工作中严格践行精益文化的要求，这些都会被员工看在眼里、记在心里、学在身上。日日夜夜、每时每刻，管理者始终是精益文化的守望者。

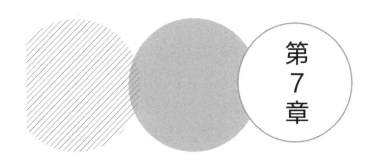

第 7 章

如何应用精益塔之流程层

7.1 流程层总论

某知名化工企业在精益变革之初就以精益管理制度化、流程化、标准化为目标，经过持续发展逐步形成了一个由 21 个流程（process）组成的流程组（process group）——精益塔，如图 7-1 所示。精益塔是组织整体流程中管理改进和变革流程大类（category）的重要组成部分。

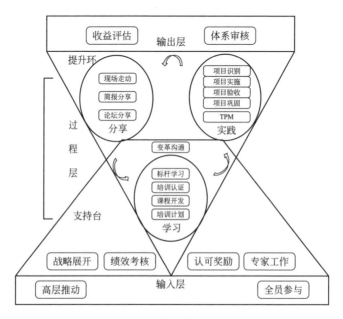

图 7-1　精益塔流程层

精益塔的 21 个流程按从下到上的方向共分输入、过程-支持台、过程-提升环、输出 4 个子层，通过输入必要的资源，经过过程的运转，得到组织所期望的包括财务收益和非财务价值在内的输出。精益塔各流程的输入输出有着密切的衔接关系，每个流程高质量运作，各个流程有效衔接配合，整个精益塔就会以最小的输入为组织创造最大的输出。第一次看精益塔可能会感觉有些复杂，但其核心是学习、实践、分享这一提升环，其他流程的建立都是为了保证学习、实践、分享高质量的运作。

7.2 输入层总论

（1）输入层的重要性

① **保证动力持续**　精益变革需要动力。改变整个组织的工作习惯、挑战极

限目标，深挖问题根源、严格标准化控制都需要不凡的动力。在输入层中，组织的高层提供原动力和过程中的领导力，全员提供持续动力。有了输入的动力精益塔就可以持续运作取得变革输出。

② **汇集全员力量**　全员参与是一件不容易的事，但一旦形成全员参与的态势，组织中的每个人、每个团队都能围绕组织目标日日精进，这就会形成绵绵不绝的巨大力量。部分精益工具看起来并不复杂，但是要想实现好的效果，离不开全员参与形成的合力加持。常常说精益变革成功的标志之一就是全员参与，因为真正力量来自于此。

（2）输入层的设计要点

① **把握关键环节**　组织中的高层管理者、中层管理者、基层管理者、骨干员工等各个群体在变革中都有各自不可替代的作用，其中高层是精益变革的关键环节，是精益变革成功的决定性因素。要牢牢把握这个关键环节，用最精细的安排在适当的时机做好应该做的事，让高层的推动力达到最佳的效果。

② **保证基础稳固**　在精益变革中学习的速度慢一点、实践的输出少一点、分享的效果弱一点都不让人特别担心，如果这些方面的情况不如人意，那就回顾已经采取的措施并进行改进、投入更多精力和资源，或长或短一段时间后都会好起来。但若是输入层的基础不稳固，情况就困难得多。基础不牢导致可以调动的资源不够，得到的支持不够，犹如无源之水难以成事。在输入层的设计建设中要付出充分的耐心、投入足够的精力去做好这方面的工作，以保证精益变革行稳致远。

7.3　高层推动

管理是把事情做好，领导力是做正确的事情。
——彼得·德鲁克

What 是什么

高层管理者在精益变革中发挥了不可替代的领导作用。高层推动流程主要是关于高层管理者推动精益管理的最佳实践。

Why 为什么

（1）提供变革动力——告诉员工要不要做

精益变革意味着组织全员进行思维的转变、文化的转变、工作方式的转变。这种转变需要巨大的变革动力，需要无比坚定的变革决心，只有高管层可以提供。这种转变对于组织有着持久的影响，只有高层更清楚其价值。当组织具备了这种动力,当精益变革通过学习、实践、分享的提升循环可以为组织带来显著的价值,那么变革过程就可以更自主地持续进行。原动力就是一切的起点。

(2) 沟通变革愿景——告诉员工做到什么程度

高层需要在精益变革中沟通精益变革的愿景。既基于实际又超越想象的愿景会产生出强大的号召力,激励全员爆发出强大的变革意志,通过超乎寻常的卓绝努力,最终达成愿景。优秀的组织总是通过愿景的闭环实现而给予员工以巨大的力量和信心。

(3) 提供教练支持——指导员工怎么做

高层在精益的过程中可以很好地提供教练支持,帮助员工发现问题、解决问题,并在员工解决问题的过程中提供资源的支持。这个过程不仅可以直接帮助员工取得改善的成果,更重要的是强化了高层的导师角色,不仅提供目标,更提供教练。

(4) 提供认可激励——告诉员工做了会怎么样

认可奖励体系如果设计合理、运作顺畅,就会让全员在精益变革中自我驱动、自我加压、自我提升。员工进行了精益的行动,取得了改善成果,高层及时安排进行包括精神奖励和物质奖励的认可奖励。这对于参与改善的团队和个人是一种肯定和鼓舞,也会向全体员工发出清晰明确的信号,引领全员持续迈向精益变革的新高峰。

Who 谁来做

高层管理者、精益工程师。

Where 在哪里做

组织内。

When 什么时间做

通常每年年初制定高层推动行动计划,每季、每月进行高层推动计划的实施和回顾。

How 怎么做

(1) 流程概要

图 7-2 所示为高层推动的流程概要。

① 高层推动计划制定　每年年初精益办通过单独访谈、专项汇报等方式制定高层推动的行动计划,包括组织审批战略计划、主持重要会议、项目立项和结项评审、现场走动等内容。通常可以在战略展开的过程中同步制定。

第 7 章　如何应用精益塔之流程层

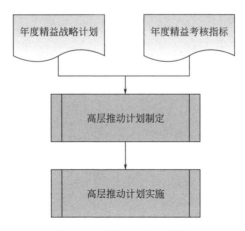

图 7-2　高层推动的流程概要

表 7-1 所示为年度高层行动计划。

表 7-1　年度高层行动计划

姓名：		单位：					职务：						
序号	高层行动类别	相关流程	1月	2月	3月	4月	5月	6月	7月	8月	9月	10月	11月	12月
1	制定年度精益变革战略计划	战略展开	√											
2	季度精益推行委员会会议	战略展开			√			√			√			√
3	精益项目立项评审	项目选择	√					√						
4	精益项目结项评审	项目实施					√							√
5	精益论坛	论坛分享						√						√
6	现场走动	现场走动	√	√	√	√	√	√	√	√	√	√	√	√

② **高层推动计划实施**　高层推动计划制定后，高层管理者按照计划实施，精益办负责进行具体活动的日程安排，协调活动的开展，进行活动的后续分享，定期在组织内部会议上进行高层推动计划完成情况的回顾。

（2）原则

① **标准工作、持续不断**　高层推动涉及的年度战略计划审批、项目选项评审、项目结项评审、TPM 区域评审、现场走动等各项重要工作都需要列入高层管理者的标准工作中，工作的数量要精心安排、符合实际，

每一次都要取得实效,重在持续不断。

② **及时分享、广泛传播** 高层参与精益活动是对精益变革宝贵的身体力行的支持。每次活动完成后,精益工程师或其他人员需要将高层参与活动的情况和高层在活动中做出的重要指示通过公司内部办公系统、精益简报等渠道在组织内及时分享,广泛传播。全体员工就可以及时学习领会高层对于精益变革工作的导向意见,促进精益变革更好更快地开展。

工具和技术

A3(相关内容详见第 8 章)、可视化。

常见问题

(1)精益工作遇到比较大的困难怎么办?

高层管理者是精益工作的倡导者,各级员工可在自身努力的前提下寻求高层管理者的指导和帮助。高层管理者会从战略层面进行调整,从资源层面进行配置,从操作层面进行指导,从士气层面进行支持,多管齐下帮助克服困难。

(2)高层管理层需要成为精益的专家吗?

高层自己成为专家,那是最理想的;但是如果因为条件不具备,只掌握高层应该掌握的精益知识和技能也可以胜任。正如一个指挥家如果可以在指挥之外精通一个或多个乐器的演奏当然更好,如果只精通指挥也很好。

7.4 全员参与

 个人之于社会等于身体的细胞,要一个人身体健全,不用说必须每个细胞都健全。

——闻一多

What 是什么

全员参与是精益变革的重要前提,通过精益积分制可以有效带动全员有层次参与学习、实践、分享各类别的精益活动。全员参与流程主要是关于全员参与积分规则制定、积分行动和积分奖励。

Why 为什么

(1)降低学习成本

大家拿到驾照后刚开始开车的时候常常不熟练,这个时候如果你的家人或朋友会开车,就会在你开车的时候给你指导和建议,那么你的开车技术就进步得更快。如果你的家人和朋友是老司机,那么恭喜你,你很快也会成为技术很好的老司机了。

和开车一样,成为精益高手也是如此,身边有高手,可以帮助员工快速在实战中掌握精益。在开始第一批精益培训后,员工在培训后开展项目是比较困难的。因为刚培训,大家使用还不熟练,部门或班组中没有人先掌握,指导只能依靠培训老师,且因为化工多为倒班,指导起来不那么方便。当后续组织培训多了就好办了。员工接受培训后返回岗位做项目时,部门或班组中有很多精益的高手都会帮忙指导员工,而且是在工作间隙随时进行。这样员工掌握起来快多了,培训师也轻松很多,切实降低了培训成本。

在成年人的学习过程中,团队学习的效率更高。通过大家在学习道路上的互相切磋、互相帮助,可以让学习事半功倍。

(2)形成团队合力

通过全员参与让精益发挥出了最大的力量。这种力量可以将精益稳定在一定的水平并持续改进。化工企业的工作很多都是团队协作,只有参与协作的每个人都切实掌握了精益思想,才会形成团队合力。例如精益改进项目,全员参与了,项目改进和项目巩固的效果才会更好;例如 TPM 推进,全员参与了,区域的 TPM 工作才能提升明显,巩固得力。

(3)保证变革成功

精益变革成功的主要标志是组织内精益思想深入人心,工具方法在组织内被普遍掌握和应用,通过精益提升经营管理业绩明显可见,精益管理成为组织战略成功的核心组成部分。为了保证精益变革成功,需要全员参与,只有全员参与,才能让每人了解精益、参与精益工作,体会到精益可以给我们的工作带来的变化,并将精益思想融入我们的工作中,才能保证变革成功。

全员参与是分层次的,根据每个人的岗位职责的不同,有的需要多一些参与,有的需要少一些参与,但全员参与始终是精益变革追求的目标。

Who 谁来做

组织内的所有人,也可以包括组织的重要相关方人员。

Where 在哪里做

组织范围内。

When 在什么时间做

任何时间。

How 怎么做

（1）流程概要

图 7-3 所示为全员参与的流程概要。

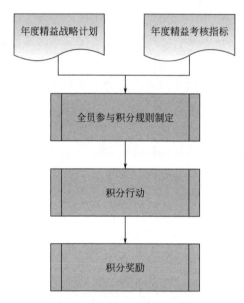

图 7-3　全员参与的流程概要

① **全员参与积分规则制定**　精益办每年年初制定全员参与积分规则，将学习、实践、分享各类的工作的积分规则和积分奖励方案在组织内进行公布。部门和员工开展包括学习、实践、分享三个类别的以下各种活动，如表 7-2 所示。

表 7-2　积分分值表

序号	积分类别	积分活动	积分
1	实践	担任 1 次专家评委	2
2	实践	担任 1 次精益项目/TPM 活动团队负责人	5
3	实践	担任 1 次精益项目倡导者	2
4	实践	担任 1 次精益项目/TPM 活动团队成员	1
5	分享	1 次公司刊物分享	3
6	分享	1 次精益案例集等出版物撰稿分享	2
7	分享	1 次精益简报分享	2
8	分享	在公司内部办公系统精益板块发帖分享	1
9	分享	1 次辅导他人	1

② **积分行动** 全员根据自身的实际情况和兴趣，有选择地开展精益活动。每项精益活动得到确认后即可获得积分，积分在信息化系统上进行实时展示。

③ **积分奖励** 积分奖励分为日常的积分兑现和每年的优秀带级人员积分奖。

● 积分兑现 精益办定期举行积分兑现活动，任何有积分的员工都可以兑现奖品，奖品可以由员工决定。

● 优秀带级人员积分奖 每年按照黄带、绿带、黑带不同带级分别评选优秀带级人员积分奖，排名靠前的可以获得优秀黄带奖、优秀绿带奖、优秀黑带奖并颁发奖励。

（2）原则

① **门槛不高，阶梯搭建** 组织中的人员对于新生的事物都是比较好奇的，都有了解、参与的想法。如果参与的难度过大、门槛太高，就很难把员工这种想法引进门来。做一个点改善、参与一次 TPM 小组活动、写一篇精益分享文章、作为志愿者参与精益论坛的筹办等各种行动都可以获得积分，并可以通过奖品兑换的方式获得即时微激励。对于开始参与更高难度的精益改善项目遇到技能不足的问题，可以在组织的安排下进行适当的培训认证；当能力提升了，就可以继续参与更多。

② **量化可视，齐头并进** 精益变革需要全员有层次的参与。每个人到底有没有参与？今年比去年参与得更多还是更少？精益积分制就是一个在实践中摸索形成的有效量化办法。

精益积分制把每个员工在学习、实践、分享各类别的精益行动通过分数进行量化并通过精益管理系统等渠道可视化展示。这样就可以了解团队中每个人在精益方面的行动情况，引导团队的所有成员齐头并进，进而量化不同班组、不同部门的参与情况，引导各个组织齐头并进。

在日常操作中，我们通过精益行动的质量评估，精益行动超出一定数量后的积分值下调等积分规则将精益行动的频次设定在一个和组织情况相适应的水平上，提倡精益活动的数量和质量并重，不单纯追求数量。

③ **持续参与，文化形成** 精益文化是组织最宝贵的财富，而文化扎根的体现之一就是有组织和无组织的精益行动持续进行。

全员有层次地持续开展高质量的精益行动，慢慢就会形成一种参与习惯，有助于文化的形成。而习惯形成后就会体现强大的群体力量，一开始的时候，做了是新闻；后来的时候，没做是新闻。一开始的时候，大家都做得少，没有做的人没感觉有问题；后来的时候，大家都做了，少数还没有做的就会感觉到不正常，会抓紧赶上来。当所有人开始做，最先开始做的人也就不再孤单。

工具和技术

精益积分卡。

常见问题

（1）如何调动一线员工参与精益的积极性？

把员工当成普通人来看待，从马斯洛夫需求层次理论展开思考，作为普通人大家的需求都是相同的。切实了解大家的需求并和组织可以提供的资源相匹配，就可以设计出调动一线员工积极性的激励认可机制。

（2）员工如何参与到精益变革中？

从了解精益开始，逐步学习精益并在工作中运用。努力成为精益的高手，让自己的精益本领增强，通过精益为组织创造更大的价值，完成之后和身边的同事互相分享。这个过程是一个自然的过程，先从小的学习、实践、分享循环开始，体会精益给我们的工作带来的变化。

7.5 过程层-支持台总论

支持台是对组织内的学习、实践、分享起到辅助支持作用的流程组，包括战略展开、专家工作、认可奖励、绩效考核、变革沟通。这些流程都不是直接创造价值的流程，却都是不可或缺的流程，强大高效的支持台会使得学习、实践、分享提升环的效能倍增。

（1）支持台的重要性

① **保证学习、实践、分享支持组织战略**　组织的战略是动态的，精益工作需要根据组织的发展变化动态调整，保证和组织战略高度一致，不要锦上添花，而要雪中送炭。精益完成的工作要为组织带来显著的贡献，让精益成为组织达成战略目标的重要抓手，成为组织卓越运营能力的重要组成部分。

② **保持学习、实践、分享持续进行**　在精益变革的初期阶段，组织中的各相关方都对新生的事物有着比较强的兴趣。因为刚开始做，比较容易做的改善项目并不难发现，经常说这是捡地上的苹果。这个阶段的学习、实践和分享都会很轻松地开展。但随着精益变革的持续推进，精益已是组织中常态化的工作，而容易做的改善项目已经不多了，更多的是需要努力去摘树上的苹果。这个阶段组织的学习、实践和分享如果要想持续进行，需要认可激励和绩效考核来保证。

③ **保证学习、实践、分享高质量进行**　在保证学习、实践、分享可以持续

进行的基础上，如何提升运行的质量？组织内的专家就会起到重要的作用。专家的数量可以由少到多，专家的水平可以持续提升，但专家的有无会决定组织精益工作的开展质量。高质量的工作会带来高质量的输出，高质量的输出可以让组织中的人员更多地认同、支持和参与精益工作，形成正向循环。

（2）支持台的设计要点

① 符合组织实际　　不同规模、所有制结构、国家、地域、细分行业的组织在组织文化、人员情况、认可激励的习惯、绩效考核的习惯等涉及精益变革的各个方面差异度非常大，很难做到一个办法大家都适用，实际工作中需要根据组织的实际情况设计相关的流程和制度，并通过试运行进行有针对性的调整再正式运行，这样可以更稳妥地保证方法有效适用。

② 适应组织发展　　随着组织的发展，组织的规模从小到大，装置从简单到复杂，工作地点从单点到多点，人员从少到多，人员来源从单一到复杂，客户从少到多，一切都在变化，唯一没有变化的就是变化本身。变化意味着原先有效的管理方式可能不再奏效，原先合适的流程制度可能不再适用，原先不是问题的事情也可能变成问题，原先没有的矛盾也可能慢慢浮现。精益变革的支持台各流程要根据组织的变化情况及时调整，适应组织发展。

7.6　战略展开

每一种情况都有适合于它的一个特殊的战略。

——安德烈·博弗尔

What 是什么

精益战略展开是决定精益变革效果的重要环节，包括从公司的运营战略展开到精益变革的战略以及精益变革战略的详细展开。成功的战略展开可以完善战略制定过程，提升战略制定的质量，保证制定战略的可操作性。战略展开流程主要是关于精益战略的制定和确定。

Why 为什么

（1）保证战略一致

精益的战略要和组织的战略保持一致。首先要深入解读组织战略，思考精益的哪些工作可以对组织当期的战略有最大支持，然后就将这些工作作为重点列入精益战略计划中。这样精益的战略就会切实支持组织的战略，组织战略就会把精益作为实现其战略目标的重要抓手。例如组织的战略要大力降低成本，精益就可以强化精益项目的开展去降成本；组织的战略要提升设备可靠性，降低设备故障造成的损失，精益 TPM 就可以强化开展；组织的战略要大力培养人才，精益培训认证的力度就可以加强。精益变革要做的工作很多，哪些先做，哪些后做；哪些重点做，哪些稳步做，都要牢牢契合组织当期的战略。

（2）保证工作协同

要确保精益自身各项重点工作的协同，确保精益和其他工作的协同。

精益的工作千头万绪，要确保其互相协同，发挥整体价值。譬如学习方面安排了培训，培训后马上安排做项目就会及时巩固所学，如果间隔过长就会造成学员实施项目时发生困难。只有总体考虑、系统安排，才会更加稳妥。

要主动和组织内精益之外的其他重点工作有效协同，譬如精益和培训工作、精益和成本工作、精益和班组工作、精益和技术管理工作等等。找到其中可以互相配合的结合点就会取得双赢和多赢的成果。

（3）保证方向明确

为什么做？怎么做？做到什么程度？精益战略展开要将精益变革的方向问题通过深入讨论达成一致，并通过 A3 报告等简单但有效的工具实现书面化、可视化，在组织内不断沟通，让组织内的各相关方都对精益变革的工作方向了然于胸，大家就会将自己的步调统一到精益战略的步调上去，立足自身岗位，结合自身实际，贯彻精益战略。

Who 谁来做

精益办和各部门；精益工程师、高层管理者、组织的其他管理者、各相关方。

Where 在哪里做

在组织层面进行战略展开。

When 什么时间做

通常每年年初进行精益战略展开，在时间上和组织的年度战略工作计划紧密衔接。精益战略计划制定完成后每季度或每月进行回顾纠偏，年底进行总结回顾，并准备进行下一个年度的战略展开。

How 怎么做

（1）流程概要

图 7-4 所示为战略展开的流程概要。

① 战略制定

● 精益办启动战略制定过程　精益办启动战略制定过程，制定具体的

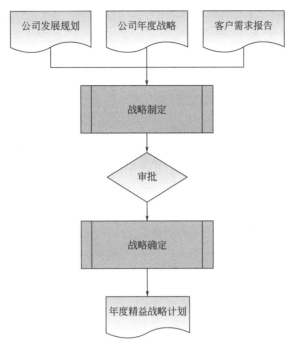

图 7-4　战略展开的流程概要

工作计划并开始实施。

● 精益办组织征集推行委员会期望和意见　精益办通过组织推行委员会会议、单独访谈、问卷调查等方式征集推行委员会对战略制定的期望和意见并登记在案。

● 精益办征集各部门期望和意见　精益办通过单独访谈、问卷调查等方式征集各部门对战略制定的期望和意见并登记在案；部门期望意见主要包括部门精益人才的培养，项目的识别和实施，知识的固化与分享，工作流程与沟通等主题内容。

● 精益办组织制定初步战略　精益办汇总推行委员会、各部门的期望和意见，结合上一年度战略实现和推行指标完成的情况、标杆学习的情况，讨论制定初步战略报推行委员会审批。初步战略的形式为《公司年度精益战略计划（A3）》、《公司年度精益行动计划指标》。

● 推行委员会审批推行战略　推行委员会对初步战略进行审批，不符合要求的由精益办组织重新修改，符合要求则审批通过。

② **战略确定**　推行战略审批通过后，精益办正式发布《公司年度精益战略计划（A3）》、《公司年度精益行动计划指标》，如图 7-5、表 7-3 所示。

```
主战略：20××年公司精益战略展开计划              编制部门：

绩效，差距，目标                              今年的行动计划
    项目财务收益：万元   体系评估结果：分      目标   改善行动    1月2月3月4月5月6月7月8月9月10月11月12月
                                            目标1   ××××      √
                                                                √√√√√√√√√√√√
                                                                √
                                            目标2   
                                                                √√√√√√√√√
                                                                √√√√√√√√√
                                                                √√√√√√√√√
                                                                √√√√√√√
    去年目标_____        去年目标_____
    去年结果_____        去年结果_____
    今年目标_____        今年目标_____

去年的反馈和结果
改善行动            评分  关键结果和问题            目标3
                                                        √   √   √   √   √
××××          4   ××××

                  3
                                                        √√√√√√√√√
                  4                                     √√√√√√√√√
                  3
                                                                √       √       √
                  4
                  5

今年的调整                                    跟踪项目/未解决的问题


签名：                                        计划作者：
                                              版本和日期：
```

图 7-5　年度精益战略计划（A3）

表 7-3　公司年度精益行动计划指标

分类	工作流程	指标	单位	输出成果	1月	2月	3月	4月	5月	6月	7月	8月	9月	10月	11月	12月
输入层	高层推动	×××	工时		●	●	●	●	●	●	●	●	●	●	●	●
输入层	全员参与	××	％		●	●	●	●	●	●	●	●	●	●	●	●
过程层	专家工作	×××	工时		●	●	●	●	●	●	●	●	●	●	●	●
过程层-支持台	战略展开	1	次		●											
过程层-支持台	绩效管理	4	轮		●											
过程层-支持台	认可奖励	2	次		●						●					●
过程层-支持台	变革沟通	××	次		●	●	●	●	●	●	●	●	●	●	●	●
过程层-提升环-学习	培训计划	1	次		●											
过程层-提升环-学习	课程开发	××	课时				●	●								

续表

分类	工作流程	指标	单位	输出成果	1月	2月	3月	4月	5月	6月	7月	8月	9月	10月	11月	12月
过程层-提升环-学习	培训认证	×××××	学时		●	●	●	●	●	●	●	●	●	●	●	●
过程层-提升环-学习	标杆学习	××	人次		●		●			●			●			●
过程层-提升环-实践	项目识别	2	轮		●						●					
过程层-提升环-实践	项目实施	2	轮		●	●	●	●	●	●		●	●	●	●	
过程层-提升环-实践	项目验收	2	轮							●						●
过程层-提升环-实践	项目巩固	2	轮				●						●			
过程层-提升环-实践	TPM	×××××	次		●	●	●	●	●	●	●	●	●	●	●	●
过程层-提升环-分享	现场走动	×××	次		●	●	●	●	●	●	●	●	●	●	●	●
过程层-提升环-分享	简报分享	××	期		●	●	●									●
过程层-提升环-分享	论坛分享	2	次							●						●
输出层	体系审核	2	次							●						●
输出层	项目评估	2	次							●						●

（2）原则

① 一方牵头，多方参与

● 一方牵头　精益战略展开通常由精益办公室牵头制定。精益办公室是精益变革组织结构中的常设机构，负责精益变革的战略规划、日常运营、知识管理。精益办持续牵头组织每一次的精益战略展开可以保证精益战略展开的延续性、连贯性，保证长周期工作如精益人才培养、项目渠道建设等工作的有效开展。

● 多方参与　在精益办牵头的基础上，精益战略展开需要总经办、人力资源部、财务部、技术部、设备部、生产部门等各部门的共同参与，以保障和组织战略计划、人力资源规划、利润成本计划、技术改造计划、专业设备管理工作计划、各部门的年度工作有效衔接。

② 多种方式，凝心聚力　在精益战略展开中，可以通过单独访谈、小组讨论、问卷调查等多种方式进行，通过多方深入的交流，输出一个认识高度统一的精益战略计划。这为后续工作计划的有效执行打下坚实的基础。

● 单独访谈　精益办可以制定计划，和高管层、战略制定各相关方进行访谈，介绍精益战略展开相关的准备情况，了解各相关方的期望，明确战略调整方向，梳理潜在的行动计划。

● 小组讨论　精益办可以召集各相关方进行小组讨论，大家以精益战略为主题，以 A3 等管理工具为载体，通过讨论、分享、点评深入研讨精益战略计划。

● 问卷调查　精益办可以通过问卷调查的方式征集各相关方及更大范围员工对于精益战略的意见，并通过综合分析转化到精益战略计划中。

③ PDCA，动态调整　精益战略展开不是制定完成后印在纸上、发上公告、挂在墙上就结束了，而是在过程中进行回顾纠偏，根据实际执行情况进行适当范围的调整。战略期结束后要全面总结回顾，继而进行下一个轮次的战略展开。在精益战略展开的全过程中都要坚持 PDCA，每个 PDCA 的循环都要力争最大程度地提升。

精益工作不怕慢，就怕断。持续进行 PDCA 并保持在一个大的方向上不动摇，契合实际的对战略进行调整并继续推进，精益工作就会"蹄疾而步稳"地快速前进。

工具和技术

A3、单独访谈、小组讨论、问卷调查。

常见问题

（1）组织中每年都有精益之外的很多重点工作，精益工作开展的资源不够怎么办？

主动识别精益工作和其他重点工作可以互相支持、互相协作的地方，主动进行工作的整合，达到双赢。组织的人力、物力、财力等资源通常是稀缺的，要善于整合利用。

（2）精益的各种工作那么多，如何分清轻重缓急？

可以在组织战略展开过程中通过团队的深入讨论对精益工作的优先次序取得共识，这样在执行中就会更加坚决果断。

7.7 绩效考核

 无法评估，就无法管理。

——琼·玛格丽塔

What 是什么

绩效考核是将战略展开输出的目标和行动措施纳入组织的绩效管理，通过考核的方式确保目标达成、战略实现。绩效考核流程主要是关于绩效考核办法的制定、绩效回顾与纠偏。

Why 为什么

（1）量化变革差异

通过绩效考核可以在精益变革的过程中更好地观察不同主体间变革的差异，而差异意味着可能的突破机会。一个绩效指标分解到部门，可以比较十几个部门的表现差异；如果分解到班组，可以比较各个部门下几十个班组的表现。在同样的条件下总有表现更卓越的组织。他们是如何做到的？有哪些好的措施和做法？这些问题如果通过分析研究搞明白了，就可以将其中的最佳实践进行提炼总结并推广，带动大家共同进步。

（2）确保基本要求

要尊重大家在变革中的差异性。不同组织和个人在变革的道路上会有差异，有的快一点，有的慢一点。这非常正常。可以有差异但差异不能过大，必须保证基本的要求。在绩效考核和认可奖励的组合设计以及绩效考核内部的设计都要贯彻这一要求。

绩效考核和认可奖励是共同设计的，认可奖励是偏鼓励性的，做得好的可以多拿，拿不到也没关系。绩效考核是相对强制性的，达不到其中的基本要求是不允许的。

绩效考核内部的设计也会对各种考核数据设立基本的要求，如最少培训认证通过多少人、项目收益最少达到多少，达到了就满足基本考核要求，合格了；如果做得更好，那就是优秀、卓越。

（3）驱动组织进步

先知道自己的位置，才可以有所思考，有所行动，进而有所进步。

在一项精益专项工作的阶段工作总结中，我们量化了公司所有班组的绩效表现，并在一次会议的环节进行了展示和沟通。以前这项工作的绩效只统计到部门层次，部门内的班组的绩效表现并没有量化到数据，班组只有大致的感觉，并不是十分清楚自己的位置，对公布的绩效结果并没有什么反应，而这次汇报后位置靠后的班组就主动问如何改进绩效。

后面的事情就比较简单了。我们和位置靠后的班组一起分析了差距产生的原因，安排他们学习先进班组的优秀做法，制定了改进绩效的计划并马上开始实施。经过一段时间的努力，班组的精益绩效提升不少，而这个过程也激发了班组的工作主动性。在一个高绩效组织的氛围内，有时候大家只是不知道自己的位置，如果清楚地知道自己的位置，就会在落后的情况下及时找到差距的原因并想办法赶上来，每一个成员都不会掉队。

Who 谁来做

精益办、各部门；精益工程师、各部门负责人。

Where 在哪里做

从流程的角度，精益管理业务。

When 什么时间做

每年制定或修订精益绩效考核办法，每季度、每月进行考核。

How 怎么做

（1）流程概要

图 7-6 所示为绩效考核的流程概要。

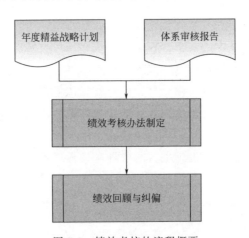

图 7-6　绩效考核的流程概要

① 绩效考核办法制定
- 精益办组织制定绩效管理考核办法并征集反馈意见　精益办组织制定绩效管理考核办法，包括考核项的权重分布和计分方法、考核所需数据的获取方式、考核的时间安排等内容，并通过访谈、邮件等方式征集各相关方的反馈意见。
- 部门反馈意见　部门通过单独沟通、邮件等方式反馈对于绩效管理办法的意见。
- 精益办定稿绩效管理考核办法并发布　精益办汇总各部门的反馈意见，修改并定稿绩效管理考核办法，由精益办主任审批并发布。
- 总经办将精益推行绩效管理考核办法统一纳入公司部门绩效管理办法，并确定精益绩效考核在各部门的权重。
- 各部门组织学习绩效管理考核办法　精益办予以指导和培训，确保各部门经过学习了解绩效考核的导向、具体操作注意事项、考核结果的获取方式。

② 绩效回顾与纠偏
- 精益办汇总绩效数据并发布绩效考核结果　精益办按照绩效管理办法的规定，定期汇总绩效考核数据，如培训认证的人数、项目收益数等，核对并汇总后发布绩效考核结果。通常每季度发布一次。
- 纳入公司部门绩效考核结果　精益办将部门的精益绩效考核结果发至总经办，由总经办按照公司部门绩效管理考核办法中规定的权重计入部门绩效。通常每季度进行一次。
- 部门回顾绩效考核结果　部门将绩效完成结果与设定的目标进行对照，发现较大偏差后启动绩效纠偏。
- 部门进行绩效纠偏　部门分析较大的绩效偏差的产生原因，制定出切实可行的整改措施，精益办给予指导和支持。

表 7-4 所示为年度部门精益考核指标例。

表 7-4　年度部门精益考核指标例

序号	类别	考核项目	考核细则	考核维度	考核周期	考核结果出具	计算方式
1	学习	培训认证人数	《培训认证项目计划》	数量	每季度	精益办、人力资源部	完成率
2	实践	精益项目收益金额	《精益项目收益核算办法》	数量	每半年	精益办、财务部	完成率
3	实践	精益改善周次数	《精益改善周评价标准》	数量+质量	每季度	精益办	评价分值

续表

序号	类别	考核项目	考核细则	考核维度	考核周期	考核结果出具	计算方式
4	实践	点改善次数	《点改善评价标准》	数量+质量	每季度	精益办	评价分值
5	分享	现场走动次数	《现场走动程序》	数量	每季度	精益办	完成率
6	分享	精益分享次数	《精益分享规范》	数量	每季度	精益办	完成率

（2）原则

① **过程结果，全面衡量** 精益绩效考核，包括偏结果类的指标，如组织的项目收益数、TPM 相关的设备绩效指标；也包括偏过程类的指标，如组织精益项目实施中的项目小组活动开展率、项目辅导次数、TPM 小组活动次数等等。结果类和过程类的指标各有用处，需要全面衡量。

如果过程不好、结果好，可能是客观因素的影响所致，组织的主观努力可能并不是很突出；如果过程好、结果不好，则过程中的方法需要进一步调整优化以达到好结果。过程好、结果也好才是真的好。

② **阶段不同，重点不同** 绩效考核会涵盖各方面的精益工作内容，在精益推行的不同时期重点要有所区分。在导入期，重点是培训认证人数等学习方面的指标，要贯彻先人后事的原则打好基础；在发展期和成熟期，重点是精益改善项目开展的数量和收益结果、TPM 区域评估的结果等实践方面的指标，要有"真金白银"的输出。

③ **主体独立，层层分解** 组织内的主体从大到小通常包括公司、部门、班组、个人。绩效考核指标要层层分解，有条件的话可以分解到班组或个人。分的越细，每一个主体负责的内容就会越清晰，就会将责任切实担负起来。譬如 TPM 方面，每个班组都分配有负责的区域，一个区域只有唯一的班组负主责，区域的表现与班组的绩效直接相关，每个班组就会对自己的绩效表现在组织中的位置更加清楚，如果靠后就不会浑然不觉，就会有紧迫感而想办法赶上来。

分配方法有的比较简单，如培训认证的人数可以直接分解；有的不能简单分解，如 TPM 相关的设备故障类指标，要落实到相关行动措施的分解，通过过程保证结果。

每一个主体将指标向下一级主体分解后，不能一分了之。要在指标分解之后，切实发挥自身的管理职能，组织总体工作，监控指标表现，协调相关行动，提供相关资源，帮扶困难主体。每一级主体各司其职，发挥合力，就会以卓越表现达成绩效目标。

工具和技术

问卷调查、绩效可视化。

常见问题

绩效考核中有什么需要注意的？

绩效考核的设计要考虑多方面的因素，好的考核应该保持简单、突出重点、兼顾公平、适度挑战、适时变化，考核制定和实施的全过程要注意沟通，注重通过考核调动大家共同进步。考核不是目的而是手段，善用考核，考核就会更好地发挥应有的作用。要注意避免落入各种可能的陷阱，如表7-5所示。

表7-5 绩效考核的陷阱

陷阱	描述	相关主题
盘根错节	考核过于复杂且逻辑不清晰	简单
漏洞百出	考核存在不严谨的地方	
舍本逐末	考核没有抓住重点	重点
平均用力	考核没有重点	
鞭打快牛	考核表现好的考核难度上升更大	公平
网开一面	对考核表现不佳的单独降低考核标准	
涸泽而渔	考核的难度太大	挑战
放任自流	考核的难度太小	
时过境迁	考核没有及时调整，与当前情况不适应	变化
朝令夕改	考核变化太快，考核的导向性不明显	
闭门造车	考核制定过程中没有更多汇集相关方的意见	沟通
束之高阁	考核制定后没有更多沟通	
破罐破摔	对考核表现不佳的没有及时给予辅导帮助	进步
一枝独秀	大部分考核表现都不佳且都没有进步趋势	

7.8 认可激励

 子非鱼，安知鱼之乐？

——《庄子·秋水》

What 是什么

有效的认可激励可以充分调动全员参与精益变革的积极性，持续提升组织精益管理水平。认可激励流程主要包括认可激励方案制定、认可激励实施、认可激励沟通。

Why 为什么

（1）鼓励挑战目标

绩效考核和认可激励是一起进行系统设计的。绩效考核更多的是基本要求，大家都要达到；认可激励是鼓励大家在达到基本要求的基础上挑战更大难度的目标。

精益改善的活动创造了价值，通过系统的设计认可激励体系让精益改善的团队以适当的方式分享价值，可以让员工产生自主自发的改善动力。

（2）带动全员参与

在精益变革中，每个团队或个人的行动有快有慢，有大有小，有好有差。而组织对于行动的反应很重要。如果组织的反应都没有区别，那么做得好的也很难坚持做下去。

认可激励就是要对做得好的进行充分的肯定，并让大家都看到。城门立柱，让大家知道组织所倡导的行为是什么，大家就会在先进的带领下，逐步参与到精益行动中，形成全员参与的良好态势。

（3）形成正向循环

有了有效运行的认可激励机制，就会形成一个正向的循环。不同的改善团队围绕组织的目标，选定改善方向，付出十分努力，取得改善成果，通过认可激励机制得到组织的肯定。大家都以先进为楷模，比学赶帮超，努力做改善，组织的绩效也在持续改善中不断提升，可以将获得的价值持续地和改善团队进行分享，这种正向循环能够建立并保持下去，就会产生多赢的效果。

Who 谁来做

精益办公室、各部门、各相关方。

Where 在哪里做

组织范围。

When 什么时间做

相对比较大的奖励定期进行，每年、每季度、每月进行；相对比较小的奖励，可以通过积分兑换奖品的形式即时激励。

How 怎么做

（1）流程概要

图 7-7 所示为认可激励的流程概要。

第 7 章 如何应用精益塔之流程层

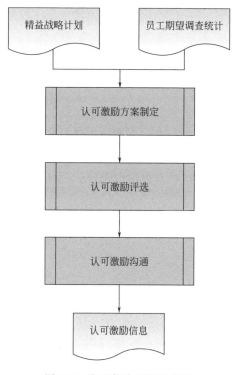

图 7-7 认可激励的流程概要

① **认可激励方案的制定**

● 精益办启动认可激励方案的制定　公司年度精益推行战略制定后，启动认可激励方案的制定。通常每年进行一次。

● 调查员工期望　精益办通过访谈、问卷调查等方式调查员工对于个人认可激励方面的期望，具体包括对个人认可激励的方式、认可激励的时间周期、兑现的操作等内容。

● 调查项目团队期望　精益办通过访谈、问卷调查等方式调查项目团队负责人和项目团队成员对于对团队认可激励的期望，具体包括团队认可激励的方式、认可激励的时间周期、兑现的操作等内容。项目团队指上一年度具体实施改善项目和其他变革项目的团队。

● 调查部门期望　精益办通过访谈、问卷调查等方式调查部门对于认可激励的期望，具体包括对部门认可激励的方式、认可激励的时间周期、兑现的操作等内容。

● 报批认可奖励方案　精益办综合各方的期望，从公司精益奖励矩阵中选取具体的认可激励方式，并进行设计后报推行委员会审批。

● 推行委员会进行审批　推行委员会审批精益办制定的认可激励方

案，未通过则由精益办进行修改。

- 精益办公布认可激励方案　推行委员会审批通过认可激励方案后，精益办通过公司内部办公系统通知、邮件、看板、会议等渠道公布认可激励方案。

② 认可激励评选

- 精益办组织评选认可激励　精益办根据年度认可激励方案，组织推行委员会成员、公司精益专家定期评选认可激励。通常每季度进行。
- 推行委员会审批认可激励信息　推行委员会审批精益办制定的认可激励信息，未通过则由精益办进行修改。

③ 认可激励沟通

- 精益办公布认可激励信息并进行广泛沟通　推行委员会审批通过认可激励信息后，精益办通过公司内部办公系统通知、邮件、看板、表彰激励大会等渠道公布认可激励信息。
- 精益办组织兑现认可激励方案　精益办组织兑现员工、项目团队、部门等不同对象的认可激励方案，包括奖励荣誉证书的颁发、奖金的发放等，见表7-6。

表7-6　年度奖励方案例

序号	奖励对象类别	奖励维度	奖项名称	评委或数据来源	评选/审核标准	获奖比例或奖项数量	奖励金额①
1	项目团队	结果	项目收益奖	精益办、财务部	《精益项目审核办法》	100%	
2	项目团队	过程	优秀点改善	专家	《六西格玛项目评价标准》	10%~30%	
3	项目团队	过程	优秀精益改善周	专家	《精益改善周评价标准》	10%~30%	
4	项目团队	过程	优秀精益项目	专家	《精益项目评价标准》	10%~30%	
5	项目团队	过程	优秀六西格玛项目	专家	《六西格玛项目评价标准》	10%~30%	
6	项目团队	过程	改善鼓励奖	专家	《精益项目评价标准》	10%	
7	项目团队	过程	TPM优秀专题改善	专家	《TPM奖项评价标准》	10%~30%	
8	个人	过程	最佳倡导者	精益办	《带级人员管理办法》	10%	
9	个人	过程	最佳黑带	精益办	《带级人员管理办法》	10%	
10	个人	过程	最佳绿带	精益办	《带级人员管理办法》	10%	
11	个人	过程	最佳黄带	精益办	《带级人员管理办法》	10%	
12	个人	学习	优秀绿带学员	精益办	《培训管理办法》	10%	

续表

序号	奖励对象类别	奖励维度	奖项名称	评委或数据来源	评选/审核标准	获奖比例或奖项数量	奖励金额①
13	个人	学习	优秀黄带学员	精益办	《培训管理办法》	10%	
14	个人	学习	优秀讲师	精益办	《培训管理办法》	10%	
15	组织	总体	最佳组织奖（生产部门）	精益办	《组织奖评价标准》	1	
16	组织	总体	最佳组织奖（非生产部门）	精益办	《组织奖评价标准》	1	
17	组织	总体	TPM优秀区域团队	精益办	《TPM奖项评价标准》	10%～30%	

① 奖励金额依具体情况拟定。

（2）原则

① **客户导向，系统设计** 在认可激励设计中要把员工当做客户来对待。要在设计中切实贯彻客户导向，客户说好才是真的好。

要通过问卷调查、访谈、座谈会等方式，全面收集员工对于认可激励的需求和建议，并基于此系统设计认可激励体系。要抓住员工的兴趣点，关注环境的热点，及时调整认可体系的方式。只要是员工喜欢的，符合组织的基本规定，都可以设计，都可以安排。

② **精神物质，两手都有** 在认可激励的方式中，包括精神方面的，如团队和个人的奖项、荣誉称号；也包括物质方面的，如奖品、奖金。基于多年的员工问卷调查结果和回顾员工对于认可激励的反馈，统一的认识是两手都要有，不可偏废。如果只有精神没有物质的，员工会觉得认可激励机制不够全面；如果只有物质没有精神的，就会陷入"强心针"效应，变成单纯地为了物质回报而做改善，难以持久，并容易造成只关注物质回报高的改善，而忽略一些基础的、比较难以量化但对组织确有价值的改善。

③ **一次表彰，贯彻始终** 认可激励中最激动人心的是进行表彰奖励的环节。但是不要忽视了其他环节，要在整个认可激励过程中让其效应最大化、持续化。

在每一个认可激励的操作周期中（通常为1年），当认可激励方案制定后，要及时公布，广泛宣讲，做到人尽皆知。鼓励每个团队和个人都要积极参与各种精益活动，力争上游；认可激励评选结束后，要在公司年度员工大会和精益论坛上邀请公司高管层为获奖团队和个人颁奖，进行充分肯定；表彰活动结束后，要继续在公司刊物、精益简报等宣传阵地广泛宣讲获奖团队和个人先进事迹，引导大家深入学习。

工具和技术

问卷调查、可视化、马斯洛夫需求理论。

常见问题

物质激励和精神激励那个效果更好？

效果根据人员的需求情况不同而不同，结合起来更好。

7.9 变革沟通

 令既具，未布，恐民之不信，乃立三丈之木于国都市南门，募民有能徙置北门者予十金。民怪之，莫敢徙。复曰："能徙者予五十金"。有一人徙之，辄予五十金。以明不欺。

——《史记·商君列传》

What 是什么

变革沟通可以有效传递精益变革相关的各类信息，促进精益变革。变革沟通流程主要包括可沟通规划和沟通执行。

Why 为什么

（1）让大家清楚目标

精益变革从愿景开始，从战略起步，落地于大大小小的计划目标。要通过反复的沟通让组织的所有相关方都清楚不同变革阶段的目标。目标统一，则行动一致。

（2）让大家清楚行动

变革沟通帮助组织的所有相关方清楚精益变革正在和即将开展的重要行动，了解行动的过程进展，行动中的亮点和不足，以进行有效配合、有力呼应、有益学习，共同努力取得最好的结果。

（3）让大家清楚结果

精益变革帮助各相关方清楚目标完成的结果，是否达成目标？是否与目标有差距？纠正措施是什么？全过程的亮点和不足是什么？通过不断反思内省、对标学习以便在后续的变革工作中及时改进。

who 谁来做

组织的所有人。

Where 在哪里做

组织范围。

when 什么时间做

持续进行。

How 怎么做

(1) 流程概要

图 7-8 所示为变革沟通的流程概要。

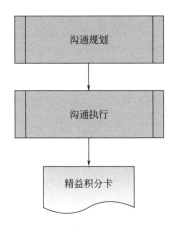

图 7-8　变革沟通的流程概要

① 沟通规划

● 精益办规划沟通矩阵　年度推行战略制定后，精益办组织调研识别推行相关方的沟通需求，结合沟通模型，制定沟通矩阵，明确规定沟通的对象、渠道、频次，报推行委员会审批。

● 推行委员会审批沟通矩阵　推行委员会审批沟通矩阵，未通过则由精益办组织进行修改。

● 精益办发布沟通矩阵　推行委员会审批通过沟通渠道后，精益办发布沟通矩阵，并做好沟通信息发布的准备。

② 沟通执行

● 精益办组织进行变革信息沟通　精益办定期和不定期地通过邮件、短信、电话、双周周报、看板、论坛、会议、访谈、公司内部办公系统知识库、公司内部办公系统文档库、精益办编号通知、公司内部办公系统新闻、简报等方式进行变革信息的沟通，包括推行委员会的重要指示、推行的目标指标、推行活动、标杆学习总结、推行工作完成绩效等内容。

●员工反馈　员工接收沟通信息后如有需要可通过电话、邮件、面谈等方式进行反馈。

●项目团队反馈　项目团队接收沟通信息后如有需要可通过电话、邮件、面谈等方式进行反馈。

●部门反馈　部门接收沟通信息后如有需要可通过电话、邮件、面谈等方式进行反馈。

●推行委员会反馈　推行委员会接收沟通信息后如有需要可通过指示、要求等方式进行反馈。

●精益办汇总反馈信息并处理　精益办汇总各相关方的反馈信息，及时答复并对相关信息进行处理。

（2）原则

① 立体设计，全向传递　在变革沟通中，为了达到准确及时的沟通目标，要注重多种正式和非正式沟通渠道的立体设计，通过多方向的传递保证信息的全面覆盖。

② 注重执行，全向闭环　沟通系统设计完成后，在沟通执行中注重保证有效性。永远不要低估沟通工作的艰巨性，要勤于沟通、善于沟通，确保各个沟通渠道的沟通闭环。

工具和技术

沟通矩阵、可视化、力场分析。

常见问题

最好的沟通形式是什么？

最好的沟通方式是面对面的交流，尤其是在生产现场、在业务开展的地方进行面对面的交流。

7.10　专家工作

 学贵得师，亦贵得友。

——唐甄《潜书·讲学》

What 是什么

组织内的精益专家是既掌握了精益、又掌握组织自身业务的复合型人才，对于组织精益管理的提升有着重要的作用。专家工作流程主要指专家工作的组织实施。

Why 为什么

组织的精益专家在精益管理的各个流程中都发挥了重要的作用,其中辅导学员、指导项目、提炼知识尤其重要。

(1) 保证学员有人辅导

精益认证培训的学员在认证过程中和认证后的改善实践中,迫切需要精益专家的辅导。通过辅导可以帮助学员解决一些难点的问题,将知识尽快转化成实际的技能,将技能有效应用到改善实践中。

(2) 保证项目有人指导

在精益项目等精益活动的开展过程中,组织的精益专家可以发挥自身业务和精益技能的双重优势提供各方面的指导,包括精益工具方法指导、化工技术指导、项目管理方法指导。这些指导贴合实际,对项目的成功实施帮助很大,受到项目负责人、项目团队成员的广泛欢迎。

(3) 保证知识有人提炼

随着精益活动的持续开展,各方面的优秀精益实践案例不断涌现,这些案例通过提炼可以形成案例集,也可以更新到精益培训认证教材中。有了组织的精益专家的参与,就可以很好更快地开展这些工作,促进精益知识管理。

Who 谁来做

精益工程师、组织的精益专家。

Where 在哪里做

从流程的角度,贯穿精益相关的培训认证、项目实施、收益评估、体系审核等流程。

When 什么时间做

专家的补充聘任每年进行一次。专家工作持续进行,根据组织的需求和专家的时间合理安排。

How 怎么做

(1) 流程概要

图 7-9 所示为专家工作的流程概要。

① **专家工作准备**

● **专家聘任** 组织聘任具备相应能力的人员担任组织的精益专家,并列入精益专家库进行登记。每年根据组织和精益专家的情况进行增补和调整。表 7-7 所示为专家登记表。

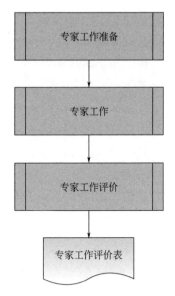

图 7-9 专家工作的流程概要

表 7-7 专家登记表

						NO：	
姓名		性别		年龄		文化程度	
工号		出生年月		部门		联系电话	照片
职务		职称		专业		精益带级	
毕业院校							
通讯地址				电子邮箱			
专业工作简历							
精益方面已取得的成果和荣誉奖项							
所在部门审核意见							
精益办公室审核意见							
推行委员会审核意见							

● 精益办下达专家工作任务单 当有项目或工作任务需要启动实施时，精益办根据项目或工作任务的具体要求安排所需的精益专家，并与专家所在部门沟通确认后，下达专家工作任务单。

● 专家接收专家工作任务 专家接收专家工作任务单，进行相应的准备。

- 专家所在部门知悉专家工作任务 专家所在部门知悉专家工作任务后，协调专家安排好工作时间。

② **专家工作** 专家按照工作任务单的要求进行工作，包括课程开发、培训认证、项目验收、体系审核、分委会工作等。精益办在过程中进行支持协调以保证工作顺利进行。

③ **专家工作评价**

- 精益办组织对专家的工作表现进行量化评估 出具专家工作完成绩效结果，见表7-8。

表 7-8 专家工作量化评估表

评价人		评价日期		评价日期		
专家姓名		工作任务名称				
评价目标		评价标准				
分数		1	2	3	4	5	得分
工作过程评价	责任心	消极被动	有时责任心强	有一定责任心	责任心强	强烈责任心,积极付诸行动	
	精益知识	无法满足	不能满足要求	能满足要求	能很好满足要求	非常好地满足要求	
	技术经验	不匹配	不能满足要求	能满足需要	工作成绩良好	丰富经验和解决问题能力	
工作业绩评价	目标完成	没有完成	基本完成	目标完成	达到并超出目标	达到并远超目标	
	工作质量	经常出错	平均水平	质量比较好	质量很高	质量非常高	
	工作效率	需要催促	有时需要催促	效率较高	工作效率高	工作效率非常高	
总分值							
总体评价							

- 精益办将专家工作完成绩效结果计入精益积分卡 每年或每季度以此为依据进行专家的绩效考核和表彰奖励。

（2）原则

① **重点选拔，重点培育** 组织的精益专家要从接受过专业精益培训的业务骨干中选拔，他（她）们本身岗位业务扎实、精益知识技能丰富，

愿意为精益工作持续做贡献，是组织精益变革的宝贵骨干力量。

在精益专家的队伍建设中，要通过安排外出培训交流、专项精益业务培训等方式持续提升精益专家的精益专业素养，让他（她）们在开展专家工作中更加得心应手，并可以在持续的专家工作实践中成长，从初级的专家逐步成长为资深的专家，从组织的专家变成行业的专家。

② **精心安排，持续开展** 组织的精益专家本身都是业务的骨干，其中部分专家担任团队管理者的角色，工作十分繁忙。精益办要精心安排专家工作，提供工作需要的便利条件，让他（她）们的工作富有成效。

一个人的力量是有限的，团队的力量是强大的。要持续建设精益专家队伍，保持与组织的精益活动相适应的专家队伍，持续开展专家活动，积少成多，就会在精益工作中展现不可替代的重要作用。

工具和技术

可视化。

常见问题

项目实施中团队成员需要辅导怎么办？

在精益变革导入期通常聘请高质量的外部咨询机构的专家，在发展期和成熟期可以安排组织内部的精益专家进行辅导，组织内部的精益专家既懂精益又懂业务、熟悉组织的运作、辅导时间安排更灵活方便，辅导效果良好。

7.11 过程层-提升环总论

提升环由学习、实践、分享三部分组成，其中的流程包括学习方面的培训计划、课程开发、培训认证、标杆学习；实践方面的项目识别、项目实施、项目验收、项目巩固以及TPM；分享方面的简报分享、论坛分享、现场走动。

（1）提升环的重要性

① **精益管理的核心流程** 提升环的学习、实践、分享三部分流程是精益管理中的核心流程。其他流程的建立都是为了使提升环的运作更有效、更稳定。成功构建并运行提升环可以保证通过精益给组织带来实实在在的价值输出，让精益管理的价值被组织所感知和认可。

② **精益变革的关键流程** 除了可见的价值输出，运行良好的提升环也会改变组织中人员的思维方式、行为理念、业务流程、工作方法，进而改变组织的面貌，是组织精益变革的关键流程，只要持续有效运行，必然会给组织带来根本的改变。

（2）提升环的设计要点

① **注重整合连贯** 学习、实践、分享需要整合连贯。只学习不实践，没有

通过实践产生落地的输出并获得对应的认可,学习行动难以坚持;只实践不学习,就不能通过学习升级工作的方法技能,实践水平难以突破;只学习和实践不分享,学习和实践的价值无法最大化,过程中的宝贵知识财富无法提炼融入组织的知识库并丰富组织的知识资产。学习、实践、分享都进行但其中出现间断会降低总体效果。学习、实践、分享整合连贯则可以取得最好的表现。学习了,及时实践以获得输出并巩固所学;实践了,及时分享以总结经验、提高水平并有效推广;分享了,及时将分享内容纳入学习,最佳实践经验就会得以有效传承,新一轮的实践就会从更高的水平开始起步。学习、实践、分享周而复始,就会形成一个循环提升的自然过程。

② **注重标准规范** 学习、实践、分享要注重标准规范。一开始可以进行学习、实践、分享的尝试,尝试结束后及时将流程、做法标准化,形成规范的流程。有了流程就严格按照流程的要求规范实施,过程中对于流程的改进要及时收集意见,定期修订。标准化不会僵化流程,而会将最好的实践归于流程,所有对于流程的改善都始于标准、终于标准。

7.12 学习总论

(1) 学习的重要性

① **学习是精益变革的前提** 只有学习才能切实掌握工具,才能通过工具的运用改变我们工作的方式,继而取得超出以往的工作业绩。

② **学习的回报超出想象** 学习需要组织在时间、资金、精力方面适当的投入,但这方面投入的回报是超出想象的。系统规范的学习可以使学员获得能力提升,能力的提升会体现在学员工作绩效的进步上。如果组织中的每个人都能通过学习提升绩效,那么组织的绩效就会日益提升。

(2) 学习的设计要点

① **技能认证,健全体系** 精益改善项目犹如对组织动手术,如果出现差错会给组织带来影响甚至是损失。为了保证项目成功率,需要对负责项目和参与项目的人员的精益技能水平进行验证,根据验证结果安排他(她)们负责能力范围内的项目。能力验证是必须的,但如果每次组建项目团队都要验证一次显然是非常困难的,而通过建立体系健全的精益带级认证体系可以做到一次验证、长期有效,可以为组织配置精益改善项目的团队人员提供可靠信息。

② **科学规划、规范认证** 组织的资源是稀缺的,人员的时间是宝贵的。要根据组织和个人的需要进行科学的规划,规划好组织的哪些人在什么时间接受什么等级的培训。培训认证的过程要根据不同带级课程的设计要求规范进行,保证认证证书水平的稳定和同质性。

③ **从无到有，持续改进**　组织自身学习方面的体系需要实践的积累。可以先从简单的带级认证做起来。开始培训认证学员后，就会有更多更高质量的实践产生。这个时候可以在提炼总结实践的基础上再持续改进认证体系，经过几年的积累学习方面的体系就会日益成熟。

图 7-10 所示为学习流程组图。

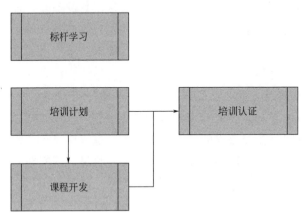

图 7-10　学习流程组图

7.13　培训计划

 人材者，求之则愈出，置之则愈匮。

——（清）魏源

What 是什么

培训计划是为了达到组织精益变革对精益人才方面的基本要求，而从组织层面做的总体人力培训安排。培训计划流程主要关于培训需求确定和培训计划制定。

Why 为什么

（1）付出最少代价

让员工会改善是精益变革的重要任务，好的培训计划可以通过付出最少代价完成这一任务。

在黄金般的发展机遇时期里，每个企业都在高速发展，没有时间停下来变革，只能边跑边变革。越是卓越的组织，组织的人力资源越是宝贵，而精益的培训需要一定的时间，需要结合组织人员发展规划仔细考虑。

提前制定系统的培训计划,可以最大程度避免后续培训学员参加培训的主动性不足、培训因其他工作中断、培训后因为没有合适的实践机会而导致培训资源浪费甚至对精益培训的效果存在疑问等情况的发生。

（2）取得最佳结果

好的培训计划可以取得最佳的结果。最应该得到培训的员工在适当的时间得到适当的培训,在培训后通过组织的安排在合适的时间通过开展合适的项目,将培训的知识技能在实战中得到应用和巩固。员工成为改善达人,获得组织的认可激励,个人价值得到提升；组织通过改善项目的落地提升了绩效、实现了战略目标。组织和员工取得了双赢。

Who 谁来做

精益工程师、人力资源部代表、部门管理者、部门精益工程师。

Where 在哪里做

组织范围内。根据组织的需要也可以涵盖组织的相关方,如供应链上的相关企业。

When 什么时间做

通常每年年初进行一次。

How 怎么做

（1）流程概要

图 7-11 所示为培训计划的流程概要。

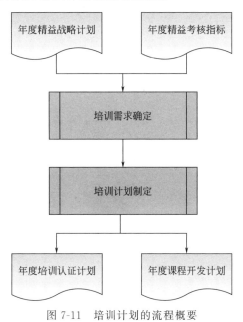

图 7-11　培训计划的流程概要

① 培训需求确定
- 精益办启动培训需求调查　精益办启动培训需求调查、制定培训需求调查计划并实施，主要采用调查问卷、访谈等方式进行。
- 部门反馈人员培训需求。
- 精益办确定培训需求　精益办对培训需求调查反馈进行分析，确定培训需求。

② 培训计划制定
- 人力资源部指导培训计划制定　人力资源部对精益培训计划的制定进行指导，包括培训计划制定的总体要求，如何与组织的人才发展规划更好适应。
- 精益办制定年度培训计划和年度课程开发计划报批。
- 精益办委员会审批年度培训计划和年度课程开发计划，审批未通过则由精益办进行修改。
- 精益办发布年度培训计划和年度课程开发计划，并落实培训的实施和课程的开发工作安排。
- 人力资源部将年度培训计划纳入公司级培训计划，做好相应的工作安排和预算计划，见表7-9。表7-10为带级人员报名要求。

表7-9　年度培训计划表

序号	培训课题	参训人员范围或姓名	参训人数	培训组织形式	培训讲师	授课小时数	1季度			2季度			3季度			4季度			费用预算/元
							1月	2月	3月	4月	5月	6月	7月	8月	9月	10月	11月	12月	
1	外出标杆学习	各部门管理人员和骨干	××	外出培训	外部讲师	16				√	√	√	√	√	√				××××××
2	精益黑带	尚未接受黑带培训认证的主管/其他骨干	××	内部培训	外部讲师	120			√	√	√	√	√	√	√				××××××

续表

序号	培训课题	参训人员范围或姓名	参训人数	培训组织形式	培训讲师	授课小时数	1月	2月	3月	4月	5月	6月	7月	8月	9月	10月	11月	12月	费用预算/元
3	精益绿带	生产班长/骨干	××	内部培训	外部讲师	60		√	√		√	√							
4	精益黄带	生产班长/骨干	××	内部培训	内部讲师	18		√	√	√	√	√							
5	精益基础	未受训的员工/新员工	×××	内部培训	内部讲师	3	√	√	√	√	√	√	√	√	√				

培训接口人签字：_____　　部门经理签字：_____　　人力资源部备案：_____

表 7-10　带级人员报名要求

序号	带级	职位要求	工作年限要求	学历要求	需已通过的前置培训认证	培训协议签署	综合素质测试通过
1	精益黑带	经理/主管	3 年及以上	专科及以上	绿带认证	要求	要求
2	精益绿带	班组长/骨干员工	1 年及以上	专科及以上	黄带培训	要求	无
3	精益黄带	班组长/骨干员工	无	无	精益基础培训	无	无
4	精益基础	未受训的员工/新员工	无	无	无	无	无

（2）原则

① 与组织的发展紧密结合　培训计划要与组织的发展紧密结合。在制定培训计划前，要确认在未来几年内组织的发展战略规划是什么？重点战略工作任务是什么？产品线扩充到什么程度？产能要扩大到什么程度？产值利润目标设定到什么水平？人员数量会控制在什么程度？明确这些问题才能更好地考虑在组织现有黑带、绿带、黄带等不同带级的精益人才的基础上，还需要补充培训认证多少带级人员以及在什么时间段组织培训认证。培训计划制定并实施后，就会有合适数量的带级人员在组织需要的时间为组织战略目标的实现贡献应有的力量。

② 与个人的发展紧密结合　员工参加精益培训后如果有很多机会实施精益项目或使用精益工具，那么提升精益工具方法的实际应用水平就很快，反之就会很慢，如果机会非常少，大部分学的东西都会还给老师了。

在培训计划的制定中，要考虑到个人的发展情况，优先安排有很多机会做改善工作的人先培训。这样接受的精益培训就会及时助力员工的工作绩效提升，和员工的个人发展相得益彰。

工具和技术

检查表。

常见问题

（1）选择什么样的员工先培训？

不是谁有兴趣就谁来培训，不是谁是管理者就谁来培训，更不是谁有空就谁来培训。要优先选拔可以学得好，也可以用的好的员工先学，要优先选拔本身岗位知识技能掌握比较好、工作业绩突出、对学习精益做改善感兴趣的骨干员工。这样的员工会带着目标进行培训，珍惜培训机会，努力参与改善，并在改善实战中将工具方法切实掌握。

（2）培训的人才流失怎么办？

如果员工本身各方面的职业素质比较好，接受系统的精益带级培训并有机会参与或负责比较重要的精益项目，就会成为更好的专业人才，成为很多求贤若渴的企业所青睐的对象。这种情况在化工行业比较常见，因为系统规范持续深入开展精益管理的化工企业并不多。

这种情况是客观的，也是不可避免的。如果是个别培训认证人员流失，则问题不大，好的企业都有自信的地方，可以留住人才。但是如果流失率过高，就需要从选人、用人方面进行改进。选人的时候要选择在企业中本身发展比较好、流动可能性小的潜力人员，培训后要及时安排合适的精益改善项目让员工有展现才能的机会，并通过认可激励体系进行有效的精神和物质激励，让人才有施展的舞台和被充分认可的感觉。

7.14 课程开发

 最有价值的知识是关于方法的知识。

——达尔文

What 是什么

基于组织自身精益实践的精益课程开发可以显著提升培训效果、有效沉淀组织精益实践。课程开发流程主要关于精益的课程编制、课程试讲、课程完成。

Why 为什么

为了提高培训质量，让学员更容易接受。培训后更快的能够通过练习和实践，切实掌握精益的工具方法。

（1）提高培训效果

以笔者原组织为例，在精益变革一开始开展的时候，我们选择了多家业内顶级的精益、TPM和六西格玛咨询公司帮助我们进行了培训，培养了首批精益骨干人才，这批精益人才后续在组织的精益变革中发挥了关键的作用。但是因为我们属于国内比较早进行精益变革的组织，咨询公司虽然都安排了最好的咨询老师但其中基本没有化工行业背景的老师，培训课程中没有化工行业的案例，课程大纲也没有条件根据化工行业的特点做相应的调整，这不影响培训的完成但对学员学习造成了一定困难。后来随着组织自己的精益改善项目不断开展，我们积累了大量的改善案例，基于这些案例，依据经过修订的更适应组织自身需要的课程大纲，我们自主开发了精益课程，在培训中广受学员好评，培训效果显著提升。学员们反映案例来自于他（她）们的工作场景，非常容易理解。当我们后期在供应链相关企业进行培训的时候同样广受欢迎。

（2）提炼实践案例

在精益塔的设计中，在项目选、做、验、固流程组中的项目验收环节会进行项目的总结，并在分享渠道中进行分享。在此基础上定期编制和修订课程可以继续深度提炼实践案例，把宝贵的最佳改善实践更新到课程体系中，丰富组织的知识资产。

（3）提升专家能力

课程开发主要由组织的内部精益专家负责。这是非常艰巨的工作，光绿带课程就有2500张PPT、30万字教案内容、超过100个案例，每一个地方都要仔细推敲、严谨审核。每一个知识点内容的准备都需要查阅大量的专业书籍和资料，每一个课程的定稿都需要经过规范的试讲评定。这个过程也有助于提升内部精益专家的能力。

Who 谁来做

课程开发者（组织的精益专家）、培训讲师、培训学员、培训主管部门。

Where 在哪里做

从流程的角度，课程开发流程。

When 什么时间做

在精益变革的导入期、发展期、成熟期逐步开展课程开发工作。通常在导入期开始准备，规划课程目录，收集课程相关的内部案例、组建课程开发人才队伍，依托外部咨询机构开发少部分比较简单的课程。在发展期全面开发课程，主要依靠组织自己的精益专家，开发从黄带、绿带、绿带升黑带的全部课程。成熟期可以根据需要向组织的供应链企业、战略合作伙伴企业输出课程资源、帮助他们建立课程体系。

How 怎么做

（1）流程概要

课程开发的流程概要见图 7-12。

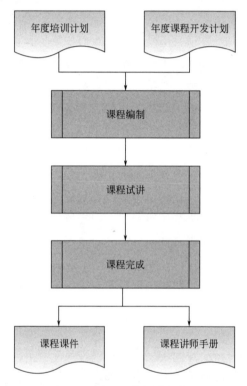

图 7-12　课程开发的流程概要

① 课程编制

● 精益办制定培训课程的课程目标　精益办根据年度培训计划和年度课程开发计划，依据公司精益知识结构，制定培训课程的课程目标，包括培训对象、知识技能的范围和认知等级（表 7-11）等内容。

表 7-11　认知等级（源自布卢姆教育目标分类学）

序号	认知等级	说明
1	了解	指对先前学习过的知识材料的记忆，包括具体事实、方法、过程、理论等的记忆，如记忆名词、事实、基本观念、原则等

续表

序号	认知等级	说明
2	理解	指把握知识材料意义的能力。可以通过三种形式来表明对知识材料的领会,一是转换,即用自己的话或用与原先不同的方式来表达所学的内容。二是解释,即对一项信息(如图表、数据等)加以说明或概述。三是推断,即预测发展的趋势
3	应用	指把学到的知识应用于新的情境、解决实际问题的能力。它包括概念、原理、方法和理论的应用。应用的能力以知道和领会为基础,是较高水平的理解
4	分析	指把复杂的知识整体分解为组成部分并理解各部分之间联系的能力。它包括部分的鉴别、部分之间关系的分析和对其中的组织结构的认识。例如,能区分因果关系,能识别史料中作者的观点或倾向等。分析代表了应用更高的智力水平,因为它既要理解知识材料的内容,又要理解其结构
5	综合	指将所学知识的各部分重新组合,形成一个新的知识整体。它包括发表一篇内容独特的演说或文章,拟定一项操作计划或概括出一套抽象关系。它所强调的是创造能力,即形成新的体系或结构的能力
6	评估	指对材料(如论文、观点、研究报告等)作价值判断的能力。它包括对材料的内在标准(如组织结构)或外在的标准(如某种学术观点)进行价值判断

精益基础课程及黄带课程见表7-12和表7-13。

表7-12 精益基础课程

序号	知识点	解释	认知水平
1	1. 精益基础		
2	1.1 是什么精益	了解精益的产生、融合和发展,从文化、管理、技术三个方面理解精益,理解精益和公司愿景、使命、战略的关系	了解
3	1.2 为什么精益	了解精益推行的紧迫性和必要性	了解
4	1.3 精益在哪里做	了解精益推行的适用范围	了解
5	1.4 精益什么时候做	了解精益推行的适用时间	了解
6	1.5 谁要做精益	了解精益推行中的职责	了解
7	1.6 怎么做精益	了解精益推行中组织和个人变革的方法——学习、实践、分享	了解
8	2. 公司精益管理体系		了解
9	2.1 推行使命和愿景	了解推行使命和愿景	了解
10	2.2 推行路线图	了解推行路线图	了解
11	2.3 推行组织结构和职责	了解推行组织结构和职责	了解
12	2.4 推行工作流程	了解 推行工作流程	了解
13	3. 精益工具		了解
14	3.1 精益工具概述	了解精益工具	了解
15	3.2 8大浪费	应用8大浪费工具	应用

表 7-13 黄带课程

序号	知识点	解释	认知水平
1	1. 精益改善项目实施方法论-A3 8 步法		应用
2	1.1 背景	了解改善项目的选题原则	应用
3	1.2 现状	绩效测量的方式,基础数据的收集	应用
4	1.3 问题分析	问题分析的步骤	应用
5	1.4 目标	目标设定 SMART 原则	应用
6	1.5 改善对策和执行计划	改善机会执行	应用
7	1.6 评估过程和结果	掌握从财务和非财务两大方面评估改善结果,总结改善过程	应用
8	1.7 标准固化	控制计划制定	应用
9	1.8 水平展开	水平展开机会	应用
10	2. 精益改善项目实施常用工具		应用
11	2.1 基础统计知识	常用统计软件概述	应用
12	2.2 基础图形工具		应用
13	2.2.1 直方图	应用	应用
14	2.2.2 排列图	应用	应用
15	2.2.3 散点图	散点图、基础回归分析	应用
16	2.2.4 分层法	应用	应用
17	2.2.5 鱼骨图	应用	应用
18	2.2.6 检查表	表单化	应用
19	2.2.7 控制图	SPC	应用
20	2.2.8 PDPC	应用	了解
21	2.2.9 箭条图	工作分解结构	了解
22	2.2.10 矩阵图	应用	应用
23	2.2.11 优先矩阵图	C&E 矩阵	应用
24	2.2.12 关联图	应用	应用
25	2.2.13 系统图	应用	应用
26	2.2.14 亲和图	思维导图	应用
27	2.3 常用精益工具		应用
28	2.3.1 价值流图		了解
29	2.3.2 5S	定义并描述过程构成和界限。识别过程如何跨越不同的职能部门、如何实现过程改进	应用
30	2.3.3 可视化		应用

续表

序号	知识点	解释	认知水平
31	2.3.4 标准作业	识别过程的所有者,内部和外部顾客以及其他相关方	应用
32	2.3.5 防错		应用
33	2.3.6 TPM 类工具	自主保全、OEE、MTTR、MTBF、OPL	了解
34	2.3.7 SMED		了解
35	2.3.8 C&E 矩阵		了解
36	2.3.9 FMEA		了解
37	3. 精益改善周实施组织		应用
38	3.1 改善周组织程序	程序要求,组织方式	了解
39	3.2 改善周组织技能	了解水平对比的目的和简要步骤,了解如何使用水平对比确定改进机会	应用
40	3.2.1 头脑风暴		应用
41	3.2.2 有效会议	了解六西格玛项目选择的原则和流程,项目选择主要考虑的因素	应用

● 人力资源部指导课程目标的制定　帮助提升课程的设计水平。

● 专家编制　精益办安排专家进行课程的开发,专家根据课程目标进行课程设计,编制课程课件。

● 精益办审核课程提出改进意见。

● 专家修改课程　专家根据精益办提出的改进意见,对课程课件进行修改。

② **课程试讲**

● 精益办组织进行课程试讲　为验证培训效果,保证培训目标的实现,精益办组织安排专家进行课程的试讲,并进行评价。

● 人力资源部指导课程试讲,提出专业意见。

● 专家根据课程试讲评价,修改课程。

③ **课程完成**

● 精益办审批课程　未通过则由专家继续修改。

● 人力资源部进行课程注册　精益办审批通过课程后,由人力资源部进行课程注册,列入公司级培训课程目录。

(2) 原则

① **阶梯带级,课纲稳定**　驾照是从 C 本开始学习,考过后可以开 C 本规定的小型车。如果有需要,经过一定的驾驶年限,驾驶记录符合要求,就可以继续考更高难度的驾照,如可以开大型货车的 B 本、可以开大型客车的 A 本。这样的系统设计可以保证学习和实践相结合,能够完

全达到本级的驾驶要求和经验,才能有资格挑战更高难度。经过多年的实践,在精益课程体系的设计也采取了类似的阶梯化的带级培训认证体系。精益带级从黄带起步、然后是绿带、黑带到黑带大师。学员一个等级培训认证通过后,经过一段时间的项目改善实践,才可以安排进行更高等级的培训认证。

课程开发所依据的课程大纲可以根据实际定期修订,但要保持总体稳定。培训认证这种体系的好处之一是简化项目团队组建过程中的人员能力验证。每一轮的项目开展,组织需要根据每个项目的难度安排具备相应精益知识技能水平和项目经验的人员负责实施,这样可以保证项目负责人能够胜任其工作。如果没有带级认证系统,则每一次项目负责人的选拔都需要进行一次测评或面试;而通过带级系统,一次认证就可以免去后续的每次测评,看人员的带级资质即可。而这需要培训的课程大纲保持稳定,这一批认证的绿带和下一批认证的绿带所掌握的知识点数量及深度不能差异过大。

② **试讲反馈,审核定稿** 为保证课程质量,达到并超出学员的期望,课程开发过程中安排试讲,邀请包括培训学员,培训经理在内的相关方反馈意见,并进行分析修改。所有的课程经过组织正式的课程审批流程审核定稿。

③ **按需授课,定期更新** 课程开发完成后,精益办按照培训计划组织精益讲师进行授课,每次授课后通过学员培训问卷调查等方式收集学员反馈,其中包括对于课程内容的反馈,以供后续分析改进。在精益变革过程中,精益办组织课程开发人员持续收集组织内的最新优秀案例,定期更新课程的案例等内容,让课程紧扣组织业务发展、与时俱进。

工具和技术

问卷调查。

常见问题

(1) 课程无法吸引学员的兴趣怎么办?

精益课程内容多、时间紧凑、要求高,有些工具本身相对比较枯燥。如何抓住学员的注意力,让培训达到更好的效果首先是一个挑战。

为此要在课程开发中树立以学员为中心的开发理念,设计更多互动环节,设计更多个人和团队的练习,让学员动起来;可以在课程开发中吸收更多紧扣课程内容但又鲜活有趣的案例,让学员感到不枯燥。除此之外也需要培训讲师在培训中适度运用培训技巧,把控好课程节奏。

(2) 培训时间有限，该如何更好地设计课程？

化工企业很多岗位都是倒班的，抽出人员来培训不是很容易，培训课程的时间通常会很紧凑。为了应对这一挑战，可以采取课前和课后相结合、线下线上相结合的措施。对于比较容易理解、适合自学的内容，课前可以准备好相关的资料，发给学员让学员提前学习，集中培训中将时间用在比较复杂及需要团队互动的内容的授课和练习上，并在课后安排一些后续需要学员自学的内容，所有的内容都在培训认证考试的范围内。在线下集中培训之外，通过邮件、微信等线上形式进行辅导答疑，帮助学员掌握课程内容。

(3) 培训后项目工具还不能熟练运用？

这是客观存在的现象，就像大部分人拿到驾照后不能马上熟练开车一样，培训的知识技能转化成学员的自身能力需要通过反复的实践才可以达成。如何缩短从新手到熟手的过程是一个常见问题，可以通过培训后的讲师答疑、项目辅导、学员分享交流等手段来解决。

7.15 培训认证

 博学之，审问之，慎思之，明辨之，笃行之。

——《礼记·中庸》

What 是什么

培训认证可以满足组织精益管理所需要的人才要求，先人后事，为精益实践做好人力准备。培训认证流程主要关于培训准备、培训实施和带级认证。

Why 为什么

(1) 可视化个人改善资质

不同的带级认证意味着不同知识技能的掌握，通过培训认证的实施可以可视化个人改善资质，这是改善项目实施的需要，也是管理者任职的需要。

培训认证的实施方便组织在项目选项、注册过程中合理配置项目的人员。每个改善项目根据难度大小不同，所需要的项目负责人和团队成员的精益改善水平不同，有的项目需要黄带就可以，有的需要更高等级的绿带或黑带。匹配过高会造成专业人力资源的浪费、匹配过低会导致因为技能经验的不足而对项目能否完成或完成的质量有影响。精益改善项目的实施是对组织的不同流程做手术，越复杂的项目影响越大，需要严谨稳妥地安排人员。

培训认证是管理者任职的需要。根据精益管理对于管理者的定位，每个管理者都有改善的职责，换句话说管理者仅仅按照标准作业程序进行管理、完成工作任务是不够的，管理者还需要在管理过程中根据客户的需求和流程的表现发现改善点，定期开展改善活动，以提升流程表现、纠正流程缺陷，满足客户需求。

根据这个定位，在我们的精益变革中让管理者先认证成为了一个硬要求。组织要求高层管理者必须取得绿带认证，中层管理者必须取得黑带认证，基础管理者根据岗位不同必须取得绿带或黄带认证。带级培训认证已经成为每个管理者岗位晋级的必备条件之一，这个做法得到了有效贯彻，取得了非常好的效果。每个管理者通过严格的培训认证都掌握了相应的精益改善技能，在管理团队的过程中，可以自己带领团队做改善项目，也可以随时根据需要辅导自己的团队成员。管理者的导师属性更加凸显，每个管理者都是员工的精益导师。

（2）可视化团队人才储备

在医疗资源配置中，需要根据病患的预期数量来配备不同等级和规模的医院并安排相应的医生护士等专业人才。但是配备过多，就会造成宝贵的人力资源的浪费、造成医疗资源的不均衡。

黑带、绿带、黄带等带级人员就如同组织的医生，他们的职责就是根据需要对流程做改进；也是组织的宝贵人力资源，需要合理的配置，需要根据组织的情况制定合适的带级人员培训认证比例。这样带级人员的数量就会和组织需要开展的精益改善项目的数量相匹配，大家就都会安排到合适数量的改善项目进行实施，得以学有所用。

根据笔者多年的实践，参考标杆企业的做法，我们制定了标准的带级比例要求。以组织总人数为分母，要求黑带达到2%、绿带达到10%、黄带达到25%。每个部门不能低于这个比例，低了就无法高质量地开展不同难度精益项目；可以稍高于这个比例，人员的储备有一个合理的冗余；不可以太高于这个比例，太高了一方面造成培训认证资源浪费，另一方面因为精益人才多项目少，可能会造成学员培训认证后感到用处少、没有施展才能的舞台。

通过培训认证的实施会可视化每个部门的带级比例现状，方便管理。对于刚开始导入精益的部门，我们会和部门共同制定一个计划，用1到3年逐步达标；人员比例达标的部门，我们会持续关注；已经达标但后续因为人员流动造成带级比例又不达标的部门，我们会通过年度培训计划的制定，组织选拔新的学员进行培训认证，弥补带级人才的缺额。

Who 谁来做

参加培训的学员、培训讲师。

Where 在哪里做

培训教室和培训实践现场，培训实践通常轮流安排到组织内不同的生产装置现场。

When 什么时间做

根据公司的人员工作安排统筹安排进行，尽量减少对组织各部门日常工作的影响，以便学员安心学习。早期进行精益培训的时候，个别情况下因为班组人员安排太紧张，替班不好安排，有的员工下了夜班来参加培训，虽然他们疲惫但求知若渴的样子让人很感动，但这总是不妥的。后来每次培训都会提前很长时间协调安排以尽量避免这种情况的发生。

How 怎么做

（1）流程概要

图 7-13 所示为培训认证的流程概要。

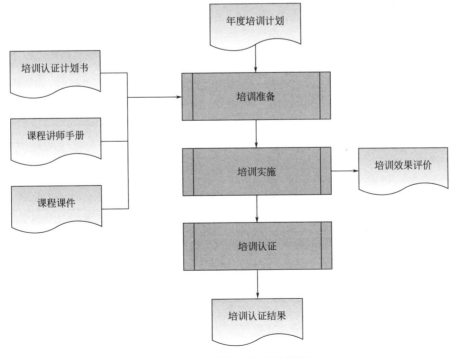

图 7-13　培训认证的流程概要

① 培训准备

- 精益办提出培训实施申请　精益办根据年度培训计划，提出培训实施审批，报人力资源部审批。
- 人力资源部审批列入公司级培训实施计划　人力资源部对精益办提出的培训实施申请进行审批，列入公司级培训实施计划并公布。
- 精益办组织进行培训准备　编制培训计划书，确定培训讲师、培训日程。
- 讲师进行备课　讲师接到精益办的授课通知后，进行备课。
- 部门确定培训对象人选　部门根据部门精益人才梯队现状，确定培训对象人选，安排其参加培训的时间并通知培训对象。
- 培训对象进行培训准备　包括课程知识的预习等。

② 培训实施

- 接受培训　培训对象接受培训。
- 培训测试　讲师按照培训计划书对培训对象进行测试。测试可以安排在课程进行过程中、课程结束后，也可以是两者的结合。
- 进行培训效果评估　人力资源部组织对讲师的培训效果进行评估，结果反馈讲师和精益办。
- 讲师改进培训　讲师根据人力资源部反馈的培训效果评估结果进行有针对性的改进，完成培训总结。

③ 培训认证

- 学员完成认证项目　培训学员在接受培训后完成认证项目。精益办组织内部精益专家进行辅导，提供项目模板。
- 精益办进行认证审核　精益办组织专家进行注册认可审核，包括项目报告审核、项目认证答辩。通过者提交推行委员会审批。
- 推行委员会审批认证结果。
- 精益办公布认证结果　更新部门带级认证人员比例（表7-14）。

表7-14　培训认证安排表例（绿带）

序号	类别	工作	1月	2月	3月	4月	5月	6月
1	培训实施	学员确定						
2		后勤准备	●					
3		开课	●					
4		培训	●	●				
5		晚自习	●					
6		课堂测验		●				

续表

序号	类别	工作	1月	2月	3月	4月	5月	6月
7	培训实施	结业考试		●				
8		结业考试补考			●			
9		讲师评价		●				
10	项目	项目选定	●					
11		项目实施	●	●	●	●	●	
12		项目辅导	●	●	●	●	●	
13		认证答辩					●	
14	综合	优秀学员评选					●	
15		培训后回访						●

（2）原则

① **以学员为中心，让学员动起来**　以学员为中心，因材施教。培训前通过培训计划了解学员的基本情况，并以此在标准课程大纲的基础上进行有针对性的调整，学员是负责工艺的，就多选择工艺的案例；学员是负责设备的，就多选择设备的案例；学员文化基础低一些，就选择更容易知会的案例，总之要让学员感觉到培训的内容和他们的情况很接近。

为了尽量在集中培训过程帮助学员实现从知识到技能的全面掌握，在培训认证中多安排个人练习、团队练习、综合课题练习，让学员切实动起来。

② **变现场为课堂，让课堂大起来**　精益的理论、工具、方法来源于工业工程的理论，但发展成熟于企业的流程现场，现场是精益的根本。在培训室我们会进行课程内容的讲授和练习，但很多精益工具需要到现场培训才可以达到最好的效果。我们在每一期的培训中都会轮流选择组织其中一个区域作为培训实践现场，抽出一定的时间到现场进行部分课程的培训、工具的练习、改善课题的综合练习。这样的培训安排受到了学员的广泛欢迎，在他们所熟悉的现场去学习精益，更加接近实战，培训效果更有保证。

③ **全面收集反馈，让课程精起来**　课程大纲需要保持相对稳定，但会持续改进课程。每一期培训结束后，都会进行学员培训效果问卷调查，讲师会收集反馈并进行分析和改进。经过每一期的持续改进，就会让课程越来越符合学员的需求，越来越匹配改善实战的要求，慢慢就会成为精品课程。

工具和技术

检查表、问卷调查。

常见问题

（1）一定需要脱产进行培训吗？

一定要。看经典优秀的精益书籍、质量上乘的干货资料对于了解精益工具方法是非常好的，但要真正掌握并达到可以实际应用的水平还是需要脱产培训。

精益工具方法的掌握需要练习及指导。精益的工具来源于实践，需要学习并按照要求认证练习，过程中需要培训老师进行有效指导，以校正认知偏差，提升水平。

精益工具方法很多是团队工具，通过简单有效的工具应用以汇聚团队的智慧，譬如鱼骨图、FMEA等分析工具。这类工具只有以团队形式一起来做，深入研讨，才可以达到最好的输出效果。培训是以实战为蓝本进行设计的，在培训中就要养成学员规范应用团队工具的习惯。

（2）培训认证和分享的区别是什么？

培训认证和分享都是很好的学习方式。培训认证是以能力鉴定为目标的高度组织性学习活动，必须规范、标准，需要组织和人投入比较多的资源和精力，可以帮助学员掌握系统化的知识和技能。分享可以通过多种形式在任何合适的时间、地点随时展开，交接班过程中可以，班组活动中也可以；中控室可以，装置现场也可以；非常灵活、方便，也不需要太多的资源和准备，持续开展就可以收到很好的效果。在大家学习精益工具方法、从入门到精通的过程中，培训认证和分享都不可或缺。另外，基于培训认证和分享的自身特征，分享不能代替培训认证。

7.16 标杆学习

 独学而无友，则孤陋而寡闻。

——《礼记·学记》

What 是什么

有组织地进行标杆学习，可以获取对公司精益变革有益的策略、理念、工具、方法，对精益变革提供关键帮助。标杆流程主要关于标杆学习的准备、实施和分享。

Why 为什么

（1）及时拓宽视野

在精益变革之初比较容易取得进展，但在开展一段时间后难免遇到困难和瓶颈，进入进展放缓的平台期。

然而山外有山、人外有人，组织外有很多优秀的标杆企业已经遇到过这些困难和瓶颈，都有各自不同的应对之策、解决之道。通过标杆学习可以让我们及时拓宽视野，把标杆企业的最佳实践有效吸收，帮助我们逾越暂时的困境。

（2）深入学习经验

在标杆学习过程中，我们可以学习到标杆企业各方面的优秀经验。从组织结构建立、流程制度建立、人员配备安排、工具方法培训、改善思路确定到激励措施制定、文化氛围营造，在精益变革的各个方面都会有所收获。这些经验很多也是标杆企业投入巨大资源、多年实践探索而获得的，非常宝贵、非常难得。并且很多标杆企业也有着很强的社会责任感和行业责任感，乐于分享以带动行业进步。

（3）细致交流做法

在标杆学习活动中，交流通常是双向的，不仅有标杆企业系统的介绍，也有我们这些学习者的提问解答。在这个环节中，我们经常会把面临的问题抛出来，而标杆企业的老师们会针对这些问题介绍他们的具体做法。这样的交流可以就某一方面深入下去，更有针对性，对我们的后续调整改进很有帮助。

Who 谁来做

精益工程师、标杆学习团队成员。

标杆学习团队成员优先安排在一线进行精益改善、在精益方面做出突出贡献的员工。这不仅是一种激励方式，也是拓宽他们精益视野的方法，他们带着改善实践中遇到的问题来学，学习后会很好地将所学有效转化、快速落地。

Where 在哪里做

可以通过各种渠道联系精益标杆企业、供应链相关企业进行标杆学习，也可以参加专业协会、行业协会等机构组织的标杆学习。

精益标杆企业的精益管理积累深厚，但化工行业可以方便访问的精益标杆企业比较少，可以访问的大多是汽车、电子等非化工行业的企业，因为行业之间的跨度大，所以交流更多的是文化层面、变革流程层面的内容，案例实施和工具应用方面收获相对比较少。供应链相关企业的精益管理积累相对少些，但交流会更加深入。国内一些专业协会、行业协会等机构组织的标杆学习活动质量上乘、广受好评，例如中国质量协会每年都会安排一系列非常好的标杆学习活动，帮助企业学习成长，让企业受益匪浅。

When 什么时间做

通常每季度安排进行。

How 怎么做

（1）流程概要

图 7-14 所示为标杆学习的流程概要。

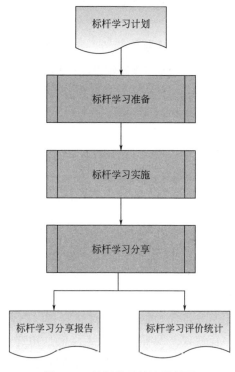

图 7-14 标杆学习的流程概要

① **标杆学习准备**
- 精益办收集标杆学习信息并通过公司内部办公系统公布。
- 各部门提出标杆学习申请 各部门获取标杆学习信息，如有需要提出标杆学习申请。
- 精益办审批 精益办根据各部门提出的标杆学习申请的必要性和重要性进行审批。

② **标杆学习实施**
- 精益办组织标杆学习 精益办组织标杆学习团队进行标杆学习和团队学习心得研讨。
- 提交标杆学习总结 参加标杆学习的团队成员需独立完成标杆学

总结,精益办负责汇总。

③ **标杆学习分享**

● 精益办组织在公司内部办公系统办公系统、简报、论坛分享标杆学习总结并计入精益积分卡。

表 7-15 所示为标杆学习总结表。

表 7-15 标杆学习总结表

姓名		部门		职务		联系方式	
标杆学习时间					标杆学习地点		
标杆学习主题					标杆学习讲师		
标杆学习主要内容							
标杆学习收获							
标杆学习后续行动							

(2) 原则

① **针对选题、专项学习** 标杆学习的选题要与组织不同阶段精益工作的关键任务、难点问题相吻合,具有针对性,通常每次安排一个主题进行专项的标杆学习。先定选题再根据选题组织安排与选题相关的人员参加,这样参加学习的人员的关注点就会集中,团队讨论也会更加有效,学习后改进措施的统一推进也会比较方便,标杆学习就会在事先选定的主题上学深学透、有效落地。

② **深入思考、重在落地**

● 深入思考 每次标杆学习后要通过团队讨论、个人总结等方式对看到的、听到的、学到的深入思考。判断哪些是可以在我们的组织马上可以去实施的,哪些是需要调整做法才可以实施的,哪些是暂时还不适合需要日后做的,哪些是情况不同不适用的。

● 重在落地 按照精益的观点,学习本身是现阶段存在且必要的浪费,学习本身不直接创造价值,只有学习后采取落地的行动才可能创造价值。每次标杆学习都要以有所落地为目标,可以大一点、可以小一点,可以快一点、可以慢一点,但是要有落地。每次标杆学习都有落地,那么持续下来,就会慢慢改变我们的工作,标杆学习就会切实创造价值。

工具和技术

标杆学习。

常见问题

（1）精益变革工作遇到瓶颈怎么办？

精益变革工作遇到瓶颈的时候，可以发挥团队的力量，深入讨论，集思广益。另外还有一个非常有帮助的做法，就是聚焦具体的瓶颈问题有针对性地组织标杆学习，了解标杆企业的优秀做法，以打开思路，作为解决问题的重要参考。

（2）目前组织的精益工作处在什么阶段，别的组织都是怎么走过来？

随着精益管理在不同行业企业的日益普及，越来越多的企业已经完整经历了精益从导入、发展到成熟的全过程。可以通过标杆学习，到精益管理已经比较成熟的标杆企业有针对性的学习交流，这样可以对照明确自己企业所处的阶段，了解不同阶段的常见困难及应对措施。

7.17 实践总论

（1）实践的重要性

① **实践是维系学习、实践、分享提升环持续运转的核心**　组织刚开始做精益，需要投入包括人力、物力、财力的各种物质资源和管理资源。大部分组织都愿意做这种尝试，如果尝试获得超出组织期望的价值，那么组织就会乐于追加资源投入，精益变革就会很快走上正轨，学习、实践、分享的提升圈得以持续，精益会慢慢凸显更大的价值，持续发展，并最终在组织扎下根来。

实践是价值创造的环节，只有价值创建出来了，才有分享价值的可能；如果组织中的各相关方以合适的机制分享到了价值，那么整个精益变革的过程就会更加自发地开展，员工中持续迸发出来的创新精神会让人赞叹不已。

② **实践是检验精益是否有实效的唯一方式**　我们可以通过标杆学习去观察精益在别的组织是否有效，而精益在我们自己的组织是否有效只有动手去试才知道。不要花过多的时间去讨论，只要在组织中划出一个装置或区域，投入适当的资源大胆去试，经过一段时间就可以得到答案。

③ **持续实践会形成组织自有的知识财富**　如果组织持续实践，并且有计划地通过课程教材编写、论坛分享等形式去提炼实践，持续下去就会形成组织自有的知识财富。这种知识财富是一种无形的软实力，可以帮助组织在日常运营中快速定位问题、解决问题，显著提升运营绩效，组织会从救火式管理转变为改善性管理，不再害怕问题的出现。这种知识财富可以帮助组织快速培养具备改善技能的人才，打造精兵良将。这对员工的吸引力也会很大，因为每个人都希望通过工作不只拿到报酬，还可以同时掌握更多的知识和技能，让自己快速增值。

（2）实践的设计要点

实践的设计要点是分层化管理、标准化管理、信息化管理。

① **分层化管理** 因为实践组织形式、活动目标、所用工具方法、实践实施难度等各方面的不同，精益的各种实践活动有着很大的差异性，如果管得过于严格、复杂，有些比较小的活动就会感觉管理有些繁琐，如果管得过于宽松、简单了，有些大的重要的活动就会出现很多风险，增加失败的可能。经过多年的实践，精益塔形成了分层化的管理体系，根据不同实践活动设立了不同的管理要求。

- 精益改善项目和 TPM 的区分管理 针对化工行业两大精益改善方向：操作的最优化和设备的可靠性分别采用不同的实践形式。操作的最优化通过精益改善项目实施＋标准化控制的方法来开展，设备的可靠性通过 TPM（包括 5S、可视化）体系评估达标＋巩固的方法来开展。
- 精益改善项目的区分管理 精益改善项目根据课题复杂性、改善使用的方法论等方面的不同细分为点改善、精益改善周、日常精益项目、六西格玛项目等不同的项目渠道，在项目识别、项目实施、项目验收、项目巩固、认可激励、绩效考核、全员参与等相关管理流程上都有所区分，如表 7-16 所示。

表 7-16 精益塔精益改善项目区分表

相关流程	相关流程关键特征	点改善	精益改善周	日常精益项目	六西格玛项目
项目识别	识别周期	不定期	每季度	每半年	每半年
	改善层面	微小	中等	中等、大	中等、大
	课题复杂性	相对不复杂	中等复杂	中等复杂	复杂
项目实施	方法论		A3	A3	DMAIC
	工具	5 个 Why，防错、可视化、标准化等	精益全套工具	精益全套工具	精益全套工具
	实施主体	个人或团队	团队	个人或团队	团队
	过程管理要求	弱	强	中	强
项目验收	验收	不验收	不验收	验收	验收
	量化评估	量化评估	量化评估	量化评估	量化评估
	收益核算	不进行收益核算	不进行收益核算	进行收益核算	进行收益核算
项目巩固	核查	不核查	核查	核查	核查
认可激励	激励类型	优秀奖激励	优秀奖激励	收益比例激励＋优秀项目激励	收益比例激励＋优秀项目激励
绩效考核	考核对象	公司所有部门	生产装置部门	生产装置部门	生产装置部门
	考核指标	无	季度数量指标考核	部门收益指标统一考核	部门收益指标统一考核
全员参与	人员积分	计入	计入	计入	计入

② **标准化管理** 根据不同种类花木的特点,花木的修剪会有高度、厚度、形状、频次等各方面的细致要求,这些要求是为了达到最美好状态而从过去的培养花木的过程中积累的最佳标准。在精益塔精益实践活动的管理中,也有这种标准化的要求。各类精益改善项目从项目识别(选)、项目实施(做)、项目验收(验)、项目巩固(固)的项目管理全流程;TPM 从区域初始评估、TPM 小组活动、TPM 验收评估的创建各阶段在频次、程序、人员组成、活动内容、项目过程文档各方面都有具体的要求,并会根据实际运行情况定期吸收最佳的做法进行调整更新。

图 7-15 所示为精益项目全流程。

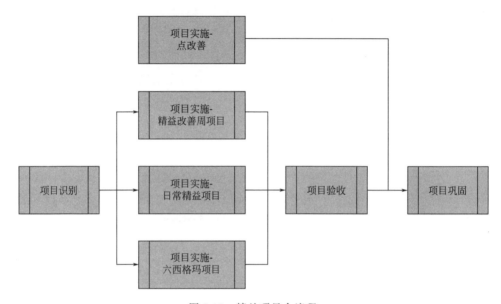

图 7-15 精益项目全流程

③ **信息化管理** 在组织中,业务重要、频次高、需要多人协作、需要分级保密的流程是信息化首选实施的流程,符合这些特征的流程实施信息化后可以显著提升工作效率,帮助员工把精力集中到更有价值的核心工作过程中。精益管理方面的流程非常契合这个标准。精益实践活动的分层化、标准化管理早期是通过表单化管理实现的,共有超过 90 个不同的表单,这些表单的编制、培训、填写、汇总、分析都需要从精益办人员到部门人员的大量时间投入,有存在的必要但工作方式需要进行改进。经过早期几年的表单化运行后,经过多方努力,后续逐步采取了信息化管理,搭建了组织的精益管理平台并有效运行,员工可以通过防爆手机和平板电脑、台式电脑、触摸大屏等多种终端输入业务表单数据,系统会自动汇总计算业务数据、实时可视化展示业务动态、自动提醒信息的缺失延迟,让工作更加方便高效。

7.18 项目识别

 项目不是在结束时失败，而是在开始时失败。

——项目管理谚语

What 是什么

项目识别简称选项，可以通过标准的项目识别流程、多种工具方法的运用、组织内各相关方的有效参与识别出高度匹配组织战略的潜力项目课题，为项目的成功奠定坚实的基础。本流程主要关于项目识别和项目注册。

Why 为什么

（1）保证项目成功

选项是项目成功的一半。项目实施的条件不具备、项目的风险过大、项目目标与组织的关键目标不一致、项目的目标设定不合理、项目的人员组成不合理……任何一个地方的潜在问题都可能造成项目的失败，而这些都可以通过规范的项目识别过程得到最大程度的避免。

（2）保证方向正确

选项的过程可以保证项目的目标和组织的目标高度一致，解决的是组织高度关注的痛点问题。这可以保证项目开始后始终会得到包括高层管理者在内的各相关方的高度关注，便于获取项目所需要的必备资源，项目实施过程中出现困难也会得到各相关方更多的支持，项目实施成功后也会对组织带来非同一般的积极影响，解燃眉之急而非锦上添花。

（3）保证思想统一

正常的组织运营过程中大家对于工作难免会有一些分歧，而不同工作的优先级往往是其中的一部分。选项是团队互动的活动，通过大家在选项过程中的参与，让大家对哪些项目应该做、哪些项目应该先做、哪些项目应该重点做达成一致。思想统一，步调就会更一致，行动就会更协同。

Who 谁来做

精益推行委员会、精益办、公司各部门中的精益工程师、部门经理、工艺工程师、财务部经理。

Where 在哪里做

从流程地图的角度，组织内所有的流程都可以进行项目识别，也可以联合外部的供应链关联企业进行跨组织的项目识别。

When 什么时间做

根据组织的情况定期选项或不定期补充选项。

定期选项可以每年或每季度进行一次，但推荐每半年一次。化工行业的日常精益项目和六西格玛项目一个季度内完成比较困难，一年时间又过长，项目实施时间过长容易被其他事情打断，增大项目失败的可能性，综合考虑半年最合适。不定期补充选项是在一轮项目的进行过程中，根据生产经营和装置运行的情况补充项目计划。

选项首先要主抓定期选项。定期选项方便项目特别是大项目的统筹考虑，方便与年度、季度运营计划紧密衔接，方便组织开展系统深入的选项讨论。不定期补充选项是定期选项的有益补充，可以及时响应组织的变化，有效发挥精益改善项目对于组织运营的支持作用，及时抓住过程中出现的改善机会，不放过任何时间段内可以争取的价值。

How 怎么做

（1）流程概要

图 7-16 所示为项目识别的流程概要。

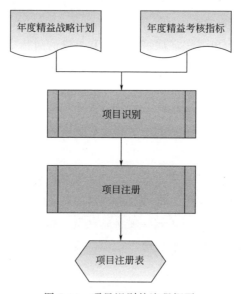

图 7-16 项目识别的流程概要

① 项目识别

● 精益办制定项目识别计划　精益办根据年度推行战略计划、年度精益考核指标制定项目识别计划，报推行委员会审批。

● 推行委员会审批项目识别计划　并给出关于选项的指导意见。

● 精益办启动项目识别　组织各部门制定具体的项目识别工作计划并开始实施。

● 各部门组织项目识别　精益办组织各部门进行项目识别，综合运用选项工具方法充分识别并提出项目计划。在识别过程要利用好组织的管理资源，可以集中回顾组织的各类对标如管理对标、绩效对比、能耗对比；组织的各类审计如管理审计、第二方审计等管理活动的文档来挖掘项目，选项过程中精益办会同财务部等部门对各部门选项提供指导，期间有跨部门的项目也一并列入项目计划。

常用的选项工具方法包括：

■ 8大浪费　通过识别生产过剩、等待、搬运、过量加工、库存、返工、操作动作、员工动作8种浪费来挖掘项目。

■ 用户呼声（VOC）分析　通过对客户需求的分析挖掘项目。

■ 流程之声（VOB）分析　通过对内部流程的分析挖掘项目。

■ 成本动因分析　通过成本动因分析挖掘项目，包括宏观成本动因分析和微观成本动因分析。

■ 质量成本　通过质量成本分析识别项目。

■ 隐藏成本　通过分析不易发现的成本来识别项目。

■ 价值流图　通过绘制价值流图识别项目。

■ 整体质量控制（TOC）分析　通过TOC约束理论分析识别项目。

■ 能耗分析　通过能耗分析识别重点能耗改善项目。

■ 维修成本分析　通过维修成本分析识别维修费用最高的设备或其他维修成本改进潜力大的设备。

■ 固废分析　通过固废分析识别可以减少固废产生的项目。

■ 现场稽核　通过现场稽核识别项目。

■ 合理化建议　从员工日常提出的合理化建议中筛选适合实施的项目。

■ 工作时间分析　通过团队或个人的工作时间分析识别项目。例如通过班组的工作时间分析，一段时间内装卸槽车的工作所用工时最多，那么降低装卸槽车所用工时就是一个潜在的项目。

■ 头脑风暴　通过组织团队进行头脑风暴识别改进项目。

■ TOP10课题　通过系统分析和团队讨论，将客户方面最大的10个问题或生产装置的10个最突出问题直接列入项目计划。

■ 精益塔精益项目地图　精益塔精益项目地图是经过多年积累而提炼出的不同业务部门经常开展的典型精益项目类型的汇总表（表7-17），方便根据不同业务锁定典型选项。

表 7-17 中的典型精益项目主要包括以下类型：

5S：5S 相关的集中改善，例如装置作业环境改善。

TPM：TPM 相关的集中改善，例如某型号设备漏油改善。

Yield：物料损耗降低，例如原料桶、原料罐车卸料有残存，物料无法 100% 使用既浪费成本又会产生需要花钱处理的固废。

作业平衡：例如班组中不同作业人员的平衡，多套并行装置的负荷平衡。

减少分析成本：减少不必要的分析成本。

单元能力瓶颈问题解决：限制单元能力的瓶颈问题。

客户价值细分：识别并消除客户不需要的价值。例如不同客户对于产品的指标需求不同，可以通过产品牌号调整细分，消除对于其中部分客户不需要的价值。

布局：作业现场的布局优化，例如人员走动多、物料移动频繁的设备维修间、质检试验室、包装库等作业现场的优化。

库存：减少不必要的库存。不同业务部门的库存各不相同，包括原料、中间产品、产品、副产品、维修备品备件、质检试剂耗材、包装桶、包装辅料。

开停车：短期、长期开停车过程相关的优化。

标准作业：作业标准的优化。

根源问题解决：生产运行中一些质量、成本、设备等方面的疑难问题解决。

物料替代：在满足使用需求的前提，一种物料替代另一种以减少成本。包括原料、辅料、质检试剂、维修备品备件。

设施改造：对于现场设施的改造。

表 7-17　精益塔精益项目地图

业务部门	5S	TPM	Yield	作业平衡	减少分析成本	单元能力瓶颈问题解决	客户价值细分	布局	库存	开停车	标准作业(SOP)	根源问题解决(RCPS)	物料替代	设施改造
生产装置	●	●	●	●								●	●	●
试验装置	●	●	●									●	●	●
仓储	●	●	●		●		●	●				●	●	●
罐储	●	●	●			●		●				●	●	●

续表

业务部门	5S	TPM	Yield	作业平衡	减少分析成本	单元能力瓶颈问题解决	客户价值细分	布局	库存	开停车	标准作业(SOP)	根源问题解决(RCPS)	物料替代	设施改造
公用工程装置	●	●	●	●	●	●	●	●	●	●	●	●	●	●
设备	●	●	●	●			●	●	●	●	●		●	
质检	●	●	●											
生产调度				●										

注：● 表示经常开展。

- 精益办审核项目计划　组织各部门对候选项目进行裁剪调整、分流排序，汇总计划实施项目报精益委员会审批。
- 推行委员会审批计划实施项目。

② **项目注册**

- 精益办组织注册项目。
- 部门进行项目实施的准备。

（2）原则

① **全面思考，广泛收集**　选项要形成一个习惯，先不要急于选定项目，而要从全面思考、广泛收集开始。不要限于我们非常熟悉的范围，而要从战略方向、微观方向、标杆方向各个挖掘方向全面思考。

- 战略方向　从组织的战略规划、战略重点工作方面思考，可以借助战略地图、平衡积分卡等工具。
- 微观方向　从员工比较熟知的业务流程、作业场景方面思考。
- 标杆方向　从内部标杆、外部标杆的绩效结果对标和过程对标方面思考。

通过全面的思考打开思路，通过应用多种选项工具方法挖掘项目，可以想到的项目选题都可以先收集上来再详细筛选。

② **裁减调整，分流排序**　初步识别的项目计划进入项目池后，还要根据需要进行裁减调整、分流排序。

- 裁减调整　选项过程中有的项目计划无需调整可直接进行分流排序，有的项目计划则需要裁减调整。

需要裁减的项目计划有的太大，难以在有限的项目实施时间内完全完成取得结果。这会对项目的管控造成太多困难，需要拆分。可以按照范围拆分，一个装置区域的能耗降低项目拆成 2 个区域，选择其中一个区域先做，下次再做另一个区域；也可以按照目标拆分，例如产率先提升到80%、下一次改进再提到90%。大目标拆成小目标，会让目标更容易达成，先取得落袋收益再持续改善，小目标持续累积可以达成大目标。

有的项目则需要合并。例如两个装置区域分别计划开展循环水系统能耗降低项目，而这两个区域的循环水系统又是关联的，一个区域改善，另一个区域不改善，则改善效果无法很好实现。为了保证改善效果实现就需要合并开展。

● 分流排序　项目计划确定后要根据项目区分原则结合实际情况将项目分流到精益改善周项目、日常精益项目六西格玛项目等不同的项目渠道进行项目注册，在项目实施阶段按照不同的项目渠道管理要求进行管理。

■ 精益项目和六西格玛项目的主要区分原则

原因是否复杂？原因复杂的适用于六西格玛，原因简单的适用于精益项目，提倡可以简单的不要复杂化。

流程的频次是否足够多？频次多的适合六西格玛项目。例如某个产品质量指标改进的课题，产品连续生产，每天取样分析有指标数据结果，过程各种工艺指标持续有数据，各种相关物料的分析频次也比较高，这就比较适合六西格玛项目。频次少的不适用六西格玛项目。例如某装置开停车时间降低的课题，平均开停车1年不超过10次，采集的数据量不太符合进行统计分析的要求。

相关可用的数据是否足够多？数据少的不适合六西格玛项目，发挥不了六西格玛数据统计的优势。

■ 日常精益项目和精益改善周的区分原则

可以在一周之内做完的项目适合精益改善周，团队进行集中突破改进取得结果；如果需要超过一周以上才能实施完毕的，适合日常精益项目。

对于大的精益项目、六西格玛项目在项目识别中要进行排序以区分重点。每个项目都有价值，但有些项目确实更重要，对于重要的排序要清楚明白。有了这个顺序，在资源紧张需要权衡取舍的时候就比较容易做决策，也容易向组织的相关方告知项目的优先次序以让重点项目获得优先支持。

进行排序需要对所有候选项目计划在S（安全环保）、Q（质量）、C（成本）、D（交期）、M（士气）各维度（在化工行业，通常一个项目在多个维度有价值）的可能价值进行评分。项目计划在某维度的价值越高，评分越高，按照每个项目计划的所有维度价值的总评分进行排序即可筛选出高价值重点项目。

表7-18所示为精益项目价值排序表样例。

表 7-18 精益项目价值排序表样例

序号	项目名称	去年基准	今年目标	S安全环保价值	Q质量价值	C成本价值	D交期价值	M士气价值	价值评分合计	判定结果
1	A项目	×××××	×××××	1	0	2	0	0	3	
2	B项目	×××××	×××××	1	0	3	0	1	5	
3	C项目	×××××	×××××	3	0	5	0	2	10	高价值重点项目
4	D项目	×××××	×××××	1	1	2	1	1	6	
5	E项目	×××××	×××××	1	1	3	1	1	7	高价值重点项目
6	F项目	×××××	×××××	1	1	1	1	1	5	
……	……									

③ **持续积累，经营项目池** 万事开头难。一开始找项目的时候，因为大家对项目识别的流程、工具方法不熟悉，认可激励的机制未健全，发现项目比较困难。但只要每次项目识别都做好整理记录，持续积累这些项目计划，经过两三年，慢慢就会形成一个项目池（具体形式可以是一个项目计划的统计汇总表格或在表格基础上开发的项目管理系统软件），每次项目识别可以从项目池中开始，不用从零开始，项目识别也没那么困难了。

项目池会让组织的精益改善项目实施更加可控。如果有项目出现问题中止了，可以从项目池中选择尚未实施的项目计划转入实施。项目池会让精益改善和组织战略变化更快匹配。项目的实施需要组织的人力、物力、财力等资源来支撑，需要量力而行，有项目数量的限制。如果一段时间组织资源变得充裕了，可以从项目池中释放更多项目计划进行实施，取得更多的收益。

经营项目池是一个持续不断的过程。每一次的项目识别都在丰富项目池的内容，随着项目计划的不断积累选项就会越来越轻松，剩下的就是怎么做好项目的问题了。

图 7-17 所示为精益塔项目识别过程。

工具和技术

精益塔项目地图、8大浪费、VOC、VOB、质量成本、隐藏成本、价值流图、TOC、成本动因分析、能耗分析、维修成本分析、设备故障分析、固废分析、工作时间分析、现场稽核、头脑风暴等。

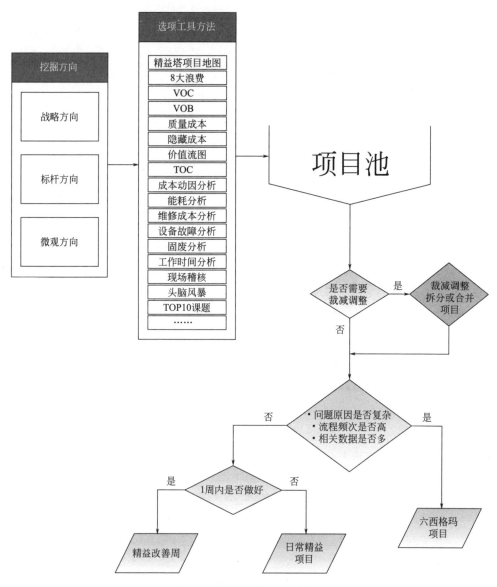

图 7-17 精益塔项目识别过程

常见问题

● 如何通过宏观成本动因识别项目？

公司的成本管理岗位按照宏观成本动因的科目每年每月进行相关损失或投入的数据统计。选项的时候可以回顾宏观成本动因的数据结合瀑布图、帕累托图等工具进行数据分析，从中识别影响金额大、改善潜力大的精益改善项目。宏观成本动因表见表 7-19。

表 7-19 宏观成本动因表

宏观成本动因类别			20××年相关的金额/万元
1. 资产	1.1 技术改造投入成本		
	1.2 系统劣化设备可靠性		
	1.3 生产能力运用生产安排		
2. 技术	2.1 新科研工艺投用和优化		
3. 人	3.1 不同倒班班组一致性		
	3.2 同一班组白、中、夜班差异		
	3.3 特殊工况一致性		
4. 测量	4.1 原料库耗		
	4.2 辅料库耗		
	4.3 中间品库耗		
	4.4 电损		
	4.5 水损耗		
5. 物料	5.1 产品结构	5.1.1 最终产品组合	
		5.1.2 内贸、外贸	
		5.1.3 多地原料调拨	
		5.1.4 中间产品自制与外购决策	
	5.2 原辅料供应	5.2.1 供应中断	
		5.2.2 原料质量	
	5.3 公用工程	5.3.1 蒸汽不平衡损耗	
		5.3.2 循环水蒸发	
		5.3.3 消防水损耗	
	5.4 固废委外处理费用		
	5.5 物料回收处理		
6. 环境	6.1 内部	6.1.1 科研试验负荷测试	
		6.1.2 技术测试	
	6.2 外部	6.2.1 特别时期统一限产	
		6.2.2 其他外围电网检修	
		6.2.3 自来水限水	
		6.2.4 气候影响	
		6.2.5 园区其他企业	
		6.2.6 合同约束	

7.19 项目实施

 当人们不再一起做同一件事情，而是各司其职地负责某一任务时，他们才认识到各自的优势。

——弗朗西斯·培根

What 是什么

项目实施通过标准的项目管理流程和工具的应用，帮助项目团队更好地管理好项目资源，实现项目目标。精益塔的项目渠道主要包括点改善（point kaizen）、精益改善周（kaizen week）、日常精益项目（lean project）、六西格玛项目（DMAIC project），简称PKLD，其中点改善是一种特别的小微项目形式，管理要求相对简单。

Why 为什么

标准化的项目实施管理可以提升项目管理的规范性，增大项目成功的可能性。

（1）保证项目团队组成更规范

项目中的角色主要包括项目负责人、项目倡导者、项目成员、项目辅导者。每个角色的作用都很重要，项目实施流程会确保项目团队组成合理、正确发挥不同角色的作用，当出现角色缺位或角色履职不当时，精益办会通过项目审计的方式提出整改要求，确保人员到位、各司其职。

（2）保证项目活动更规范

项目活动主要包括项目团队活动和项目辅导活动。

项目团队活动主要是项目负责人带领项目团队成员进行问题原因分析、改善对策制定、改善对策实施等活动。

项目辅导活动是在项目的实施中根据项目的需要安排一些掌握精益工具方法的内部精益专家对项目成员进行辅导，以帮助项目团队成员解决难点问题，并通过辅导让项目团队成员在实战中更好地掌握工具方法。

项目实施流程对每个项目都有项目活动的要求，要求项目组在项目团队活动和项目辅导结束后及时将《项目活动纪要报告》和《项目辅导报告》上传精益管理系统，精益办人员也会定期选择参与项目活动，保证项目活动更加规范。

（3）保证项目标准固化更规范

项目实施的收尾工作是将改善后的做法标准固化。修订控制指标包括修订控制指标的数值、新增控制指标，修订标准作业程序（SOP）包括修订工艺操作参数、操作步骤、操作方法。这些工作和组织的标准化管理体系紧密衔接,保证改善始于标准、终于标准。

Who 谁来做

精益办人员和部门精益工程师负责项目的总体管理,不同项目渠道对于人员的要求有所不同。

点改善:点改善提出人或点改善提出团队。

精益改善周:项目负责人、项目团队成员、项目辅导者(黑带或绿带担任,可选)。

日常精益项目:项目倡导者、项目负责人、项目团队成员、项目辅导者(黑带或绿带担任,可选)。

六西格玛项目:项目倡导者、项目负责人、项目团队成员、项目辅导者(黑带或绿带担任,可选)。

Where 在哪里做

项目实施涉及的范围。

When 什么时间做

项目实施阶段。

How 怎么做

(1)流程概要

点改善、精益改善周、日常精益项目和六西格玛项目的流程有所不同,分别介绍如下。

① **点改善** 项目实施见图 7-18。

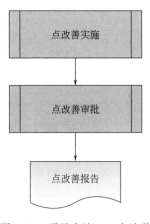

图 7-18 项目实施——点改善

● 点改善实施　员工实施点改善并提交精益管理系统。

● 点改善审批　精益办审批点改善，符合点改善标准要求的即通过，不符合则驳回。

图 7-19 所示为点改善模板。

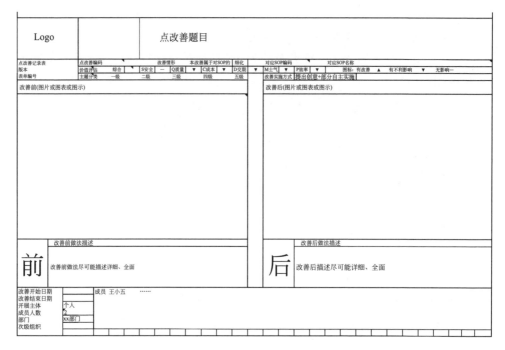

图 7-19　点改善模板

② **精益改善周**　项目实施见图 7-20。

● 精益改善周准备

■ 部门集中提出本部门精益改善周计划　部门根据项目识别输出的精益改善周项目总体计划，在每季度初根据部门工作安排情况提出本季度本部门的精益改善周计划。项目计划内容包括精益改善周项目的名称、项目目标、集中实施的计划时间、项目负责人、项目团队成员、跨部门人力支持需求例如需要技术、设备等专业人员的支持等需求。

■ 精益办审批精益改善周计划　精益办审批精益改善周计划，通过后协调安排跨部门人力支持，未通过则由部门进行选题更换或修改。

■ 项目团队组建并进行精益改善周集中实施准备　精益办审批通过精益改善周计划后，各部门的项目负责人带领项目团队成员进行精益改善周集中实施前的准备，包括数据的收集、问题原因的初步分析、团队成员进行集中实施的班次时间安排、集中实施的后勤安排等。

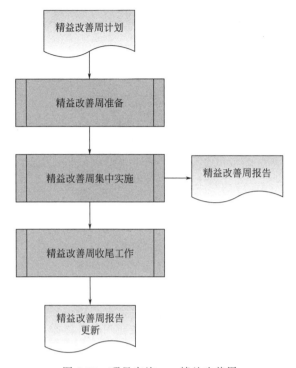

图 7-20 项目实施——精益改善周

- 精益改善周集中实施

■ 举行精益改善周集中实施启动仪式 集中实施开始时，部门举行精益改善周集中实施启动仪式，由部门负责人对项目负责人和团队进行项目实施授权，宣布项目的目标、集中改善日程计划，提出对于项目的要求和期望。

■ 集中实施精益改善周项目 团队负责人带领团队成员集中实施精益改善项目，具体包括问题的深入分析、改善对策措施的制定、改善对策措施的尝试实施和改善效果验证等内容。

■ 精益办进行指导和支持 精益办进行精益改善周集中实施所需工具方法的指导和支持。

- 精益改善周收尾工作

项目团队负责人带领团队成员进行项目收尾，包括精益改善周目标完成情况的评价、后续标准化工作的计划和实施、项目实施的总结、编制精益改善周项目报告并提交精益管理系统。

③ **日常精益项目** 项目实施见图 7-21。

- 项目实施

■ 实施日常改善 部门、班组或专业根据项目识别输出的日常改善计

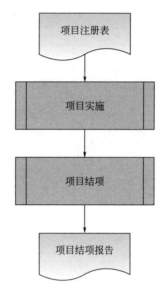

图 7-21　项目实施——日常精益项目

划组织实施日常改善项目。项目实施期间每月提交项目活动纪要表，如有辅导的须提交项目辅导记录表。日常改善项目实施过程中涉及到装置工艺参数的调整由相关主管部门批准后方可实施，涉及到工艺技术的变更需提交变更申请并在得到批准后方可实施。

■ 精益办组织进行指导和支持　项目实施期间精益办组织进行工具方法的指导和支持。

● 项目结项

■ 固化改善成果填写项目报告　部门、班组或专业的日常改善项目实施结束后，项目实施单位及时通过制定控制计划、修改标准操作规程等方式及时固化改善成果，填写项目报告并提交精益管理系统。

■ 精益办审批　精益办对项目报告进行审批，准备进行项目验收等后续工作。

④ 六西格玛项目　项目实施见图 7-22。

● 项目启动　每一轮六西格玛项目开始时公司举行项目集中启动仪式，由公司高层管理者、部门负责人对项目负责人和团队进行项目实施授权，宣布项目的目标，提出要求和期望，协调安排项目所需的资源，了解项目的风险并指导风险控制措施的制定。

● 项目实施　团队负责人带领团队成员实施项目，具体包括问题的深入分析、改善对策措施的制定、改善对策措施的尝试实施和改善效果验证等内容。精益办组织安排精益专家进行项目实施所需工具方法的指导和

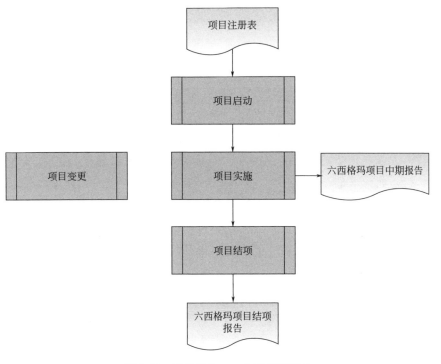

图 7-22　项目实施——六西格玛项目

支持。

● 六西格玛项目中期报告　六西格玛项目在实施过程中通常会进行项目中期评审，一般由精益办集中组织，项目负责人、项目团队成员、公司高层管理者、项目倡导者参加，由项目负责人汇报项目开展情况，公司高层管理者、项目倡导者对项目的开展进行指导、协调项目开展的资源和需要各部门配合的工作事项、提出后续的项目推进要求。项目中期评审会后项目负责人带领团队按照项目计划继续实施项目。

● 项目结项　项目按计划完成后，团队负责人带领团队成员编制六西格玛项目报告并提交精益管理系统。精益办组织项目结项评审，项目倡导者、项目负责人、项目团队成员及项目相关部门人员参加。

● 项目变更　在整个项目期间，如果项目的目标、范围、日程、项目负责人、项目团队成员有变更，由项目负责人在精益管理系统提交变更申请，精益办进行审批。

（2）原则

① **PDCA，重在计划**　经过多年的文化培育，大家对于参加精益改善项目都非常热情，都很想快速把项目做好，取得收益。在 PDCA 中，更多的精力放在"D"。这种热情非常宝贵，如果项目涉及的原因不是很复

杂、项目改进的措施落地不是很困难、项目涉及的流程变化不是很明显，那么这种热情和努力会使项目很快实施完毕、取得成功。但对于那些原因复杂、改进措施落地难度大、涉及的流程变化比较大的项目，在 PDCA 中则需要更加重视项目的计划，扎实做好包括日程进度计划、风险管理计划、沟通计划、资源计划、预算计划等在内的各种计划，这是项目成功的前提。

② **团队协作，重在合力** 精益项目有大小。小的项目如点改善，一个人或者几个人就能很快做好。但对于大的日常精益项目或六西格玛项目，通常不是仅凭一己之力就可以做好的，这种项目需要团队协作，发挥大家的力量才能做好。很多好项目、大项目都是依靠跨班组、跨专业（工艺专业和设备专业结合、工艺专业和质检专业结合等）、跨部门（生产部门和技术研发部门结合、生产部门和采购部门结合等）、跨地域（不同地点的多个公司共同参与）的协同实施取得的成功。大家的力量集中了，就可以通过知识互补、技能互补、集思广益、高效协同取得突破性的成功。

③ **过程规范，重在基础** 项目过程活动包括项目团队活动、项目倡导者回顾项目进展的活动、项目辅导者对于项目团队成员辅导的活动等各种活动，这些活动是项目实施的主要工作内容，需要按照不同活动的频次要求、时长要求、人员出席要求、活动程序要求、活动相关文档要求规范实施。项目活动规范不能完全保证项目的成功，项目活动不规范的项目也可能会成功，但是从统计意义上说，过程规范的项目的成功率要显著高于项目活动不规范的项目。精益办公室在精益项目管理上始终一贯把项目过程规范的要求放在重要位置，通过表单化、信息化的方式全面掌控，通过抽样参与项目活动的方式深入指导，而项目团队也应慢慢接受并养成了习惯，把过程规范管理作为项目管理的基本要求。

工具和技术

黄带、绿带、黑带工具。

常见问题

（1）为什么有的项目没有成功？

项目没有取得成功的原因多种多样，常见的原因主要包括项目风险评估不充分、项目的目标设定不合理、项目的进度控制不好、项目团队成员的技能不足、项目相关的背景情况发生变化等。为了提高项目成功率，需要通过规范的项目实施管控进行最大程度的预防和控制，这是每个项目负责人的职责，也是精益办公室的职责。

（2）为什么项目开展中突然遇到了很多困难？

项目开展过程遇到一定的困难是正常的，但是如果遇到了那么多突然的困难，可能是项目中的风险没有提前有效识别，相关的预防和控制措施没有及时制定并实施造成的。项目团队在项目的开始阶段要未雨绸缪，投入相应的精力做好项目的风险分析，这是项目实施必须做的重要工作。

7.20 项目验收

 我们不应该忘记任何经验，即使是最痛苦的经验。

——达格·哈马舍尔德

What 是什么

项目实施完成后，项目团队进行项目总结，精益办组织进行项目验收。本流程主要关于项目现场验收准备和现场验收。

Why 为什么

（1）保证"不足总结"更深入

讲不足是组织一贯的文化，精益项目管理中也贯彻了讲不足的文化。每个项目不管是否成功都要进行不足的总结。对于不成功的项目，不足的教训大多比较明显；而对于成功的项目也不要忘了深挖不足。回头看来，如果我们更加努力和用心，总能找到可以做得更好的地方。这些不足是组织的宝贵知识资产。精益办在进行每一轮验收后会归纳和整理这些不足，更新精益项目的培训课程，后续接受精益培训的各部门员工都会受益。这部分内容往往很受学员的欢迎，因为这都是来自于一线的新案例，有着很强的针对性。一个个"坑"被总结出来，在自己做项目前提前了解不能完全避免自己掉"坑"。但能降低掉到"坑"里的概率。不用自己吃一堑，也能长一智。

（2）保证亮点提炼更深入

与不足一样，项目的亮点也是非常宝贵的。改善点的挖掘、改善的思路、工具方法的应用、项目团队的组织、变革管理的实施……项目成功的方方面面都可能有很好的亮点，这些或大或小的亮点也都是组织的宝贵知识资产，和不足一样，通过项目验收的过程进行深入的总结，在项目团队、项目所在部门和公司范围内进行分享。

Who 谁来做

项目负责人、精益工程师、精益专家。

Where 在哪里做

项目涉及的现场，包括生产装置现场、办公场所。

When 什么时间做

项目实施结束后。

How 怎么做

（1）流程概要

图 7-23 为项目验收的流程概要。

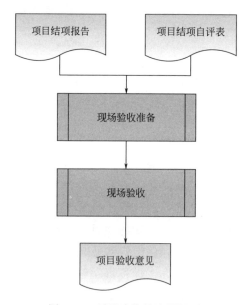

图 7-23　项目验收的流程概要

① 现场验收准备

● 精益办制定项目现场验收计划　精益办根据项目收益大小、项目的重要性、项目的复杂程度，从本轮已完成的六西格玛项目、精益改善周项目、日常改善项目中按照重点项目全面验收、一般项目抽样验收的原则确定需现场验收的项目并制定验收计划。通常每半年进行一次。

● 精益专家接受现场验收任务并进行准备。

● 财务部进行现场验收准备。

② 现场验收

● 精益办组织现场验收　精益办组织验收小组按照现场验收计划进行现场验收，各部门项目团队在项目负责人的组织下迎接验收，配合出示所需材料、答复验收小组的问题。

●精益办确定项目验收结果　精益办综合项目报告审核和现场验收的结果，确定项目验收结果并告知各部门项目团队负责人。

（2）原则

① **注重结果，也注重过程**　在项目验收中，要对照项目目标进行核对，确认项目是否达成目标。但在核对目标完成情况之外，也注重通过和项目负责人、项目团队成员的深入交流了解项目开展过程情况以综合评估项目团队的主观贡献。有的项目因为相关的因素影响，项目的实施目标完成情况不是很理想，但是过程中分析比较深入、改善措施实施比较合理，项目团队的贡献评价可以高一些；有些项目的目标完成很好，但是项目团队活动和主观努力不是很突出，项目团队的贡献评价会低一些。

② **关注成功，也容忍失败**　每个项目都有成功的地方，也都有失败的地方，这两方面都是弥足珍贵的，都是精益项目管理活动中产生的宝贵过程资产，都需要在验收中进行深入总结归纳，广泛分享，培训后续的项目负责人和项目团队成员。这方面工作做得越持久越扎实，组织后续精益项目的成功率就越高。

③ **注重现在，也注重后续**　项目验收中不仅注重现在，也注重后续。注重现在是要着力将现有的改善后水平通过标准化控制得以固化。注重后续是注意思考在现有改善水平的基础上后续是否有继续改进的机会。

工具和技术

检查表。

常见问题

项目验收中需要关注哪些问题？

项目验收主要关注项目目标的完成情况、原因分析过程及工具方法的应用、关键改善点和改善措施、项目后续继续改善的机会、项目实施过程中的经验和教训。

7.21　项目巩固

　锲而舍之，朽木不折；锲而不舍，金石可镂。

——《荀子·劝学》

What 是什么

项目验收完成后，转入日常标准化巩固阶段。业务流程负责人按照控制标准进行监控，出现偏差则采取纠偏措施及时纠偏。精益办定期组织针对项目巩固情况的核查,以保证改善成果得以更好保持。本流程主要是关于日常标准化控制、巩固核查计划、巩固核查和核查沟通。

Why 为什么

(1) 巩固项目成果

大家通过辛苦的改善活动创造了收益,获得了在安全环保、质量、成本、交期、士气各维度的价值。这些价值犹如注入粮仓中的粮食。一个个项目做下来,粮仓就越来越满了。想要改善做的好还需要巩固的好。改善项目创造了价值,但如果没有很好巩固已获得的价值就无法持续保持,改善项目对组织绩效的贡献就会减弱,改善就会劳而无功。这种情形并非个例。通过项目的巩固核查,可以带动业务流程负责人和精益改善项目组更关注项目的巩固工作,通过细化管控措施、找到影响巩固的原因并进行改进来保持项目成果。

(2) 收集后续项目

通过项目巩固工作可以进一步了解项目相关的情况,在项目范围或项目相关范围收集后续项目课题。例如有的项目实施结束后有退步,可以选择继续攻关再实施项目改进;有的项目实施结束后控制得不错但还有改进的空间,可以继续提出新的更高的目标持续改善。

Who 谁来做

精益工程师、业务流程负责人、项目负责人。

Where 在哪里做

项目涉及的现场。

When 什么时间做

根据组织情况每半年、每季度选取重点项目进行项目巩固核查。

How 怎么做

(1) 流程概要

图 7-24 为项目巩固的流程概要。

① 日常标准化控制　项目所在流程的负责人按照项目结项时制定的控制计划进行标准化控制,出现偏差须采取措施及时纠偏。

② 巩固核查准备

● 制定核查计划　精益办从完成项目验收的项目中选取待核查项目并制定核查计划,报推行委员会审批。

● 推行委员会审批核查计划　若未通过则由精益办修改。

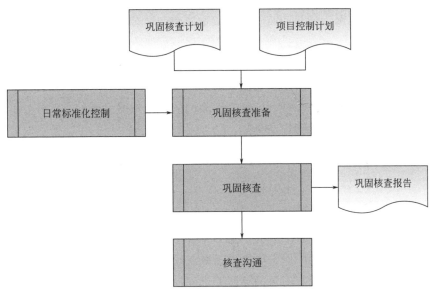

图 7-24 项目巩固的流程概要

●精益办下发核查通知　推行委员会审批通过核查计划后，精益办下发核查通知并组建核查小组，小组成员包括精益专家、各部门代表。

●各部门进行核查准备　包括安排陪同核查人员，准备相应的记录、证据等。

③ **巩固核查**

●精益办组织进行核查并编制发布核查报告征询意见稿　精益办组织核查小组进行核查，包括资料核查和现场核查，编制发布核查报告征询意见稿。

●部门反馈意见　精益办通过沟通和部门就核查的结论达成一致。

④ **核查沟通**

●精益办编制核查报告　报推行委员会审批。

●推行委员会审批核查报告　若未通过则由精益办进行修改。

●精益办发布核查报告并进行相关认可奖励工作　精益办发布核查报告，后续进行相关认可奖励工作。为了鼓励引导各部门重视项目巩固，项目的奖励按照一定比例（20%～50%）暂存并在巩固核查完成后根据核查结果发放，巩固良好的全部发放，巩固不力的不予发放。

（2）原则

① **全面监控，及时纠偏**　在项目的巩固中，有一类是现场类的，需要到生产现场才可以看到，可以结合现场走动，进行控制标准的现场核对，如有偏差及时采取纠正措施。另一类是数据参数类，可以将需要监控的数据接入各种生产信息系统实时监控，如有偏差及时采取纠正措施。

② **细分原因，差异措施**　在项目巩固过程中，如果出现了不能很好

地巩固的情况，项目团队要及时分析原因，针对不同的原因制定差异化的纠正措施。

③ **追根究底，持续改进** 有的项目改进比较容易巩固，有的巩固难度很高。这种情况要坚持持续改进的理念，持续进行原因分析、持续制定纠正措施并实施、持续回顾纠正措施的效果直到达到项目控制目标，以锲而不舍的精神改善到底。

工具和技术

检查表。

常见问题

（1）项目成果巩固不好的主要原因是什么？

项目成果巩固不好的原因包括客观原因和主观原因。客观原因包括流程发生了变化后现有项目的控制要求和控制措施不再适用、有其他完全不可控的因素影响了项目巩固；主观原因包括绩效监控不到位、控制指标出现偏差后纠正措施制定不及时、纠正措施落实不到位。

（2）如何推动项目的固化？

推动项目固化需要思想上引导、制度上配套。

思想上引导，就是需要正确理解项目和日常运营控制的关系，通过项目的突破性改进将运营的控制水平提升到某一新高度，之后只有控制稳定才能有更高的收益和价值。做项目是光荣的，能够控制好也是光荣的。不能遍地改善但疏于控制。

制度上配套，就是通过绩效考核、认可奖励的系统设计，让改善成果固化好的项目及项目所在部门在绩效考核结果上得以体现、在认可奖励操作中得以兑现，以此引导大家更加重视项目巩固，在实施更多新项目和巩固老项目之间找到合适的平衡点。

7.22 TPM

 日日行，不怕千万里，常常做，不怕千万事。

——（清）金缨《格言联璧》

What 是什么

（1）TPM 的产生和发展

TPM（total productive maintenance）管理，即"全员生产维护"，20 世纪 70 年代起源于日本，是一种全员参与的生产维护方式。TPM 是一个开展时间很久，流程、工具、方法已经比较普及，经过验证效果很好的全员活动。精益化工两大改善方向中的设备可靠性主要依靠 TPM 和专业设备管理的紧密配合来进行改进。

（2）TPM 和专业设备管理的关系

化工行业的设备数量多、复杂度高、对于生产绩效的影响大，化工企业特别是大型化工企业对于设备管理都非常重视，很多企业都有非常专业的设备管理部门和专家队伍、完善的设备管理流程和设备管理软件平台。在专业设备管理流程中有三个流程（操作使用、点巡检、维护保养）和 TPM 工作创建密切相关，也是将自主维护和专业维护紧密结合的地方。本书对于专业设备管理内容不做具体的介绍，主要介绍 TPM 方面的开展情况。

（3）TPM 和 5S、可视化管理的关系

5S、可视化是 TPM 的基础。5S、可视化、TPM 根据管理的需要可以分开也可以合并。在变革推行的前期因为各方面工作比较多，5S、可视化、TPM 是分开推行的；后续当 5S、可视化的工作开展比较成熟后，为了管理的方便整合入 TPM 管理。如果没有特别说明，本书中所指的 TPM 包括了 5S、可视化方面的工作。

Why 为什么

（1）保证现场有序

工作现场的有序是保证正常生产的前提，有序的工作现场可以更快发现异常，及时处理；有序的工作现场可以提升员工的士气，让大家更爱护现场。

5S 工作中的整理、整顿、清扫等工作可以保证现场该有的都有，不该有的都没有，有的就是好的。可视化的工作可以保证现场正常异常状态清楚，所有人都能判断正常异常，及时处置。

（2）保证现场安全

安全第一，现场的安全是最重要的。安全的价值无法用简单的数据来衡量。安全没有了，其他都没有意义。TPM 活动可以减少安全隐患，提升安全绩效，保证现场安全。

（3）保证设备可靠

安、稳、长、满、优是化工企业生产运营的普遍追求，设备的可靠对于实现这个追求至关重要。化工生产中设备可靠对于安全、质量、成本、交期、员工士气具有绝对的重要性。经过多年来的实践验证，持续有效开展 TPM 可以显著提升设备可靠性。

Who 谁来做

TPM 工作分公司级、部门级、班组级三级组织结构。

公司级组织结构成员包括 TPM 推进领导小组组长、TPM 领导小组成员、TPM 推进行动小组成员。TPM 推进领导小组组长通常由公司一把手担任，TPM 领导小组成员由生产管理部、生产装置部门、设备部、采购部、人力资源部、技术部和其他相关部门负责人担任。TPM 推进行动小组由精益办和设备部人员担任。

部门级组织结构负责人为部门负责人，各横班负责人、工艺设备管理模块负责人为组织成员。

班组级组织结构负责人为横班负责人，班组员工为组织成员。通常选拔热爱 TPM 工作的班组骨干担任班组 TPM 专员，设备工程师和工艺工程师担任技术支持。

Where 在哪里做

全公司的生产区域都要做，可以先从重点区域开始，逐步推开。

When 什么时间做

设备管理全周期，日常工作全天候。

How 怎么做

（1）流程概要

图 7-25 为 TPM 的流程概要。

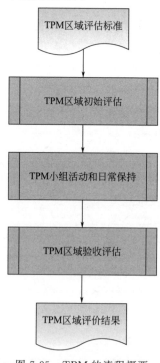

图 7-25　TPM 的流程概要

① **TPM 区域初始评估**

● TPM 区域评估标准制定修订　TPM 区域在初始导入开展 TPM 过程中，一步达标比较困难，通常分为几步达标。经过多年的实践结合组织的实际情况分为了初级和高级两个等级分步达标，达标验收标准主要包括活动看板、技能提升、现场 5S 和可视化、自主维护、个别改善、设备管理绩效指标等各方面的要求。一般经过 1~2 年的努力，各生产装置区域都可以先后完成两等级达标。TPM 达标验收标准是一个动态的标准，每年通过自身标杆和外部标杆的识别，持续进行修订。表 7-20、表 7-21 分别为 TPM 初级和高级验收评估表。

表 7-20　TPM 初级验收评估表

评价类别	评价项目	评价要点	评分细则	分值	得分
1. 活动看板	1	看板上组织架构图、TPM 责任分工、阶段目标、总体计划等模块齐全，有无明显遗漏项目。			
	2	小组活动热情和精神面貌如何？小组成员活动参与率如何？			
	3	小组活动指标明确，指标趋势图一目了然。			
	4	活动计划性强，有月度活动计划且能按计划执行。			
	5	活动板上内容是否能及时更新，数据真实；版面美观、图文并茂，展示效果好。			
2. 技能提升	6	小组计划里是否有设备方面、TPM 方面的培训内容？是否有培训记录？			
	7	小组成员是否掌握 TPM 自主维护目的、步骤、内容，设备维护要点。			
3. 现场 5S & 可视化	8	区域内无不要物，区域环境清扫状况如何？			
	9	现场必要物进行定位和标识，关键的设备、阀门操作点需 100% 完成可视化。			
	10	区域及设备可视化管理应用是否正确恰当？			
4. 自主维护	11	清扫设备时有确保活动安全的具体措施，现场有没有安全隐患？			
	12	动设备备机保持设备清洁，本体无污物。			
	13	静设备或其他设施需尽可能保持清洁，不能有污物覆盖设备信息。			
	14	有顽固的污渍或手无法触及的地方都制作了专门的清扫工具和清洁剂。			
	15	设备隐患是否及时登记到隐患台账？			
	16	识别的设备隐患是否都已有明确的整改计划、责任人、完成时间？			
	17	暂时不具备整改条件的隐患工艺、设备是否已进行了定期对接，有明确的进一步计划？			

续表

评价类别	评价项目	评价要点	评分细则	分值	得分
5. 个别改善	18	是否定期开展工艺和设备共同参与的以设备为主题的小组改善活动？			
	19	小组改善活动是否确实解决了具体的隐患或故障？			
	20	团队是否有设备改善相关的合理化建议、点改善、精益项目的实施和申报？			
6. 绩效达成	21	目标设定是否合理？抽查提问组员能否正确回答？			
	22	已设定目标是否达成？			

表 7-21　TPM 高级验收评估表

评价类别	评价项目	评价要点	评分细则	分值	得分
1. 活动看板	1	组织结构/职责分工、工作计划、行动/结果指标、绩效考核等与现场实际情况符合且更新及时。			
	2	TPM 自查问题项及解决计划、TPM 小组活动、TPM 专题改善、OPL（单点课）课程开展情况需根据现场实施情况及时予以更新。			
2. 技能提升	3	每月制定出 OPL 课程的培训计划并按计划执行。			
	4	设备工程师每月对装置开展设备相关培训课程，内容涉及设备的异常识别与常见故障等方面并做好培训相关记录。			
	5	OPL 课程基本要求为图文并茂，内容准确，OPL 课程编制不限于文本形式，鼓励通过视频或动手课程加强员工的理解，根据总体效果进行评分。			
	6	每月需对员工 OPL 课程掌握情况进行测试，考题由设备工程师准备。			
3. 自主维护	7	TPM 小组活动组织良好，且对现场管理、设备设施提升效果显著。			
	8	TPM 专题改善选题聚焦关键设备的顽固性问题等管理痛点，工艺和设备配合紧密，项目管理规范，选题与公司产业链稳定性相关度较高，项目成效显著。			
	9	在问题解决中恰当运用精益工具，对问题的解决有较好的推动作用。			
4. 个别改善	10	工艺和设备岗位人员能够围绕现场区域机电仪设备隐患，从历史运行数据出发，优化或建立预防性维护策略，并得以有效执行，该项根据综合情况予以打分。			
	11	针对现场设备设施操作的防呆防错有效开展。			
	12	区域开展的三源识别与改善工作每半年需至少有 1 项最佳点改善、优秀精益项目或 TPM 优秀专题改善项目。			
5. 基础巩固	13	区域 5S 良好，符合现场无杂物，工器具符合三定原则。			
	14	现场设备设施、管道可视化如有缺失，需及时补充。			
6. 结果评估	15	设备相关指标（关键设备故障率、设备完整率等）达到设定目标且持续提升。			

●初始评估　每年年初由精益办组织各区域 TPM 创建负责人、设备专业工程师组成初始评估小组进行年度区域初始评估，以明确现状、年度 TPM 巩固提升方向。初始评估小组按照 TPM 区域评价标准，采取查看现场、询问员工、数据核对等形式进行评估，各 TPM 区域根据评估结果有针对性地制定区域 TPM 年度工作计划。

② **TPM 小组活动**　初始评估确定区域 TPM 年度工作计划后分解至每月，结合班组工作通过 TPM 小组活动的形式安排实施，主要包括技能培训、日常小组活动、专题改进等内容。

●技能培训　规范操作设备是对于工艺人员最基本的要求，需要知识和技能两方面的准备，必须通过完善的培训体系来达成。培训方式主要采取岗位认证课程和单点课相结合。岗位认证课程是班组员工的标准化课程，比较系统。培训的内容主要包括设备管理、设备使用操作、设备典型故障、设备相关事故等，课件形式一般是 PPT，部分配以相应的视频。培训的效果通过员工的各种书面考试、实操考试来进行验证。单点课比较灵活，可以利用班组工作的间隔时间随时开展，主要的实施步骤包括员工编制单点课、专业人员审核、单点课培训、评优奖励。表 7-22 为单点课表格。

表 7-22　单点课表格

单点课 One Point Lesson　编号（单位缩写＋年＋序号）：□□-□□-□□□

主题				照片
编写人		所属单位		
审批人		编写日期		
分类	○基础知识　○改善事例　○故障处理　○其他_____			
单点课内容：				
讲课人		培训日期		
受训者签名				

● 日常小组活动　推行 TPM 前班组层面涉及到设备的日常工作也在做，推行 TPM 后这些工作会更加规范、系统、深入、专业。这些日常工作主要包括日常 5S、点巡检、三源查找、隐患查找、规范操作设备、自主维护保养，大部分都在交接班、现场巡检的过程中穿插进行，成为班组的标准化工作。

■ 日常 5S。区域中的每个地方都要达到 5S 标准，员工、各级管理者都要不时按照标准检查核对，每个人每个班都进行日常的整理、整顿、清扫，见缝插针，随时开始，随时保持。多年的强化形成了职业的素养，体现了日常管理的严细。

■ 点巡检。工艺和设备按照各自的职责分工、规定的点检路线、点检点、点检项目、点检方法进行点巡检，点检数据和结果录入点巡检信息管理系统，点检异常情况通过设备管理信息系统实时通知设备专业人员处置。

■ 三源查找。根据组织的管理分工安排，六源查找中的浪费源、缺陷源、危险源通过其他的管理系统来进行改进。TPM 区域创建重点关注污染源、清扫困难源、故障源这三源，称为三源查找。

污染源：即灰尘、油污、废料来源。设备现场的首要污染源是来自设备运行过程产生的三废（废水、废渣、废气）。另一重要的污染源来自自然环境，如沙尘、空气漂浮物、悬浮颗粒、雨水、生物污染等。

清扫困难源：清扫困难源是指难以清扫的部位，清扫污染频繁、连续污染、危险部位等。

故障源：故障源是指造成故障的潜在因素。故障源头很多，主要包括设备固有故障源、操作不当故障源、维护不当故障源、维修不当故障源、自然劣化故障源等。

■ 隐患查找。隐患和三源既有区别又有联系，在化工企业隐患管理是重中之重，通过隐患管理实现了隐患早发现、早处理，保证了装置平稳运行。

■ 规范操作设备。按照设备操作的 SOP 操作设备，注重每一个步骤的要求，出现问题及时纠正。设备的操作复杂程度不一，对于操作复杂、影响大的设备的操作要尤为重视。

■ 自主维护保养。设备的维护保养包含一系列的工作。根据维护工作所需的专业知识技能、谁来做效率更高等合理分配给设备和工艺分别负责，规定频次和要求、进行相关培训、配备相应的设施设备，定期进行检查评比、总结提高。

● 专题改进　TPM 专题改进包括了 5S 专题改进、可视化专题改善、三源问题改善等选题类型，采用包括点改善、精益改善周、日常精益项目等各种改善形式。除此之外专业性更强的难点问题采用设备专题攻关的形式。

■ 5S专题改进。5S专题改善聚焦于一些5S的难度问题，集中进行整理、整顿、清扫活动。

■ 可视化专题改善。可视化改善将围绕安全、效率、设备可靠性提升进行可视化的改善和推广。

■ 三源问题改善。三源问题改善聚焦于日常小组活动中发现的三源问题的整改。

■ 设备专题攻关。设备专题攻关是指一般改善已经实施过但需要更专业的技术来彻底解决的难点重点问题的攻关，根据需要有时会安排设备厂家进行技术支持，例如压缩机漏油，设备异常振动等难点问题。

③ **TPM区域验收评估** 通常每年年末由精益办组织各区域TPM创建负责人、设备专业工程师组成验收评估小组进行年度区域验收，并邀请高层管理者、部门管理者参加。验收评估小组根据验证评估标准采取现场查看、现场询问，指标核对、汇报答辩等方式进行评估。根据评估结果评选先进区域进行表彰奖励，如有差距较大的区域，由精益办组织进行指导，帮助其提升。

（2）原则

① **工艺设备，紧密结合** 工艺和设备分工不分家，TPM工作需要工艺和设备从目标、知识、行动、绩效各方面紧密结合。

● 目标结合。工艺和设备的目标是一致的，都希望"设备不要停、停了赶快修，维修费用少"。大家目标一致就可以一起根据不同区域的实际情况共同想办法，共同制定行动计划。

● 知识结合。设备管理需要非常专业的知识技能，而设备的稳定运转也需要与生产装置工艺的情况相适应，工艺和设备是两个不同的深度专业，需要紧密结合形成共有的知识储备以满足业务的需要。

● 行动结合。围绕设备全生命周期的管理，根据专业知识，结合效率考虑，设备和工艺进行合理的行动分工，确保工作不重复、不遗漏，大家职责明确，互相支持。

● 绩效结合。绩效表现突出的区域的工艺和设备会得到嘉奖，共同享受胜利的果实，通过这个过程大家相互的理解和友谊也得到了加深。如果绩效有差距，工艺和设备共同分析原因制定整改措施，向其他优秀区域看齐及时赶上来。

② **重点先行，逐步推广** 化工企业的区域大、环境复杂、工况复杂、

设备多而复杂，而生产装置的资源特别是人力资源比较紧张，面对那么多的框架，大家难免心存畏难情绪。如果全面铺开，效果难以保证，取得全面成功最重要的经验就是重点先行、逐步推广。

先行区域的选择需要仔细考虑。选择比较容易的区域比较好推，但是推的结果更多是锦上添花，无关大局。对公司 OEE 影响比较大的区域往往推行难度很高，但是关注度也高，得到的支持也会多。TPM 推行就要锁定这些重点区域，以咬定青山不放松的精神将人力资源集中投放，优先开展创建，集中突破。

当重点先行区域完成创建通过验收后，就可以选择其他区域逐步推广。重点先行区域创建过程中积累的策略、方法、工作标准都可以复用。当我们对可能遇到的困难和解决措施都比较熟悉的时候，难度往往小了很多。从重点先行创建到全公司所有区域通过需要几年时间的持续努力。

③ **区域认领，主责明确** 河流治理是一项复杂的系统工程，涉及上下游、左右岸，不同行政区域和行业。2003 年浙江省湖州市长兴县率先建立河长制。这个机制解决了九龙治水的问题，实现了五水共治，取得了良好的效果，得到了全国范围的推广。

生产现场和河流一样，有众多人员的工作和行为会影响到设备绩效。生产装置人员、设备人员、承包商人员等会在不同时间在现场进行各自独立的作业或协同作业。这个时候如果没有一个唯一的主责方，很容易造成管理的空隙。解决问题的办法就是每个区域要有唯一的负责团队或负责人。

进行 TPM 创建的区域会首先进行区域细分，每个大横班会认领一个或多个区域，各个大横班所认领区域的大小及创建难度会保持均衡。大横班认领后可以在横班内部继续细分认领，部分区域责任分工可以到具体的设备，员工包一台设备机器，这就有了"包机"，有了"机长"。

TPM 区域被一方认领后，不是其他相关方都不管了，而是大家都来支持和帮助区域进行创建。从遵守区域的管理要求，做到作业进场出场现场一个样，到解决一些疑难问题，设备部门、技术部门、生产管理部门、采购部门等各个部门都会进行支持。高层管理者和部门管理者也经常通过现场走动等形式关注创建活动，协调相关资源，给予坚定支持。

公司安排精益办负责区域 TPM 创建的考核，由公司 TPM 创建验收小组按照统一的 TPM 区域创建评价标准进行评价，进行严格考核和有力度的激励。区域拥有激励分配权，可以根据创建过程中各方的支持情况分配奖励，让大家共同分享胜利的果实。在这种氛围下每个区域的工艺员工和设备员工都会奋勇争先，共创佳绩。

④ **小组活动，习惯养成**　TPM 小组活动是 TPM 的主要开展方式，分为日常性小组活动和改善活动、技能培训。日常性小组活动每个班接班后会按照计划进行。改善活动和技能培训会根据班组的安排一般选择相对时间方便一点的中夜班时间开展，一个循环班开展一次或多次。TPM 工作贯穿于整个班组工作中，列入班组的标准化工作进行严格的绩效考核。

新员工在入职培训中就会有 TPM 相关内容的培训，以便从开始就让大家理解这是我们工作的方式，是我们工作的一部分，是必须养成的工作习惯。

⑤ **系统评估，持续提升**　每年进行一次全面系统的验收评估，每半年或每季度进行阶段评估。验收评估标准包括从过程到结果各方面的评估要点。通过评估让大家看到进步、看到不足，为下一轮次的提升改进找准方向。

过程和结果同等重要。设备绩效有其自身的规律，经常会发现改进措施和区域的设备绩效表现并不一定是完全同步的，这就需要不光看结果，也看过程中的工作以使评估更加客观。结果好、过程不好，是运气比较好；结果不好、过程好，是努力还不够。结果好、过程好才是真的好。

要贯彻 PDCA 及时调整。资源是有限的，一定要精准投放。通过验收评估观察哪些做法是最有效的就保持并推广，哪些做法效果不明显就调整改变。每次验收评估有几十个横班参加，评委包括各区域工艺和设备的岗位人员，评估的过程也是互相交流的过程，大家都会将好的做法带回去，马上安排学起来、做起来。

要持续提升，重在长效。组织开展 TPM 和每个人锻炼身体很像，短期的突击也会有些作用，但根本性的改变只有持续开展才能看出效果。

工具和技术

OEE、三源查找、5S、可视化、防错、专题改进、单点课、黄带工具、绿带黑带工具。

常见问题

多久可以看到 TPM 的效果？

根据 TPM 实施区域工艺流程和设备的基础情况，TPM 开展的系统性、规范性、持续型，TPM 投入的人力、物力等资源的不同而有所不同。通常半年可以看到初步效果，2～3 年有根本改变，每个区域从现场基本面貌、设备绩效指标、TPM 意识文化各方面都会取得显著提升。

7.23 分享总论

在学习、实践、分享的提升环中，分享是学习实践的加速器。通过分享可以加速组织的学习和实践，提升学习和实践的效果。

(1) 分享的重要性

① 促进知识归纳　每次分享都需要分享人进行准备，包括分享资料的准备和分享操作的准备。这个过程也是一个知识归纳的过程，将已进行的实践进行总结提炼，以便更容易让受众理解。经过分享人整理归纳的分享内容会更容易被参加分享的受众理解。组织中常态化的分享会为组织留下众多的知识资产。

② 促进知识复用　通过分享，每个分享人的创意、想法、措施、经验、教训等知识内容都可以在保密合规的前提下在组织广泛传播。受众从分享中可以得到诸多启发，如果是相同业务的分享，很多可以直接复用；如果不是相同业务的分享，需要进行抽象的思考来判断哪些可以跨越业务的不同来进行跨界的转化和复用。

③ 促进文化形成　在学习、实践、分享流程的帮助下，大家在不同的领域进行精益改善的学习和实践，实践之后定期进行分享。如果这种活动持续常态化的有效进行就会逐渐形成分享的文化。每个人都积极分享自己的心得，互相可以得到借鉴。而分享者也会以分享活动的完成为新的起点，去进行更多的实践，准备下一个精彩的分享。

(2) 分享的设计要点

① 基于受众需求设计分享　分享中最重要的不是分享者分享了什么，而是受众听到了什么。而分享的目的也不仅仅是分享本身，最大的目标是分享后大家会有所启发、有所收获、有所行动。

② 构建全方位有层次的分享　简报、论坛、现场走动、看板、微信、直播……每一种分享形式都有其优势特点和局限性。要构建全方位有层次的分享，根据每次分享内容的情况选择合适的分享形式组合，利用一切机会、利用一切手段来进行更有效的分享。

7.24 简报分享

 子曰："知之者不如好之者，好之者不如乐之者。"

——《论语·雍也》

What 是什么

定期编辑出版分享精益学习和实践的专业精益刊物可以培育精益文

化，支持精益变革。本流程主要包括筹稿和编辑出版。

Why 为什么做

（1）传播精益知识

在精益简报中可以开辟专栏，定期安排关于精益思想、工具、方法、术语的介绍，以传播精益知识。这和发放给员工的经典精益书籍、组织运营的精益微信公众号一起，构成了员工自主学习精益知识的多重渠道。

（2）交流改善实践

每个参与精益实践的员工都有自己的心得，不论是成功的亮点，还是令人遗憾的不足，都是弥足珍贵的。笔者在 10 年间组织实施了 20 轮次、合计超过 500 个不同类型的大中精益改善项目，10000 个以上的点改善，见证了一批批员工在精益方面的努力和奋斗、聪明和才智，过程中常为大家改善意愿之坚决、改善思路之开阔、改善分析之深入、改善措施之巧妙、改善结果之显著、改善反思之深刻而赞叹。所有这些都是组织宝贵的财富，通过在简报上定期分享可以在组织内的更大范围得到传播从而发挥出最大的价值。

（3）记录改善历程

通过简报这个载体可以把员工和组织的改善历程鲜活地记录下来，这是宝贵的第一手资料，有助于精益管理的提升，也有助于精益管理的推广。

改善历程在简报中记录下来后，组织可以在定期的总结回顾中用到，通过组织持续不断地总结和改进，组织的精益管理持续迈向新台阶。改善历程记录下来后，可以方便精益在新的组织推广。组织在持续发展，新的组织不断形成并在合适的发展阶段开始陆续导入精益管理，每当这个时候我们都会提供一些简报作为参考，因为业务流程类似，简报中记录的内容有着非常强的针对性，借鉴价值很高。

Who 谁来做

简报出版需要投稿作者和简报编辑。我们鼓励更多员工拿起笔来，分享精益的学习和实践，每个人都成为简报稿件作者。简报编辑可以从组织内部招聘热爱精益工作、文采好、严谨负责的员工兼职担任。

Where 在哪里做

组织内。

When 什么时间做

根据组织的情况每月、每季度或每周出版，可以采取印刷版或电子版的形式。

How 怎么做

（1）流程概要

图7-26为简报分享的流程概要。

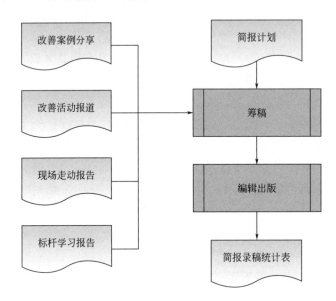

图7-26 简报分享的流程概要

① 筹稿
- 发布征稿启事　简报编辑部确定本期简报的主题，编制并发布征稿启事。
- 写稿并投稿　各部门员工投稿。稿件主要包括精益学习的心得体会、参与实施精益改善项目、TPM区域创建和其他变革工作的经验分享、精益学习心得等内容。简报编辑部也可以根据需要进行主题约稿，如改善周专题、可视化专题、办公精益专题等。
- 选择稿件　简报编辑部择优选择稿件。
- 录用稿件发放稿费　简报编辑部录用稿件并向稿件作者发放稿费。

② 编辑出版
- 组稿并交付排版　简报编辑部进行组稿并交付排版。除员工投稿外，组稿还可包括推行委员会的重要指示、精益变革的重要活动简讯、认可奖励信息、一线项目的案例、标杆学习的分享报告、现场走动报告、精益知识等内容。
- 简报印刷版发放电子版上传　简报编辑部以部门为单位发放简报印刷版，并在公司内部办公系统论坛专用版块上传简报电子版。

（2）原则

① 一线人员，一手经历　我们希望每位在一线做改善的员工自己写

出自己的改善故事。一个改善项目的实施，一个区域的 5S 整改，一个 TPM 活动的组织，一个工具方法的应用，一个软件功能的操作，这些一手的经历有着不可替代的价值。

一开始的时候，有些员工比较积极，但有些员工有点犹豫，怕写不好。这个时候需要给予他们写作技巧的指导，分享行为的鼓励。鼓励大家从短小的写起、从简单的写起，只要先写起来，写的多了慢慢都会成为分享达人，简报的内容也会更加精良，更受欢迎。

② **十分努力、十分精彩**　不论是稿件的作者，还是简报的编辑，都要付出十分的努力，才会换来十分的精彩。在精益变革的初期，笔者完成了 20 余期简版的组稿、编辑、出版。每一期简报出版都需要稿件作者和简报编辑付出不凡的努力。一份好的稿件需要恰当的选题、精密的构思、严谨的描述、认真的推敲才可成就。在高速发展的组织中，大家的工作任务都非常繁重，大部分稿件都是作者们在一些工作的空隙时间或工作之外的时间写就。而简报编辑从选题到审稿、校对、排版，每个环节都要严谨细致，不能放过一丝一毫的问题。

工具和技术

可视化、5W1H。

常见问题

如何更好地提炼总结组织的改善案例？

除了按照精益项目的过程管理要求在项目结项时进行总结，也可以编写关于改善案例的分享文章，在简报上分享。在进行案例分享中重点讲好三个问题：

① **为什么要改？**　每个项目都以解决问题、解决痛点为目标，说清楚为什么要改，就会讲明白项目的成功对于组织的价值是什么。

② **改了哪些地方？**　没有无缘无故的结果改变，要说清楚主要改了哪些地方。

③ **改的效果怎么样？**　要说清楚改善前后的变化，通过定量或定性的方式真切的描述改善的效果，描述改善的实施给流程带来的变化。

7.25　论坛分享

做一个好听众，鼓励别人说说他们自己。

——（美）戴尔·卡耐基

What 是什么

论坛分享可以通过现场交互的形式深度分享精益的学习、实践，促进组织精益变革的推进。本流程主要关于启动筹办、论坛彩排和论坛举行。

Why 为什么

（1）交流改善实践

学习、实践、分享构成了提升环。将学习和实践进行有效的分享可以提升学习和实践的效率，而效率决定了结果。简报分享可以不受时间和地点的约束，印刷版放在交接班室、办公室；电子版放在公司内部办公系统，员工随时随地都可以学习；在简报的基础上论坛分享因为其互动性更强而有其独特的优势。通常的做法根据每一次论坛的主题精心优选一些在论坛上分享。论坛为实践的分享搭建了一个令人瞩目的舞台，员工都为能登上这个舞台而感到骄傲自豪。

（2）分享改善故事

举办论坛的成本高，但分享效果更好。分享者和受众面对面讲出自己的故事，更容易让受众理解，如果加以互动点评和提问答疑效果就会更好。鲜活的故事会给受众留下难忘的记忆，引发受众的思考，激发受众的行动。

（3）认可奖励先进

在支持台的认可奖励流程设计了精益变革中的认可奖励体系，可以经常在论坛进行认可奖励的颁奖表彰。每次论坛都安排嘉宾宣布表彰决定、在精益的学习、实践中表现优秀的团队、个人和组织登台领奖，公司高层管理层等进行颁奖，现场录音录像，公司内部办公系统内刊广泛宣传。论坛通常每年或每季度举行一次，而颁奖环节也是为一个阶段的精益变革活动画了一个圆满的句号，这是对一个完成阶段的总结表彰，也激励着大家为下一个阶段的精益工作而持续努力、奋勇争先！

（4）沟通变革方向

在高层推动流程的介绍中提到，沟通是高层管理者的重要职责。我们为什么做？做的方向是什么？做到什么程度？下一个阶段的阶段重点和目标是什么？这些重要的信息都需要高层在各种场合、各种渠道进行经常的沟通，这样才能更好地让整个组织认知一致、行动一致。而论坛是一个很好的方式，可以通过面对面的沟通，让与会人员更准确地理解重要的沟通内容。

Who 谁来做

每一期论坛都会成立论坛筹办小组，通常由每个部门轮流承办。根据论坛日程安排邀请论坛分享嘉宾、点评嘉宾、公司高层管理者参加。

Where 在哪里做

根据参加论坛人员的规模选择组织内或组织外的大型会议室、报告厅。

When 什么时间做

定期举行。根据组织的情况每年或每季度举行一次，重在持续。

How 怎么做

（1）流程概要

图 7-27 为论坛分享的流程概要。

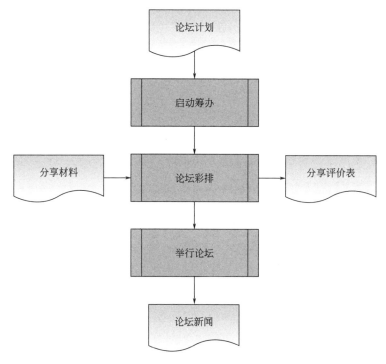

图 7-27　论坛分享的流程概要

① 启动筹办

● 精益办确定论坛主题和主要内容　制定论坛计划日程，确定承办部门、分享人员、部门参加人员要求并进行预通知。表 7-23 为论坛日程表例。

表 7-23　论坛日程表例

序号	日程	时间/min	分享或发言人
1	宣布开幕	2	论坛主持人
2	分享-点改善	5	项目团队代表
3	分享-精益项目	10	项目团队代表
4	分享-精益改善周	10	项目团队代表
5	分享-TPM区域创建	10	区域团队代表
6	分享-培训实施与认证	10	学员代表
7	精益认可奖励表彰颁奖	10	颁奖嘉宾、获奖团队或个人
8	精益阶段工作总结计划	10	精益办公室代表
9	高层管理者总结发言	10	高层管理者
10	宣布结束	2	论坛主持人

● 承办部门组建论坛承办小组启动筹办　确定小组负责人和小组成员，制定筹办计划并组织实施。

② 论坛彩排

● 承办小组制定彩排计划并通知彩排人员　需参加彩排人员通常包括进行主题分享的人员、领奖人员、承办小组成员等。

● 进行论坛彩排　承办小组组织分享人员准备分享材料，并在论坛举办地点进行彩排。

● 精益办和承办小组提出改进意见。

③ 举办论坛

● 承办小组发布论坛召开的通知　承办小组通过公司内部办公系统通知公告、邮件等媒介发布论坛召开的通知，包括时间、地点、论坛日程、座位安排、着装要求、班车要求和其他要求。

● 安排员工参加论坛　各部门根据论坛通知要求安排员工参加论坛。

● 组织召开论坛　承办小组按照论坛日程组织召开论坛，包括管理者讲话、主题分享、认可奖励表彰等内容。

● 发布论坛新闻稿　论坛结束后承办小组完成论坛新闻稿，在公司内部办公系统新闻等媒介发布，在更大范围内进行分享。

（2）原则

① 精心选题，悉心导演

● 精心选题　要根据论坛举办期间精益工作的重点，从组织各方面的精益实践的范围内，选择好分享的内容，保证分享内容的代表性和质量。通过持续保持论坛的高水准，让论坛在组织内形成一个品牌。

● 悉心导演　在正式分享前，论坛承办小组要组织好论坛的彩排，帮助分享人员提升分享的效果，组织整个论坛流程的彩排，落实好论坛会场的各种后勤设施、材料、人员的准备，让论坛的过程也体现精益的要求，最小化浪费和缺陷。

② **分享点评，互动思考**　论坛分享和简报分享相比，可以面对面的交流和互动是最大的优势。在论坛分享嘉宾进行分享之外，可以安排点评嘉宾对论坛分享内容进行适当的点评。通过点评可以引发论坛听众的深度思考，形成有效的互动，让分享的效果更好。

③ **持续开展，形成"节日"**　论坛分享的频次可以根据组织所处精益变革的阶段和组织的其他情况确定，可以每季度一次，也可以每年一次，但重在持续。持续举办论坛就会在组织中形成一个周期节奏。在论坛召开前大家按照精益的战略计划开展各种精益活动，到了论坛召开的时候，大家就聚在一起，共同分享成功、分享不足、分享对下一个周期精益工作的期望，慢慢就形成了组织的一个精益的节日，一个精益的"嘉年华"。

工具和技术

检查表、问卷调查。

常见问题

（1）在组织论坛分享中如何让听众坐得下来，听得进去，听后有所行动？

高速发展中的组织中的人员日常都非常忙碌，各种工作、活动安排得非常紧凑。要通过精心的设计和安排吸引听众，要努力做到：

① **与听众相关**　在讨论选题中多选择与听众的工作、听众当前关心的热点问题关系紧密的课题。

② **有趣**　在论坛分享的准备上引导分享人员精炼分享内容，让分享更加有趣。

③ **有互动**　论坛现场安排听众提问、分享人员答疑等互动活动，并可以安排听众投票、抽奖、答题、文艺小节目等互动环节增强互动氛围。

（2）如何激励部分"不差钱"的员工？

如沿海地区等地方随着社会的发展、员工家庭财富的增长，部分员工对于物质激励的敏感度降低，那么如何激励这些"不差钱"的员工呢？

人的需求包括生理、安全、归属感、尊重、自我实现各个层面，来自组织中他人的尊重也是非常好的激励手段。通过举办论坛让表现突出的员工在更大范围的同事和管理者面前分享所做的改善，让每个人、每个团队都有属于自己的高光时刻。这也是一种行之有效的激励方式。

(3) 有没有更好的途径让大家更快学会改善？

培训认证是一种很好的方式让大家更快学会改善，除此之外举办分享论坛很有帮助，可以帮助学员进一步了解在实际工作中如何应用精益工具方法实施改善项目。

7.26 现场走动

 企业管理过去是沟通，现在是沟通，未来还是沟通。

——松下幸之助

What 是什么

现场走动是指管理者到现场和员工一起进行走动交流，帮助员工寻找改善机会的一种精益管理方法。通过现场走动可以：

① 向全体员工显示公司各级管理者对于精益变革工作的关注。

② 通过交流保证不同区域改善方向的一致性，最佳实践能够得到水平展开。

③ 通过面对面的交流，管理者向员工重申组织的目标。

④ 通过面对面的交流，增进管理者和员工的相互了解，体现管理者对员工的关注，提高士气。

⑤ 管理者通过对员工的询问和倾听，肯定员工的工作表现，帮助员工寻找改善机会。

现场走动流程主要关于现场走动和分享。

现场走动通常包括两种开展形式：一对一现场走动和群组现场走动。两者的开展形式和作用有所区别。

① **一对一现场走动** 适用于管理者通过和员工交流，帮助员工更好地发现问题、解决问题。

② **群组现场走动** 群组现场走动更适用于群组共同交流已经完成的改善和未来改善的计划，也有利于对于改善后的标准统一形成共识。

除了通用的现场走动，现场走动可以结合专业的业务开展形成专业领域的现场走动，如质量现场走动、安全现场走动等。

Why 为什么

现场走动是一种双向交互的沟通方式，贯彻了现地现物的理念，可以达到沟通改善行动、发现改善机会、提升改善能力等作用。

(1) 沟通改善行动

不管是一对一现场走动和群组现场走动，都可以在现场沟通最近开展的改善活动。现场走动区域的改善实施人员可以在现场的改善点介绍自己的改善思路、改善措施和下一步计划。参加现场走动的人员可以通过介绍更加深入地了解改善的细节情况，给予改善实施人员以鼓励和肯定，提出下一步改善的指导建议或者提供技术或资源上的后续支持，这些都会受到现场区域人员的欢迎。

(2) 发现改善机会

化工企业生产装置面积大、工况复杂、物料众多，通过现场走动可以及时发现"看得见的跑冒滴漏"并处理整改；也可以利用现场走动人员的专业知识技能发现"看不见的跑冒滴漏"。

跨部门进行现场走动常常会有意外收获。本区域的人员每天在区域，对区域的情况非常熟悉，但正因为太熟悉现场也会陷入思维定势。不是本区域的人员来进行现场走动，正因为不熟悉现场才会让他们跳出思维定势，问出特别的问题，找到特别的发现。例如可视化的设置，本区域的人非常熟悉区域，有可能会忽视需要进行可视化的地方，来进行现场走动的人员不熟悉区域，就会觉得现场某个地方少了可视化，有必要做一下。而在实际工作中除了一直在现场工作的区域人员，经常会有新的承包商来进行现场施工和设备调试，增加的可视化标识就会对他们的工作起到重要帮助作用。

(3) 提升改善能力

管理者可以在现场走动中和区域人员进行深入沟通，通过探讨、启发的方式指导现场区域人员，提升其发现问题、解决问题的能力。只要指导方法得当，都会收到很好的效果，受到区域人员的欢迎。

Who 谁来做

现场走动实施人员、现场走动区域人员。

Where 在哪里做

在各部门在业务开展的地方进行现场走动。对于生产部门就是生产现场，如生产装置的框架、设备部门的检修间、质检部门的试验室；对于非生产部门就是部门业务开展的场所，如财务部的办公室、采购部的仓库、工程部的施工建设区域。

When 什么时间做

按照现场走动计划每月或每周定期开展。

How 怎么做

（1）流程概要

图 7-28 为现场走动的流程概要。

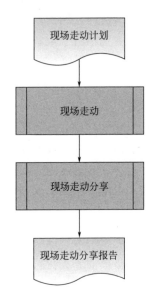

图 7-28　现场走动的流程概要

① 现场走动

●制定现场走动总体计划　精益办每年或每季度制定现场走动总体计划，包括具体的指标数、本周期现场走动的推荐主题和推荐区域。这样可以保证一段时间内现场走动的主题比较集中，便于深入开展也便于集中交流。

●现场走动准备　每次现场走动前现场走动实施人员联系区域人员，选定一个主题进行现场走动。区域人员需为熟悉本区域的人员，包括经理、主管、班长、员工。双方提前准备，尽量安排在相对工作量较少的时间段进行以保障现场走动开展的深入和完整。

●开始走动，对观察到的情况询问区域人员　现场走动实施人员和区域人员一起开始走动，就观察到的情况询问区域人员。

●仔细倾听　区域人员进行介绍，现场走动人员详细倾听。

●现场分享　现场走动人员在现场分享走动中的发现，并可以向区域人员提出进一步改善的建议，双方进行沟通交流达成一致。

●完成现场走动报告　现场走动实施人员在现场走动实施后及时在精益管理系统录入现场走动报告（见表 7-24）。包括现场走动的发现或分享、后续改善行动等内容。现场走动实施人员、区域人员和精益办人员都可以看到。

表 7-24 现场走动报告

时间		区域		编号	
主题	可视化管理	现场走动参加人员			
序号	发现或分享	图片(可选)	后续改善行动	后续改善行动完成期限	后续改善行动完成情况
1					
2					
3					
4					
5					
……					

● 后续改善和控制　区域人员对需要继续改善的情况进行改善,并将完成情况录入精益管理系统,现场走动实施人员、区域人员和精益办人员都可以及时获知整改动态。

② **现场走动分享**　精益办组织定期从完成的现场走动报告中选取最具代表性的在公司内部办公系统、精益简报等媒介进一步分享以使更多的人也从中获益。

(2) 原则

① **重在沟通**　现场走动最重要的是沟通。不管是做得好的改善,还是需要去做的改善机会,都需要进行良好的沟通。

要注重沟通的效果,使区域人员准确理解沟通内容,避免遗漏和偏差。要注重沟通的方式,如果有不足的地方,也不妨多通过鼓励的方式指出,让人更舒服地接受,当然确实有很不好的地方,该严肃批评还是要严肃批评,具体的尺度要吻合组织的习惯。要注重培养员工的能力,对于改善的机会和更好的改善措施,不妨先别直接说出答案,而是通过沟通一步步引发员工的思考,让员工自己得出答案,最终达到沟通目标。

② **重在专注**　为了保证看得更深更透,沟通得更深更透,不流于表面和形式,现场走动需要保持专注。每次现场走动需要选定一个主题深入开展现场走动。5S、可视化、TPM、防错、SOP……适合现场走动的主题很多,每次选定一个主题,持续一段时间就可以做到主题全覆盖。

③ **重在持续** 持续规范开展现场走动就会形成一种固定的机制。有了机制的保证和数量的累积，效果就会显现。

工具和技术

检查表。

常见问题

（1）如何更好地培训员工的改善能力？

员工的改善能力包括发现问题、解决问题的能力。除了有计划性地组织员工进行精益的培训认证外，现场走动也是很好的一种培训方式，现场走动实施人员和现场走动区域人员选定主题，一起边走边看，边看边交流，改善的机会得以发现，改善的思路得以开阔，改善的措施得以明确。

（2）如何更好地推广改善做法？

化工行业的现场区域大，不同区域的人员到别的区域的机会比较少。虽然有信息管理系统的帮助和多种渠道的分享，一个区域一个新的改善的做法还是比较难让其他区域的人员深入了解，特别是一些改善细节。其他区域后续有可能在同样的地方从零开始做了几乎同样的改善；或者大家都做了某一方面的改善但具体的改善做法各有千秋，如果可以统一就有机会形成最优最全面的改善。

对于这些情况群组现场走动是一个很好的解决方式。精益办和各个部门都会经常组织群组现场走动，让大家实地去看某个改善实施的效果，这样可以帮助大家及时学习到别的区域的改善并快速在自己的区域推广实施；可以将大家对于同一主题的改善进行整合统一，更新或形成标准，后续推广到整个组织中。这对于一些现场5S、可视化方面的改善，设备设施、工器具的改善尤其适用。

7.27　输出层总论

输出层主要侧重于精益变革工作输出结果的度量，是PDCA的必备一环。

（1）输出层的重要性

① **精益变革工作输出的测量**　作为精益化工两个主要改善方向，操作最优化的改善输出通过项目评价流程进行测量，包括SQCDM五维价值的评估和测算，测量的结果用于项目目标的回顾；设备可靠性提升的改善输出通过TPM指标统计和TPM区域评估来进行度量，度量结果用于TPM工作的调整和改进。

精益塔管理体系的综合输出和运行情况通过体系审核流程进行测量，测量的结果用于精益变革年度战略目标的回顾和下一轮精益战略目标的制定。

② **PDCA 的重要环节** 精益变革需要 PDCA，测量是 PDCA 的重要环节。只有测量这个动作有效实施，我们才能以此查看目标完成，是否有偏差，查看已采取的措施是否有效。根据测量结果，证明有效的措施继续标准化执行，不奏效的措施进行调整改变。

（2）输出层的设计要点

① **定量和定性相结合** 管理测量包括定量测量和定性测量。定量测量的信息更加精细，但付出的测量成本会更高，在某些情况下不具备条件。定性度量的信息没有定量度量那么精细，但测量的成本会低一些，适用的情况更广泛。需要根据实际情况结合使用定量度量和定性度量。

② **平衡测量精度和测量成本** 当我们谈到测量的时候，首先要考虑两个问题：测量的目的是什么？测量的成本是多少？化工企业部分精益改善项目的收益核算有一定的挑战性，主要包括多因素的效果混杂、核算数据时间范围长和关联效应多。这决定了如果要提升项目收益核算的精度从操作上是可行的，但是测量成本会显著增加。新增的测量成本包括扩充数据收集系统、新增数据收集范围、延长数据收集时间、进行验证试验、进行多重测算等。这个时候就需要综合考虑，根据工作的需要平衡测量精度和测量成本。

③ **先把握趋势再提升精度** 输出测量的首要目的是把 PDCA 中 C（check）做扎实。基于这个出发点测量要先把握趋势再提升精度。先通过测量掌握结果是变好还是变差的趋势，以此对工作进行调整，在此基础上再抓紧提升测量精度。

7.28 项目评价

管理者需要不断地分析、综合，不断地行动、反思。
——（美）弗里蒙特·卡斯特

What 是什么

项目评价可以规范各类精益项目的财务收益核算和项目综合评价，为认可奖励提供有效依据。本流程主要关于项目收益核算和项目综合评价。

Why 为什么

（1）目标确认的关键

在项目的立项阶段，每个项目按照 SMART 的原则设立了目标，项目实施结束后通过项目评价要确认目标是否达成。通过目标完成情况的确认可以回顾项目的目标设定是否合理，项目的改善措施是否有效，项目是否有继续改善的潜力。

（2）认可激励的依据

组织一次项目评价可以确认本期项目给组织带来的财务收益和非财务价值，组织据此按照一定的比例给予总体的激励。每个项目根据本项目的评价结果，按照认可奖励的规定办法从总体中分配到相应的激励。持续这个过程会帮助组织的各个部门、各个团队形成主动改善的氛围。

（3）持续变革的动力

项目评价会让组织的所有相关方清楚看到项目成功实施给组织带来的财务收益和非财务价值，这会让各相关方后续愿意以更大的投入来实施更大力度的项目、进行更大规模的精益人才培训认证等精益变革工作。输出价值得到认可使得精益变革获得巨大的动力，变革由单方面推行转变为各相关方自主自发变革，逐步走向自主循环运作。

Who 谁来做

（1）财务收益核算

需要组成一个跨部门团队来进行项目财务收益核算，通常包括精益办人员、财务专业人员、项目负责人、项目团队成员。

项目负责人和项目团队成员按照项目收益核算办法进行项目收益核算结果的编制和提交，精益办人员对各部门的项目团队提交的项目收益进行初步审核。财务部人员进行项目收益的终审。精益办人员汇总发布全部项目收益核算结果。

（2）项目综合评价

精益办组织精益专家进行项目综合评价。

Where 在哪里做

项目评价的范围是各类日常精益项目、六西格玛项目、精益改善周。

When 什么时间做

项目验收后。

How 怎么做

（1）流程概要

图 7-29 为项目评价的流程概要。

① 财务收益核算

● 精益办发布项目收益核算通知　精益办组织制定项目财务收益核算计划，包括日程安排、核算标准、申报所需材料表格等内容并向各部门发布通知。财务部在此环节提供当期公用工程、物料等资源要素的价格。

● 各部门填报项目财务收益核算材料　各部门组织项目实施人员填报

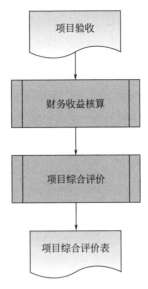

图 7-29 项目评价的流程概要

项目财务收益核算材料,精益办予以填报方法的指导。

● 精益办进行初审　如有问题与各部门沟通,各部门可补充修改材料再次提交。

● 财务部进行项目收益终审　各部门进行配合,根据要求进行项目相关情况的说明、材料证据的补充。财务部完成项目收益终审后,将终审结果发至精益办汇总。

② 项目综合评价

● 项目综合评价　精益办组织精益专家对六西格玛项目、精益改善周项目、日常改善项目按照相应的项目综合评价标准通过评分、小组合议等方式进行项目综合评价,输出项目综合评价表,项目财务收益核算结果作为其中一个输入信息。为了便于和其他组织进行对标,项目评价表主要采用中国质量协会的优秀项目评价表(见表 7-25)。

表 7-25　优秀项目评价表例

评价项目	选项有意义和有价值(10分)	项目目标具有挑战性、项目目标符合 SMART 原则,项目达成目标(5分)	是否正确运用精益思想、方法解决问题(15分)	是否正确、合理运用工具和技能推进问题的解决(15分)	申报资料的完整性和质量(15分)	项目收益计算合理、正确;为公司取得可观的项目收益或取得了显著的管理效果(25分)	项目的推广应用价值(15分)

续表

1	项目的来源清晰；项目来自客户需求或对公司/部门的战略/规划/KPI指标的分解落实；是企业突出的难题，能够根据客户要求或业界标准，确定项目目标(7~10分)	项目符合SMART原则，项目实际达成并超越原定目标(5分)	项目按照PDCA的思路及各阶段工作要求推进项目，思路清晰，逻辑性强；各阶段恰当，合理运用了相关工具(11~15分)	工具运用恰当，针对性强，结论正确。只有极个别工具存在轻微错误，得出的结论及采取的措施是正确运用工具的结果(11~15分)	项目报告填写完整，质量很好(11~15分)	10万元以上；或解决了企业层面的重大管理流程优化问题，得到企业高层领导认可(20~25分)	问题解决的思路、方法/过程及工具的运用合理、巧妙、结论正确，作为典型案例，极具推广价值，并有效的指导项目组以外成员正确应用精益方法、工具解决问题，有很高的推广应用价值或已经在公司得到推广应用，效果显著(11~15分)
2	项目的来源清晰；项目来自客户需求或对公司/部门的战略/规划/KPI指标的分解落实，是企业主要的问题；能够根据客户要求或业界标准，确定项目目标(4~7分)	项目符合SMART原则，项目实际基本达成原定目标(3~4分)	项目按照PDCA思路及各阶段工作要求推进项目，思路清晰，逻辑性较强；但是各阶段之间的联系性欠充分(6~10分)	工具运用恰当，结论正确，虽然存在少量轻微错误，但不影响结论(6~10分)	项目报告填写完整，质量一般(5~10分)	1万~10万元；或解决了企业层面的管理流程优化问题，得到企业高层领导认可(10~20分)	问题解决的思路、方法/过程及工具的运用合理、巧妙、结论正确，作为典型案例，在部门范围内极具推广价值，并有效的指导项目组以外成员正确应用精益方法、工具解决问题，有较高的推广价值或已经在部门内部推广应用(5~10分)
3	项目的来源不清晰或项目不是来自客户需求或对公司/部门的战略/规划/KPI指标的分解落实，需求的分析主要是从自己的工作出发(<4分)	项目符合SMART原则，项目没有达到目标但有明显改善(<3分)	项目在推进思路上偏离PDCA要求，思路不清晰，多处明显存在逻辑上的不合理性(0~5分)	工具运用的目的不清楚，结论不正确，但工具运用不恰当，工具的使用不符合其使用条件，或存在个别严重错误(0~5分)	项目表格填写，质量较差(<5分)	1万元以下；或解决了企业主要业务流程优化问题，得到了部门领导的认可(<10分)	问题解决的思路、方法/过程，典型意义不强，推广价值不大，没有有效的指导项目组以外成员正确应用精益方法、工具解决问题(<5分)

● 项目实施管理总结　全部项目综合评价完成后，精益办编制本期项目实施管理总结并提交推行委员会审批，总结内容包括现场验收的组织实施情况、项目财务收益核算的组织情况和核算结果、项目综合评价的组织

实施情况和评价结果、公司本期项目实施的总体分析等。

（2）原则

在项目评价的过程中，财务收益由核算得出，其他都是由精益专家担任评委评分得出。在评分的过程中需要各方面综合考虑以对项目给出全面客观的评价。

① **过程结果，综合评价**　项目评价既要看结果，也要看过程。一要看过程中有没有应用精益的工具方法。如果正确合理的应用了精益的方工具方法，工具方法的应用对项目的目标实现起了决定性的作用，就是比较标准的精益项目，反之有可能是偏技术改造方式的项目或日常操作。二要看团队的主观努力是否突出。好的项目是通过项目团队的主观努力而达到项目目标，而非因为其他客观因素的影响达到目标。

② **多维收益，综合评价**　项目的收益包括S（安全、环保、职业健康）、Q（质量）、C（成本）、D（交期）、M（士气）多个维度的收益。一个项目常常在多于一个维度有收益，每个维度的收益都不能忽视。有的项目在一个维度有正收益而在其他的维度有负收益，例如提升了产品质量但成本有少量增加，只要总体评估有收益并符合组织的要求也是值得鼓励的。

③ **总体局部，综合评价**　化工工艺的流程有多个单元组成，各个单元有着嵌套、并行等多种复杂的关系。在项目评价中，要注意总体最优的原则。如果出现局部最优，但总体受损的情况，则项目的收益就需要重新评估。

④ **长期短期，综合评价**　评价项目要根据项目特点在更长的时间范围内进行全面的评估。

工具和技术

检查表。

常见问题

项目财务收益核算的难点具体是什么？

化工行业流程复杂，财务收益核算的难点比较多，主要包括多效应混杂、核算数据时间范围广、关联效应多。

① **多效应混杂**　项目实施结束后，可以核算出相关的收益。但流程在同一时间内有其他重要的变化，例如新进行了流程的技改、主要的原料更换了厂家等等，这些变化可能对项目收益核算没有影响，也可能有影响，出现了多个效应的混杂，有时难以有效区分。

② **核算数据时间范围广**　例如经过详细论证某个设备进行了替代，

替代后现场验证符合使用要求,可以测算出减少了设备的投资费用,但是替换后的设备使用寿命可能没有原来的设备长,使用过程中维护保养的料、工、费用可能会升高。完整的核算需要更长的周期,要在不同的系统拿到所需的全部数据进行综合测算,得到科学的结论。

③ **关联效应多**　化工行业的流程比较多,相互之间的关联性比较强。A流程做的改善有了正向的收益,在相关的B流程可能是负面的影响,而且可能大于A流程的收益。这种情况要统筹考虑,防止顾此失彼、因小失大。

以上这些情况都要求收益核算的效应影响分析要更加透彻,必要时可以做专门的效应影响测试进行验证,延长核算的周期。

7.29　体系审核

 每个人都会犯错,但是,只有愚人才会执过不改。

——西塞罗

What 是什么

体系审核可以评估精益塔的运行情况,识别进步显著和需要改进的流程,并在下一个周期内进行调整以持续提升精益塔的运行质量。本流程主要包括体系审核和改进计划制定。

Why 为什么

（1）回顾战略计划

体系审核小组通过核对项目收益、培训认证人数等数据,核对重点工作计划开展情况、重要相关方访谈,以小组合议讨论等方式对于上一战略期的战略行动计划进行全面回顾。

（2）明确进步与不足

在全面回顾战略计划的基础上可以明确在过去的战略期中精益塔各个流程运行中有哪些有进步和不足。同时进一步分析如果有进步,取得进步的关键因素是什么?如何巩固和保持?如果有不足,不足产生的原因是什么吗?改进的方向在哪里?

（3）制定改进措施

对于体系审核发现的不足,在明确改进方向后,要根据当前现状制定可执行的具体改进措施并作为输入列入战略展开流程中,后续进行跟踪落实以补足短板、提升表现。

Who 谁来做

体系审核小组,由精益办人员、组织的精益专家组成。

Where 在哪里做

体系审核主要的审核对象是组织。

When 什么时间做

通常每年或者半年进行一次。

How 怎么做

(1) 流程概要

图 7-30 为体系审核的流程概要。

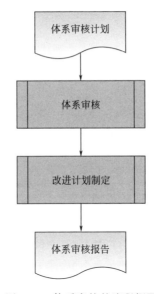

图 7-30 体系审核的流程概要

① 体系审核

● 精益办制定体系审核计划　包括体系审核的小组组成、日程安排、审核步骤、审核标准等内容。

● 推行委员会审批体系审核计划　未通过则由精益办修改。

● 精益办下发体系审核通知　推行委员会审批通过体系审核计划后,精益办下发体系审核通知并组建体系审核小组。

● 体系审核小组进行体系审核准备　包括具体审核方案的细化、进行模拟评分以统一尺度等。

● 审核小组进行体系审核并编制报告　精益办组织体系审核小组进行

体系审核，主要过程包括资料审核、现场访谈、小组合议、体系审核评分。全部工作结束后编制体系审核报告提交推行委员会。表7-26为体系审核评分标准例。

表7-26 体系审核评分标准例

评分等级	1分-较差	2分-一般	3分-基本合格	4分-合格	5分-优秀
开展方式	*没有明显的系统/流程； *未认识到其必要性	*启动一套系统/流程； *确定了系统/流程的方向	*具有一套完善的有预防性措施的系统/流程； *管理变得具有前瞻性； *开始排除组织上的不连贯	*具有一个预防性措施基于细微改良、改进与更新的确定的/经过验证的系统/流程； *大部分管理具有前瞻性； *得到完全支持	*具有一套预计客户需求的、明确且有创新性的系统/流程； *得到公司以外人员的认可
推进情况	*未进行	*片段性开展； *企业内部分区域开展起来	*企业内大部分主要区域开展起来； *大部分持续连贯	*企业内所有区域均广泛持续开展起来	*业务范围的所有主要区域均广泛持续开展起来； *包括内部和外部
输出结果	*没有效果	*零星的成绩； *开展起来的领域内出现一些不稳定但积极的成效	*大部分主要区域内出现积极且可量化的成效； *活动开始产生绩效	*努力获得了成功； *实现了所有预期期望； *显示出积极而持续的效益	*超过预期； *世界一流的成效； *其他企业进行咨询和效仿

② 改进计划制定
- 推行委员会审批体系审核报告 未通过则由精益办进行修改。
- 精益办发布体系审核报告 包括评分、现状描述、改进措施。
- 精益办跟踪落实改进措施 精益办对改进措施逐项跟踪落实，包括立即改进、列入下一年度重点工作进行集中改进等落实方式。

（2）原则

① 全面回顾，反思内省 精益塔的日常运营行动计划涵盖学习、实践、分享等方方面面，涉及组织内的大部分人员和大部分业务。体系审核提供了一个机会集中来全面回顾这些行动计划的目标完成情况和过程执行情况，找到不足并及时调整，以在下一个战略周期及时提升。

② PDCA，持续改进 体系审核是对战略展开的呼应。战略展开、体系审核和精益塔其他流程的运行构成了一个完整的PDCA。通过每个战略期的PDCA过程，精益塔运行的质量就会越来越好，就会以更少的资源投入为组织带来更多显性和隐形的价值输出，而精益塔本身也会成为组织

卓越运营能力的重要组成部分。

工具和技术

A3、精益指标、精益审核表、雷达图。

常见问题

如何评价组织的精益管理的进步和不足？

组织有经验的精益专家和骨干，按照规范的精益管理体系审核标准，定期系统全面进行体系审核。通过体系审核进行全面的评价，并根据评价结果及时进行调整和改进。

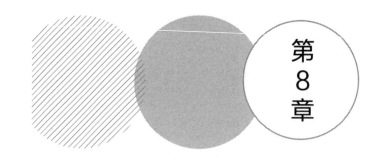

第 8 章

如何应用精益塔之工具层

8.1 工具层总论

(1) 精益塔工具的来源

和六西格玛一样，精益塔没有发明工具而是将业界广为流传的工具进行了汇集整合。精益塔的工具主要包括精益工具和六西格玛工具，见图 8-1 所示。

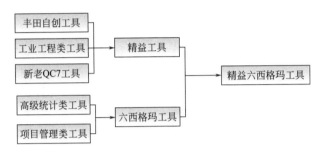

图 8-1　精益六西格玛工具

经典的精益工具主要来源于高级工业工程类的工具，新老 QC7 工具，还有日本丰田汽车独创的看板、安灯、价值流图等工具。精益工具的形成是一个比较慢长的过程，流传下来的都是久经实战考验的实用工具。

六西格玛工具主要来源于高级统计类工具和项目管理工具。与精益工具的形成不同，六西格玛工具的形成是一个集中整理的过程，最早是由美国摩托罗拉公司的培训部门组织进行工具的整理筛选，选择好学好用的工具进行系统化、模块化，从而加速了后期的推广普及。

精益和六西格玛的工具一直都在发展之中，新的工具不断出现，工具的应用方式也陆续拓展。精益塔具有开放性，只要是好学好用的工具都会持续被吸收整合。

在汇集并使用的过程中发现将经典的精益和六西格玛工具应用到化工行业会出现不同的情况。

① **完全适用**　例如 8 大浪费、FMEA、回归等。

② **需要调整使用**　例如 SMED（快速换模）、线平衡等。这类工具需要调整使用的场景和方式。

③ **不是很适用**　例如物料看板、安灯等。这类工具只在化工企业的部分场景可以使用。

(2) 精益工具的持续发展

精益工具在不断持续发展，并呈现出新的变化。

① **非统计类工具不断衍生发展**　例如矩阵图应用于化工作业风险评估发展

形成工作安全分析工具 JSA（job safety analysis），简单而有效；控制图应用于企业的总体安全风险评估发展形成安全气象图工具，科学而直观。

② **统计分析类工具向在线化、代码化发展**　一方面企业的数据点不断增加，另一方面企业的 MES 等信息系统不断完善，需求的产生和基础条件的完备催生了在线化分析，而在线化分析的要求催生了统计类工具的代码化，例如通过 python、R 等编程语言进行代码开发实现在线分析。

③ **大数据分析蓬勃发展**　大数据可以概括为 5 个大 V，数据量（volume）、速度（velocity）、类型（variety）、价值（value）、真实性（veracity）。大数据分析的模式和传统的统计分析工具有着非常多的不同，经过一段时间的摸索，随着一些成功案例的持续涌现，大数据分析逐渐在化工行业落地发展，势必将改变化工企业的数据分析方式。

工具的持续发展给企业带来更多的选择，企业围绕好学好用这一标准不断尝试引入新的工具，员工也需要持续学习，不断掌握新的工具以适应新的发展要求。

（3）精益工具的两种使用方式：单个使用和方法论组合使用

① **单个使用**　精益工具可以在改善项目中单独使用。我们提倡可以用少量简单的工具解决的问题就不要复杂化，一招制胜就很好。除此之外在其他日常工作场景中也可以单个使用。例如在质量管理方面进行一次单独的 FMEA，在成本分析中用回归来预测装置不同负荷能耗，在质量周报编制中用箱线图看看产品指标的表现等等。

② **方法论组合使用**　如果面临比较复杂的精益改善项目问题，通常需要在方法论中组合使用，包括精益的 A3 方法论和六西格玛的 DMAIC 方法论。组合使用意味着一个项目中使用的多个工具是互相有联系的，每一个工具的使用都需要规范正确，其中一个工具如果使用有问题，会影响其他工具的选择或使用，例如鱼骨图的分析不深入、不完整，会影响后续改善措施制定的正确性和完整性；数据的正态性检验不规范，后面选的假设检验工具就有可能不对。在方法论中组合使用犹如打组合拳，要求使用者基本功扎实，每个工具都能牢固掌握。

（4）掌握工具的两个重点：选对工具和用对工具

随着时代的发展，学习工具的条件越来越好。学习的资源也越来越多并容易获取，学习的方式也越来越多样化，工具学习的网站、软件、手机 APP 等陆续涌现，随时随地可以学。

随着科技的进步，使用工具也越来越方便。大部分工具已经出现了几十年甚至上百年，但工具的介质也在不断改进。从最初的笔纸、到电子表格、到专用质量软件到现在的 R、Python 等编程语言，工具的使用过程被逐步简单化。

当学习和使用工具越来越简单，掌握工具的重点逐渐侧重于选对工具和用对工具。可以选用的工具数量多，为了保证选对工具并正确使用工具，需要通过规范严格的培训认证、多次的工具应用实践、适当的辅导和定期进行关于工具的交流分享、团队学习,多管齐下让员工快速成为使用工具的高手。

(5)精益塔从基础、黄带、绿带到黑带的分级工具箱

让合适的人在合适的时间掌握合适的工具,让团队形成层次合理、稳定可用的精益人才储备队伍是精益塔进行工具培训的总体目标。为了兼顾实施改善项目的能力需要和培训成本,精益塔按照不同难度的精益改善项目课题分别配备不同的工具箱,分别列入基础、黄带、绿带、黑带的认证课程中,这些认证的区别在于工具的数量多少和对每个工具的不同掌握深度。

图 8-2 为精益塔标准培训体系。表 8-1 为精益塔培训课程体系。

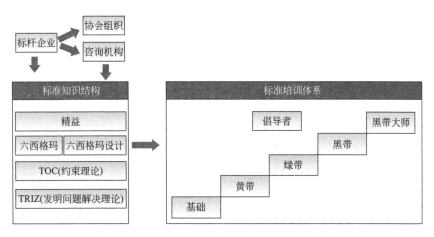

图 8-2 精益塔标准培训体系

表 8-1 精益塔培训课程体系

带级课程	方法论	工具数量	培训学时	培训天数	统计基础要求	课程大纲	认证方式
基础	N/A	2	4	0.5天	无	自编	考试+课后作业
黄带	A3	20+	24	3天	低	自编	考试+项目
绿带	DMAIC	40+	72	9天	中	主要采用中国质量协会绿带知识大纲	考试+项目
黑带	DMAIC	60+	160	20天	高	主要采用中国质量协会黑带知识大纲	考试+项目

8.2 统计基础

为了掌握精益相关的工具,需要掌握相关的统计基础知识。这些是正确应用统计类工具的基础。常用的统计基本知识介绍如下。

8.2.1 数理统计基础

8.2.1.1 随机变量及其分布

(1) 离散型随机变量的分布律

设离散型随机变量 X 的可能取值为 $x_k(k=1,2,\cdots)$ 且取各个值的概率,即事件 $(x=x_k)$ 的概率为

$$P\{X=x_k\}=p_k, \quad k=1,2,\cdots 。$$

则称上式为离散型随机变量 X 的概率分布或分布律。有时也用分布列的形式给出:

$$\frac{X}{P\{X=x_k\}} + \frac{x_1,x_2,\cdots,x_k,\cdots}{p_1,p_2,\cdots,p_k,\cdots}$$

显然分布律应满足下列条件:

① $p_k \geqslant 0, k=1,2,\cdots$;

② $\sum\limits_{k=1}^{\infty} p_k = 1$。

(2) 连续型随机变量的分布密度

设 $F(x)$ 是随机变量 X 的分布函数,若存在非负函数 $f(x)$,对任意实数 x,有 $F(x)=\int_{-\infty}^{x} f(x)\mathrm{d}x$,

则称 X 为连续型随机变量。$f(x)$ 称为 X 的概率密度函数或密度函数,简称概率密度。密度函数具有下面性质:

① $f(x) \geqslant 0$;

② $\int_{-\infty}^{+\infty} f(x)\mathrm{d}x = 1$。

(3) 离散与连续型随机变量的关系

$$P\{X=x\} \approx P\{x<X \leqslant x+\mathrm{d}x\} \approx f(x)\mathrm{d}x$$

积分元 $f(x)\mathrm{d}x$ 在连续型随机变量理论中所起的作用与 $P\{X=x_k\}=p_k$ 在离散型随机变量理论中所起的作用相类似。

(4) 分布函数

设 X 为随机变量,x 是任意实数,则函数

$$F(x)=P\{X \leqslant x\}$$

称为随机变量 X 的分布函数,本质上是一个累积函数。

$P\{a<X \leqslant b\}=F(b)-F(a)$ 可以得到 X 落入区间 $(a,b]$ 的概率。分布函数 $F(x)$ 表示随机变量落入区间 $(-\infty,x]$ 内的概率。

分布函数具有如下性质：
① $0 \leqslant F(x) \leqslant 1$，$-\infty < x < +\infty$；
② $F(x)$是单调不减的函数，即 $x_1 < x_2$ 时，有 $F(x_1) \leqslant F(x_2)$；
③ $F(-\infty) = \lim\limits_{x \to -\infty} F(x) = 0$，$F(+\infty) = \lim\limits_{x \to +\infty} F(x) = 1$；
④ $F(x+0) = F(x)$，即 $F(x)$是右连续的；
⑤ $P\{X = x\} = F(x) - F(x-0)$。

对于离散型随机变量，$F(x) = \sum\limits_{x_k \leqslant x} p_k$；

对于连续型随机变量，$F(x) = \int\limits_{-\infty}^{x} f(x)\mathrm{d}x$。

8.2.1.2 常用的离散分布

（1）泊松分布

设随机变量 X 的分布律为

$$P\{X = k\} = \frac{\lambda^k}{k!}e^{-\lambda}, \lambda > 0, k = 0, 1, 2\cdots,$$

则称随机变量 X 服从参数为 λ 的泊松分布，记为 $X \sim \pi(\lambda)$ 或者 $P(\lambda)$。泊松分布为二项分布的极限分布（$np = \lambda$，$n \to \infty$）。

（2）二项分布

在 n 重伯努利试验中，设事件 A 发生的概率为 p。事件 A 发生的次数是随机变量，设为 X，则 X 可能取值为 $0, 1, 2, \cdots, n$。

$P\{X = k\} = P_n(k) = C_n^k p^k q^{n-k}$，其中 $q = 1 - p$，$0 < p < 1$，$k = 0, 1, 2, \cdots, n$。

则称随机变量 X 服从参数为 n，p 的二项分布。记为 $X \sim B(n, p)$。

当 $n = 1$ 时，$P\{X = k\} = p^k q^{1-k}$，$k = 0, 1$，这就是（0-1）分布，所以（0-1）分布是二项分布的特例。

（3）几何分布

$P\{X = k\} = q^{k-1}p$，$k = 1, 2, 3, \cdots$，其中 $p \geqslant 0$，$q = 1 - p$。

随机变量 X 服从参数为 p 的几何分布，记为 $G(p)$。

8.2.1.3 常用的连续分布

（1）正态分布

设随机变量 X 的密度函数为

$$f(x) = \frac{1}{\sqrt{2\pi}\sigma}e^{-\frac{(x-\mu)^2}{2\sigma^2}}, -\infty < x < +\infty,$$

其中 μ、$\sigma(\sigma > 0)$ 为常数，则称随机变量 X 服从参数为 μ、σ 的正态分布或高斯（Gauss）分布，记为 $X \sim N(\mu, \sigma^2)$。

$f(x)$ 具有如下性质:

① $f(x)$ 的图形是关于 $x=\mu$ 对称的;

② 当 $x=\mu$ 时, $f(\mu)=\dfrac{1}{\sqrt{2\pi}\sigma}$ 为最大值;

若 $X \sim N(\mu,\sigma^2)$, 则 X 的分布函数为

$$F(x)=\frac{1}{\sqrt{2\pi}\sigma}\int_{-\infty}^{x}e^{-\frac{(t-\mu)^2}{2\sigma^2}}dt 。$$

参数 $\mu=0$、$\sigma=1$ 时的正态分布称为标准正态分布, 记为 $X \sim N(0,1)$, 其密度函数记为

$$\varphi(x)=\frac{1}{\sqrt{2\pi}}e^{-\frac{x^2}{2}}, \quad -\infty<x<+\infty,$$

分布函数为

$$\Phi(x)=\frac{1}{\sqrt{2\pi}}\int_{-\infty}^{x}e^{-\frac{t^2}{2}}dt 。$$

$\Phi(x)$ 是不可求积函数, 其函数值, 已编制成表可供查用。

$\Phi(-x)=1-\Phi(x)$ 且 $\Phi(0)=\dfrac{1}{2}$。

如果 $X \sim N(\mu,\sigma^2)$, 则 $\dfrac{X-\mu}{\sigma} \sim N(0,1)$。

$$P\{x_1<X\leqslant x_2\}=\Phi\left(\frac{x_2-\mu}{\sigma}\right)-\Phi\left(\frac{x_1-\mu}{\sigma}\right)。$$

(2) 均匀分布

设随机变量 X 的值只落在 $[a,b]$ 内, 其密度函数 $f(x)$ 在 $[a,b]$ 上为常数 $\dfrac{1}{b-a}$, 即

$$f(x)=\begin{cases}\dfrac{1}{b-a}, & a\leqslant x\leqslant b, \\ 0, & 其他, \end{cases}$$

则称随机变量 X 在 $[a,b]$ 上服从均匀分布, 记为 $X \sim U(a,b)$。

分布函数为

$$F(x)=\int_{-\infty}^{x}f(x)dx=\begin{cases}0, & x<a, \\ \dfrac{x-a}{b-a}, & a\leqslant x\leqslant b \\ 1, & x>b。\end{cases}$$

当 $a\leqslant x_1<x_2\leqslant b$ 时, X 落在区间 (x_1,x_2) 内的概率为

$$P\{x_1<X<x_2\}=\frac{x_2-x_1}{b-a}。$$

(3) 指数分布

$$f(x)=\begin{cases}\lambda e^{-\lambda x}, & x\geqslant 0,\\ 0, & x<0,\end{cases}$$

其中 $\lambda>0$，则称随机变量 X 服从参数为 λ 的指数分布。

X 的分布函数为

$$F(x)=\begin{cases}1-e^{-\lambda x}, & x\geqslant 0,\\ 0, & x<0,\end{cases}$$

积分公式：

$$\int_0^{+\infty}x^n e^{-x}\mathrm{d}x=n!\ 。$$

8.2.1.4 常见分布的期望和方差

表 8-2 为常见分布的期望和方差。

表 8-2 常见分布的期望和方差

分布	期望	方差
泊松分布 $P(\lambda)$	λ	λ
二项分布 $B(n,p)$	np	$np(1-p)$
几何分布 $G(p)$	$\dfrac{1}{p}$	$\dfrac{1-p}{p^2}$
正态分布 $N(\mu,\sigma^2)$	μ	σ^2
均匀分布 $U(a,b)$	$\dfrac{a+b}{2}$	$\dfrac{(b-a)^2}{12}$
指数分布 $e(\lambda)$	$\dfrac{1}{\lambda}$	$\dfrac{1}{\lambda^2}$

8.2.1.5 中心极限定理

中心极限定理提出大量的独立随机变量之和具有近似于正态的分布。因此它不仅提供了计算独立随机变量之和的近似概率的简单方法，而且有助于解释为什么有很多自然群体的经验频率呈现出钟形（即正态）曲线这一事实，因此中心极限定理这个结论使正态分布在数理统计中具有很重要的地位，也使正态分布有了广泛的应用。

中心极限定理也有若干表现形式，常用定理包括辛钦中心极限定理、棣莫佛-拉普拉斯中心极限定理、李雅普洛夫中心极限定理、林德贝尔格定理。

8.2.1.6 统计术语

(1) 统计的含义

"统计"一词在各种实践活动和科学研究领域中都经常出现。然而不同的人或在不同的场合，对其理解是有差异的。比较公认的看法认为统计有三种含义，即统计活动、统计数据和统计学。

（2）统计学

统计学是指阐述统计工作基本理论和基本方法的科学，是对统计工作实践的理论概括和经验总结。它以现象总体的数量方面为研究对象，阐明统计设计、统计调查、统计整理和统计分析的理论与方法，是一门方法论科学。

（3）统计学的分类

从统计方法的功能来看，统计学可以分为描述统计学与推断统计学。从方法研究的重点来看，统计学可分为理论统计学和应用统计学。

① **描述统计学** 研究如何取得反映客观现象的数据，并通过图表形式对所搜集的数据进行加工处理和显示，进而通过综合、概括与分析得出反映客观现象的规律性数量特征。描述统计学的内容包括统计数据的搜集方法、数据的加工处理方法、数据的显示方法、数据分布特征的概括与分析方法等。

② **推断统计学** 研究如何根据样本数据去推断总体数量特征的方法，它是在对样本数据进行描述的基础上，对统计总体的未知数量特征作出以概率形式表述的推断。

描述统计学是整个统计学的基础，推断统计学则是现代统计学的主要内容。

（4）总体

在数理统计中，常把被考察对象的某一个（或多个）指标的全体称为总体（或母体）。我们总是把总体看成一个具有分布的随机变量（或随机向量）。

（5）个体

总体中的每一个单元称为样品（或个体）。

（6）样本

我们把从总体中抽取的部分样品 x_1，x_2，$\cdots$，x_n 称为样本。样本中所含的样品数称为样本容量，一般用 n 表示。在一般情况下，总是把样本看成是 n 个相互独立的且与总体有相同分布的随机变量，这样的样本称为简单随机样本。在泛指任一次抽取的结果时，x_1，x_2，$\cdots$，x_n 表示 n 个随机变量（样本）；在具体的一次抽取之后，x_1，x_2，$\cdots$，x_n 表示 n 个具体的数值（样本值）。我们称之为样本的两重性。

8.2.2 收集和归纳数据

8.2.2.1 测量尺度和数据类型

（1）测量尺度

测量尺度（scale of measure）或称度量水平（level of measurement）、度量

类别,是统计学和定量研究中对不同种类的数据依据其尺度水平所划分的类别,这些尺度水平分别为:定类、定序、定距、定比,见表 8-3。其中定类尺度和定序尺度是定性的,而定距尺度和等比尺度是定量的。

表 8-3 测量尺度

名称	又称	可用的逻辑与数学运算方式	举例	中间趋势的计算	离散趋势的计算	定性或定量
定类	名目、名义、类别	等于、不等于	二元:性别(男、女)	众数	无	定性
			多元:班组(甲、乙、丙、丁等)			
定序	次序、顺序、序列、等级	等于、不等于	多元:考试成绩(优、良、中、差等)	众数、中位数	分位数	定性
		大于、小于				
定距	间隔、间距、区间	等于、不等于	温度、年份等	众数、中位数、算术平均数	分位数、全距	定量
		大于、小于				
		加、减				
定比	比率、比例	等于、不等于	价格、高度等	众数、中位数、算术平均数、几何平均数、调和平均数等	分位数、全距、标准差、变异系数等	定量
		大于、小于				
		加、减				
		乘、除				

表 8-3 中自上而下测量尺度越来越高级,测量的精度、困难程度以及数据所含的信息也越来越高。化工行业的数据相比其他行业通常更丰富,测量尺度更高级。

(2) 数据类型

定量数据又根据数据是否可数,分为连续型和离散型。离散型数据又分为计件值数据和计点值数据,见表 8-4。

表 8-4 数据类型

是否可数	计算方式	分布	举例
计量(连续型数据)		正态分布/非正态分布	原料桶的重量
计数(离散型数据)	计件	二项分布	原料桶数
	计点	泊松分布	原料桶身上的划痕数

8.2.2.2 数据收集方法

化工企业的数据来源广泛,收集方法多样。

(1) 信息系统自动收集

化工企业近年来逐步普及了 DCS、PLC、SCADA、LIMS、MES、ERP、设备状态监测系统、安防系统等各种信息系统,可以通过系统设定取得各种类型的数据。

(2) 键值数据

在传感器技术飞速发展的今天,包括光电、热敏、气敏、力敏、磁敏、声敏、湿敏等不同类别的工业传感器在现场得到了大量应用,这部分数据的特点是每条数据内容很少,但是频率极高。

(3) 文档数据

包括工程图纸、仿真数据、设计的 CAD 图纸等,还有大量的传统工程文档。

(4) 信息化数据

由工业信息系统产生的数据,一般是通过数据库形式存储的,这部分数据是最好采集的。

(5) 接口数据

由已经建成的工业自动化或信息系统提供的接口类型的数据,包括 txt 格式、JSON 格式、XML 格式等。

(6) 视频数据

工业现场会有大量的视频监控设备,这些设备会产生大量的视频数据。

(7) 图像数据

包括工业现场各类图像设备拍摄的图片(例如,巡检人员用手持设备拍摄的设备、环境信息图片)。

(8) 音频数据

包括语音及声音信息(例如,操作人员的通话、设备运转的音量等)。

(9) 人工记录

通过人工方式获取数据,主要包括以下方法:

① **直接观察法** 调查人员亲自到现场对调查单位调查,取得第一手资料。

② **采访法** 通过个别访谈或开调查会由调查人员向被调查者提问,根据询问者的答复来搜集统计资料的一种调查方式。

③ **报告法** 报告单位根据一定的原始记录和台账,依据统计报表的格式和要求,按照隶属关系,逐级向上级有关部门提供统计资料的一种调查方式。

④ **问卷调查法** 是以特定目的,以问卷形式提问,发给被调查者自愿自由回答的一种采集资料的一种方法。

8.2.2.3 抽样方法

常用的抽样方法包括简单随机抽样、系统抽样、分层抽样、整群抽样。

① **简单随机抽样**(simple random sampling) 将所有调查总体编号,再用抽签法或随机数字表随机抽取部分观察数据组成样本。简单随机抽样操作简单,均数、率及相应的标准误差计算简单。

② **系统抽样**(systematic sampling) 又称机械抽样、等距抽样,即先将总

体的观察单位按某一顺序号分成 n 个部分，再从第一部分随机抽取第 k 号观察单位，依次用相等间距从每一部分各抽取一个观察单位组成样本。系统抽样易于理解、简便易行，但总体有周期或增减趋势时，易产生偏差。

③ **分层抽样**（stratified sampling）　将总体样本按其属性特征分成若干类型或层，然后在类型或层中随机抽取样本单位，合起来组成样本。有按比例分配和最优分配两种方案。分层抽样由于通过划类分层，增大了各类型中单位间的共同性，容易抽出具有代表性的调查样本。该方法适用于总体情况复杂，各类别之间差异较大，类别较多的情况。样本代表性好，抽样误差减少。

④ **整群抽样**（cluster sampling）　先将总体依照一种或几种特征分为几个子总体（类、群），每一个子总体称为一层，然后从每一层中随机抽取一个子样本，将它们合在一起，即为总体的样本，称为分层样本。整群便于组织、抽样成本低，但抽样误差大于简单随机抽样。

8.2.2.4　数据的概括性度量

数据的概况性度量主要包括平均度量、离散度量、比较度量等。

(1) 平均度量

计算平均数是统计分析中最常用的一种方法。在统计分析中，除了用平均数表现数据资料的集中趋势外，还常运用平均数进行静态和动态的对比分析，运用平均数分析现象之间的依存关系。常见的平均数的种类和计算方法如下。

① **简单算数平均数**　未经分组整理的原始数据，其算术平均数的计算就是直接将一组数据的各个数值相加除以数值个数。

$$\overline{x} = \frac{x_1 + x_2 + \cdots + x_n}{n} = \frac{\sum_{i=1}^{n} x_i}{n}$$

② **中位数**　是一组数据按从小到大排序后，处于中间位置上的变量值，用 Me 表示。

根据未分组数据计算中位数时，要先对数据排序，然后确定中位数的位置，其公式为

$$中位数位置 = \frac{n+1}{2}$$

其中 n 为数据的个数，最后确定中位数的具体数值。当 n 为奇数时，处在中间位置上只有一个变量；当 n 为偶数时，处在中间位置上有两个变量值。

③ **分位数**　中位数是从中间点将全部数据等分为两部分。与中位数类似的还有四分位数、十分位数和百分位数等。

④ **众数**　是指一组数据中出现次数最多的变量值，用 Mo 表示。众数是具有明显集中趋势点的数值，一组数据分布的最高峰点所对应的数值即为众数。

(2) 离散的度量

离散的度量需要变异指标。变异指标说明了数据的差异程度，也就是各变量值远离其中心值的程度。变异指标反映总体各单位变量值分布的均衡性。一般来说，变异指标数值越大，总体各单位变量值分布的离散趋势越高、均衡性越低。变异指标可以判断平均指标对总体各单位变量值代表性的高低，是衡量风险大小的重要指标。

根据所依据数据类型的不同，变异指标有四分位差、极差、平均差、方差和标准差、离散系数等。

① **极差** 又称全距，是一组数据的最大值与最小值之差，用 R 表示：

$$R = \max(X_i) - \min(X_i)$$

式中，$\max(X_i)$、$\min(X_i)$ 分别表示为一组数据的最大值与最小值。R 越大，表明数值变动的范围越大，即数列中各变量值差异大；反之，R 越小，表明数值变动的范围越小，即数列中各变量值差异小。

② **平均差** 是各变量值与其算术平均数离差绝对值的平均数，用 M_D 表示。

● 简单平均法　对于未分组资料，采用简单平均法。

$$M_D = \frac{\sum_{i=1}^{n} |x_i - \overline{x}|}{n}$$

● 加权平均法　在资料分组的情况下，应采用加权平均式

$$M_D = \frac{\sum_{i=1}^{k} |x_i - \overline{x}| f_i}{\sum_{i=1}^{k} f_i}$$

③ **方差和标准差** 方差是各变量值与其算术平均数离差平方的算术平均数。标准差是方差的平方根。方差、标准差是实际工作中应用最广泛的离中程度度量值。

方差用来度量随机变量和其数学期望（即均值）之间的偏离程度；标准差用来反映反映组内个体间的离散程度。

a. 总体的方差与标准差　设总体的方差为 σ^2，标准差为 σ，对于未分组整理的原始资料

$$\sigma^2 = \frac{\sum_{i=1}^{N}(X_i - \overline{X})^2}{N}$$

$$\sigma = \sqrt{\frac{\sum_{i=1}^{N}(X_i - \overline{X})^2}{N}}$$

b. 样本的方差和标准差　样本的方差、标准差与总体的方差、标准差在计算上有所差别。总体的方差和标准差在对各个离差平方平均时是除以数据个数或总频数，而样本的方差和标准差在对各个离差平方平均时是用样本数据个数或总频数减 1 去除总离差平方和。

$$S^2 = \frac{\sum_{i=1}^{n}(x_i - \overline{x})^2}{n-1}$$

$$S = \sqrt{\frac{\sum_{i=1}^{n}(x_i - \overline{x})^2}{n-1}}$$

④ **标准分数**　有了均值和标准差之后，我们可以计算一组数据中各个数值的标准分数（standard score），以测度每个数据在该组数据中的相对位置，并可以用它来判断一组数据是否有离群值。变量值与其平均数的离差除以标准差后的值，称为标准分数，也称标准化值或 z 值。

$$z_i = \frac{x_i - \mu}{\sigma} \quad \text{或} \quad z_i = \frac{x_i - \overline{x}}{S}$$

⑤ **离散系数**　是反映一组数据相对差异程度的指标，是各变异指标与其算术平均数的比值。离散系数通常用 V 表示，常用的离散系数有平均差系数和标准差系数。

$$V_M = \frac{M_D}{\overline{X}} \times 100\%$$

$$V_\sigma = \frac{\sigma}{\overline{X}} \times 100\%$$

（3）比较度量

比较度量需要相对指标。相对指标又称相对数，是两个有联系的统计指标的比值，用以说明社会经济现象之间的数量对比关系。

相对指标反映现象的内部结构、比例关系、普遍程度与速度，使某些不能直接进行对比的统计指标，取得可以比较的基础。

运用相对指标要注意遵守可比性原则，多种相对指标综合运用的原则，同总量指标、平均指标综合运用的原则。

常见的相对指标如下。

① **结构相对数**　是表明总体内部各个组成部分在总体中所占比重的相对指标。

$$结构相对数 = \frac{总体中某部分数值}{总体全部数值}$$

② **比例相对数**　反映一个统计总体内部各个组成部分之间数量对比关系的

相对指标，常用系数和倍数表示。

$$比例相对数 = \frac{总体中某一部分数值}{总体中另一部分数值}$$

③ **比较相对数** 反映同一时期的同类现象在不同地区、部门和单位之间数量对比关系的相对指标。

$$比较相对数 = \frac{某条件下的某类指标数量}{另一条件下的同类指标数量}$$

④ **动态相对数** 同类现象在不同时间上数量对比关系的相对指标称为动态相对数，说明现象发展变化的方向和程度。常见的例如同比、环比等。

⑤ **强度相对数** 反映两个性质不同但有联系的统计指标之间数量对比关系的相对指标。

$$强度相对数 = \frac{某一总量指标的数值}{另一有联系但性质不同的总量指标的数值}$$

⑥ **计划完成相对数** 也称计划完成百分比，它是现象在某一时期的实际完成数与其计划任务数的比值，用来检查、监督计划的执行情况，一般用百分数表示。

$$计划完成相对数 = \frac{实际完成数}{同期计划数}$$

8.2.2.5 数据的标准化

为了研究需要有时要进行数据的标准化，常见方法包括 Min-Max 标准化和 Z-score 标准化。

① **Min-Max 标准化** 是对原始数据进行线性变换。设 $MinA$ 和 $MaxA$ 分别为属性 A 的最小值和最大值，将 A 的一个原始值 x 通过 Min-Max 标准化映射成在区间 $[0,1]$ 中的值 x'，其公式为：

$$新数据 = (原数据 - 极小值)/(极大值 - 极小值)$$

② **Z-score 标准化** 基于原始数据的均值（mean）和标准差（standard deviation）进行数据的标准化，以距离平均数的远近程度及数据的"离散程度"为基础，将数据的价值转换为易于探讨的数值。Z-score 标准化方法适用于属性 A 的最大值和最小值未知的情况，或有超出取值范围的离群数据的情况。

公式：新数据 =（原数据－均值）/标准差。

8.3 基础工具

基础课程通常安排 1 天的集中脱产培训。培训中安排了个人练习和团队练习，课后会安排练习作业。

8.3.1 8大浪费

概述

8大浪费是一个浪费识别工具,归纳总结了8大常见的浪费类型,包括返工、生产过剩、搬运、操作动作、等待、库存、过度加工、员工创造力。

① **返工** 没有一次就做对而造成的再次处理。

产生的可能原因:人员技能不足、生产系统能力不完善。

常见消除措施:提升人员技能、完善生产系统能力。

② **生产过剩** 生产过多,超出需求。

产生的可能原因:生产计划性不足。

常见消除措施:提高生产计划性、减少批量、应用拉动系统。

③ **搬运** 不增值的所有的物料移动。

产生的可能原因:多个仓储位置、生产布局不合理、过多的检查、5S需要提升、生产不平衡。

常见消除措施:仓储系统优化、生产布局优化、优化检查、提升5S、平衡生产、新增自动化仓储。

④ **操作动作** 任何多余不增值的动作。

产生的可能原因:工作方法不合理、工作场所布局不合理、5S需要提升。

常见消除措施:改进标准操作程序、优化工作场所布局、提升5S。

⑤ **等待** 在操作和流程中因为人、设备、物料、信息未及时到位而不能继续进行。

产生的可能原因:工作量不平衡、生产过剩、设备故障、工作协调不利、流程环节超出必要。

常见消除措施:均衡工作量、提供设备可靠性、提高工作协调性、优化简化流程、配备信息管理系统。

⑥ **库存** 超出必要的多余库存。

产生的可能原因:生产计划流程不足、产能波动大、生产过剩。

常见消除措施:平衡计划、稳定产能减少波动、拉动系统。

⑦ **过度加工** 超出真正需求的处理。

产生的可能原因:未准确掌握需求,未进行需求的分层。

常见消除措施:掌握真正的需求、进行需求分层。

⑧ **员工创造力** 员工的潜力得不到发挥,这是最大的浪费。

产生的可能原因：没有充分发挥员工潜力的授权机制、激励机制和文化氛围，没有提供给员工必须的技能培训、设备材料和时间。

常见消除措施：完善可以充分发挥员工潜力的授权机制、激励机制和文化氛围，为员工提供必须的技能培训、设备材料和时间。

8 种浪费存在着内在的联系，要注意从浪费的源头消灭浪费（图 8-3）。

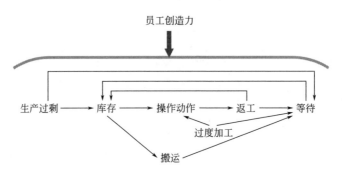

图 8-3　8 大浪费之间的联系

适用情景

流程和操作中浪费的识别。8 大浪费产生于汽车行业，但对于包括化工行业的其他行业也普遍适用，只是具体的浪费现象有所不同。

应用步骤

按照 8 大浪费类型进行有针对性的现场观察或流程回顾，发现浪费并尝试提出改善措施，后续采取行动消除浪费。

要点

① 打破惯性思维，有些浪费一直存在而被忽视。

② 可以准备一些专门类型的浪费检查表以提高效率，如表 8-5、表 8-6 所示。

表 8-5　库存浪费检查表

浪费检查项目	是否存在浪费	描述	改进措施
原料	☐		
辅料	☐		
半成品	☐		
产品	☐		
备品备件	☐		
化学试剂	☐		
办公用品	☐		

表8-6 动作浪费检查表

浪费检查项目	是否存在浪费	描述	改进措施
有没有较难执行的动作	☐		
是否有重复多余的动作	☐		
是否有需要合并的动作	☐		
是否有可以简化的动作	☐		
有没有次序安排不合理的动作	☐		

示例

不同工作岗位的浪费识别

不同工作岗位发现的浪费是不一样的,掌握8大浪费之后可以全面、系统、深入地识别浪费并消除浪费,如表8-7～表8-9所示。

表8-7 设备岗位8大浪费识别例

序号	浪费类型	浪费情况描述	改善对策(消除或减少浪费的办法)
1	等待	设备零样品没有足够的备件或是根本就没有备件,当不能正常运行时才报计划,造成维修时间上的等待	建立库存动态变动表,各班组成员随时观察备件的变动情况,做好与计划员之间的联系沟通,以达到易损件、重点设备等的零样品随时有备件
2		电气员工在现场接临时线时,发现施工单位没开工作申请单或是还没有开好,造成等待浪费	工艺监督施工单位,当证件办齐全之后联系电气人员接线
3		维修电机时经常因为工具不够而返回重新拿取,造成等待浪费	专门准备一套维修电机的工具,在维修电机前对电机做初步的判断,都需要哪些工具或零件,提前做好准备,以免来回跑动取东西
4	返工	接潜水泵时经常因为相序不对造成返工重新接	对于经常移动的潜水泵做好相序标记,便于电气人员识别接线
5		维修电机,装置照明或处理故障等工作时,因备件型号不对造成返回去重新拿取	做好备件的标识,方便认识与拿取,另外工作人员应该了解所需备件的型号
6	过量加工	拧螺丝时因过度旋拧,造成螺丝滑丝或设备连接处断裂	添加弹簧垫,以及适度用力,当弹簧垫压平后即可
7		施工单位用的配电箱因承受的负荷比实际的负荷量小,因过载造成跳闸	接临时线时检查用电负荷,再根据实际情况接线
8	操作动作	个人佩戴的办公室、配电所等地方的钥匙太多,造成尝试正确钥匙的浪费	钥匙上标注清楚
9		工具包里工具比较多,且因随时变动,干活时因拿取工具造成的浪费	定期对工具包进行整理,将常用的工具放在一块,并将坏旧元器件清理掉,使工具包保持清洁

续表

序号	浪费类型	浪费情况描述	改善对策(消除或减少浪费的办法)
10	库存	库房不容易损坏的备件过多	根据现场设备的实际情况预留备件的数量,对于不容易损坏的样品少备备件,易损件则适量多备一点
11	库存	库房备件种类过多,造成地方混乱、拥挤以及寻找备件困难	做好5S管理
12	搬运	修电机、修照明等工作时因准备工具造成的搬运浪费	分别针对工作性质准备一套或两套工具,方便随时拿取
13	员工创造力	重复性的岗位工作使员工长期滞留于现状,不能带有激情与希望地工作	定期组织一线员工与管理人员之间的交流,将工作中所存在的问题尽快处理解决,使员工在一种平等与激情的环境中工作与成长

表8-8 质检岗位8大浪费识别例

序号	浪费类型	浪费情况描述	改善对策(消除或减少浪费的方法)
1	等待	目前到现场质检取样只需员工1到2人,其余的人只需等待样品。取样时间短则10min,长则30min	其余人员可以利用等待时间搞搞区域5S
2	等待	工艺要求分析焦油、挥发物等指标,一个样品需30min,常规一天要分析4个样	我们可以利用这个时间去分析其他样品
3	返工	滴定稀酸中铵盐需先用碱调节pH,铵盐很少量稍有不慎就会调过,那么就得重新调节	避免此类操作需先知晓近期铵盐数据,做到心中有数再外加小心
4	返工	由于气相小瓶不干净造成重复进样	取样时先观察容器是否洁净
5	库存	坏旧仪器都选择归库,占据仓库空间,部分仪器已不再具有利用价值	对仪器有需要的班组可取走,没有利用价值的东西合理处置
6	搬运	固废回收需从二楼跑到四楼,统一处理时又要通通运到一楼	建议直接统一放置在一楼
7	生产过剩	常规做样需样品100mL即可,而每次工艺取样均需200mL以上	建议减小取样量或样品回收
8	生产过剩	标液到期后,还剩很多,直接倒掉再领新的	标液进行重新标定,利用
9	过量加工	冲洗样品瓶用试剂丙酮,资源浪费	用工业丙酮代替试剂丙酮
10	过量加工	长明灯现象	每人都应养成随手关灯、关水龙头的好习惯

表8-9 仓库岗位8大浪费识别例

序号	浪费类型	浪费情况描述	改善对策（消除或减少浪费的办法）
1	等待	由于叉车较少，运固废和其它事也会用到叉车，这样来不及需要等待装车	合理安排叉车工作，尽量将叉固废等事安排在星期六、日、一，这几天相对装车少一点
2	搬运	集装箱装货时需要将产品从南门运至北门装车平台装货，路程较远，消耗时间和柴油	可在南门浇筑一个装车平台，防止来回倒料
3	返工	打印资料错误需重新打印	确认好后再打印
4	等待	司机来装货，仓库没有备货	商务应提前确认仓库货物后再安排司机提货
5	操作动作	工作需要在仓库和办公室两边来回跑，重复动作十几次	在仓库里安装电脑，方便查询发货批次
6	搬运	包装卸托盘在没划分库位的区域，不符合5S标准，发现后将托盘放置在库位处	在有库位区域卸托盘
7	返工	外贸交货单信息错误，须重新打印	外贸商务需多次确认交货单信息，避免反复打印交货单
8	库存	下计划包装后安排托货时间较长，会导致产品库存积压	准确安排下计划和托货时间，避免出现库存较多、库位紧张现象

8.3.2 5个为什么

概述

5个为什么是对一个问题连续追问5个为什么找到根本原因的问题分析方法，实际应用中不限定为5次，而是以找到问题根源为目标持续不断的追问（图8-4）。

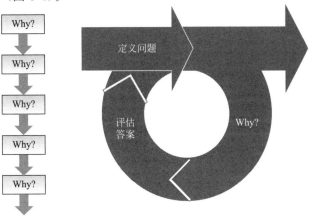

图8-4 5个为什么

适用情景

根源问题分析。

应用步骤

对问题问为什么，得到答案完后持续追问直到找到问题根源。

要点

追根究底，不要满足于表面的答案，而是要找到问题的根源。

示例

机器为什么停止？

机器为什么停止是一个广为流传的 5 个为什么的案例。

问题 1：机器为什么停止运行？

回答 1：保险丝超过负荷烧断了。

问题 2：保险丝为什么会超过负荷？

回答 2：因为轴承润滑不足。

问题 3：为什么轴承润滑不足？

回答 3：因为润滑泵失灵。

问题 4：润滑泵为什么会失灵？

回答 4：因为泵轴老化。

问题 5：泵轴为什么会老化？

回答 5：因为里面有污物。

……

8.4 黄带工具

黄带课程通常安排 3 天的集中脱产培训。培训汇总安排了大量的个人练习和团队练习，为了节省时间，课前会要求学员进行培训内容的自学和预习，课后会安排练习项目作业。黄带课程目标和考试认证方式如表 8-10 所示。

表 8-10 黄带课程目标

期望目标	考试认证方式
掌握精益改善项目实施方法论——A38 步法	●课堂笔试 ●现场团队改善项目实施发表 ●课后每名学员完成一个改善项目(不要求财务收益)
掌握精益改善项目实施常用工具	●课堂笔试
掌握精益改善周实施程序和技能	●现场团队改善项目实施发表

8.4.1 黄带方法论——A3

概述

A3，全称为 A3 报告，是一种由丰田公司开创的方法，通常用图形把问题、分析、改正措施以及执行计划等内容凝练在一张 A3 纸上。在丰田公司 A3 报告已经成为一个标准方法，用来总结解决问题的方案，进行状态报告。其意义在于以简单且明确的沟通方式让所有人都能了解整个过程；通过领导和团队的讨论和帮助有助于仔细且全面分析问题，真正找到根本的解决办法。A3 报告包括问题解决型 A3 报告、提议型 A3 报告、状态型 A3 报告等类型。A3 报告得名于国际通用的 A3 纸，一种宽 297mm、长 420mm 的纸张。

A3 是 PDCA 落地的一种绝佳形式。PDCA 循环是美国质量管理专家休哈特博士首先提出的，由戴明采纳、宣传、推广普及，所以又称戴明环。全面质量管理的思想基础和方法依据就是 PDCA 循环。这一工作方法是质量管理的基本方法，也是企业管理各项工作的一般规律。

PDCA 是英语单词 plan（计划）、do（执行）、check（检查）和 act（处理）的第一个字母。

- P(plan)——计划，确定方针和目标，确定活动计划；
- D(do)——执行，实地去做，实现计划中的内容；
- C(check)——检查，总结执行计划的结果，注意效果，找出问题；
- A(act)——处理，对总结检查的结果进行处理，对成功的经验加以肯定，并予以标准化；对于失败的教训也要总结，引起重视。对于没有解决的问题，应提交给下一个 PDCA 循环中去解决。

以上四个过程不是运行一次就结束，而是周而复始的进行，一个循环完了，解决一些问题，未解决的问题进入下一个循环，如此这般阶梯式上升的。

PDCA 比较容易理解，但是做好需要注意重在计划，做好计划的关键是积累。经验和数据是科学计划的前提；要投入资源提升检查的能力，能够测量并不断提升测量的质量水平。PDCA 的力量在于持续循环，小步快走，试错前行，见图 8-5。

适用情景

在精益改善项目中用于中等及以下难度的项目。

应用步骤

A3 的格式根据类型不同、步骤的划分不同、步骤的顺序不同有几十

plan
计划
do
执行
check
检查
act
处理
PDCA
SQCDM绩效水平
A P
C D
维持
改善
时间

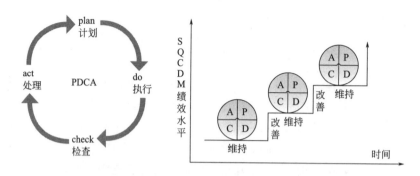

图 8-5　PDCA 循环

种不同的格式，图 8-6 所示是其中一种问题解决型 A3 报告，常用于精益改善项目。

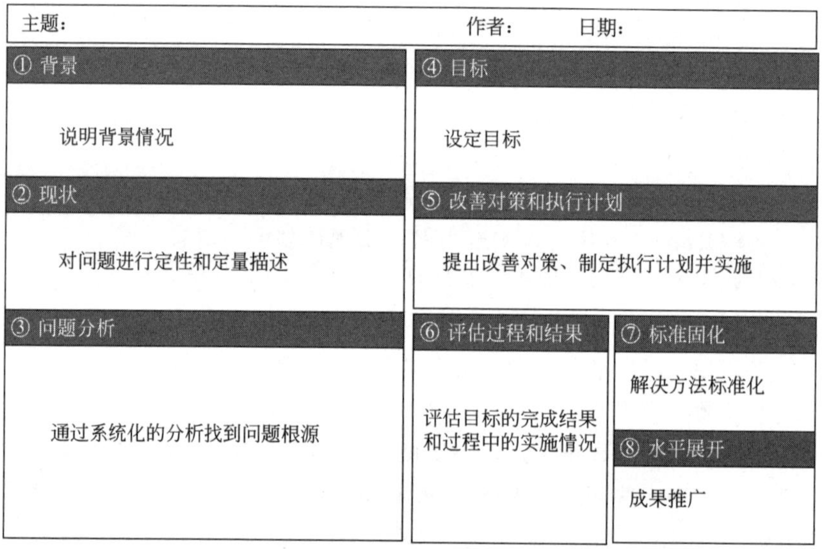

主题：
作者：
日期：
① 背景
说明背景情况
② 现状
对问题进行定性和定量描述
③ 问题分析
通过系统化的分析找到问题根源
④ 目标
设定目标
⑤ 改善对策和执行计划
提出改善对策、制定执行计划并实施
⑥ 评估过程和结果
评估目标的完成结果和过程中的实施情况
⑦ 标准固化
解决方法标准化
⑧ 水平展开
成果推广

图 8-6　问题解决型 A3 报告

（1）背景

说明改善项目开展的背景情况。这个步骤通常要回答一个问题：我们有那么多工作待做，为什么现在要做这个改善项目？背景步骤要明确改善的必要性和优先级，明确改善项目成功可以对组织带来的价值。改善项目的来源要清晰，要来自客户需求或对公司、部门的战略规划、KPI 指标的分解落实，而不能来自于偶然的想法。企业的资源是宝贵的，不光物力财力是宝贵的，员工的时间和机会成本也是宝贵的，只有价值较高的项目才值得分配组织的资源去做，可做可不做的项目可以放入项目池作为备选课题。而一旦去做，就要全力以赴去做好，努力提高项目成功率。

（2）现状

对问题进行定性和定量描述。这个步骤要确保对问题有准确、客观的认识。问题的定性要贯彻现场、现物、现实的三现主义，到"现场"去，亲眼确认"现物"，认真探究"现实"，不应依赖他人的描述。问题的定量要对问题进行量化说明，使问题直观化。很多情况下当问题的现状被清晰定性、有效量化，问题就解决一多半了。怕就怕现状都没有搞清楚，就开始投入各种措施，"一顿操作猛如虎，仔细一看原地杵"。

（3）问题分析

通过系统化的分析找到问题根源。这个步骤要确保按照系统化的分析方法，有效依靠团队力量，规范进行调查研究，完整收集问题相关的信息数据，熟练应用5个为什么、鱼骨图等工具追根究底的分析问题。

（4）目标

设定目标。这个步骤要明确何时应达到怎样的水平或标准。要按照SMART法则设定目标。SMART法则是一个经典的目标设定法则，容易理解但完全做到并不那么简单。

① **S——必须是具体的**（specific）。宽泛的目标难以聚焦，难以控制。

② **M——必须是可以衡量的**（measurable）。目标的完成情况可以衡量才可以进行PDCA循环。

③ **A——必须是可以达到的**（attainable）。好的目标需要跳起来，但要够得着。

④ **R——必须要与其他目标具有一定的相关性**（relevant）。

⑤ **T——必须具有明确的截止期限**（time-bound）。

（5）改善对策和执行计划

针对问题根源提出潜在的解决办法。在这个步骤要提出改善对策、制定执行计划并实施。改善对策和执行计划要落实为便于管理、可监控的具体步骤，要明确5W1H：

① 为什么制定该措施（Why）？

② 达到什么目标（What）？

③ 在何处执行（Where）？

④ 由谁负责完成（Who）？

⑤ 什么时间完成（When）？
⑥ 如何完成（How）？

要使所有解决方案可能影响到的人员参与到实施过程中，要将相关信息通知所有人员，包括计划、目标和行之有效的实施办法等，确保所有人员清楚各自的工作内容并与上级管理人员保持密切联系，对任何工作均不能持理所当然的态度，应该审慎对待、反复检查。

（6）评估过程和结果

评估目标的完成结果和过程中的实施情况。这个步骤包括对提出的目标的回顾和对过程实施情况的回顾。目标评估要看是否完全达成目标，是否产生预期效果，有无不良影响。过程实施要看是否有需要改进的不足和需要保持的优点。

（7）标准固化

新解决方法标准化。这个步骤要建立控制机制，保证持续使用新的标准化的方法、新的标准工作程序。要对相关人员进行新的标准化方法培训，要通过定期的监控确保新解决方法持续有效实施，确保改善成果得以保持，出现偏差要及时进行调整改善。

（8）水平展开

问题解决的思路、工具方法应用、措施在组织中进行推广以获得更多收益。这个步骤要在改善项目本身完成后将具备推广性的思路、工具方法应用、措施在组织中进行推广，从班组到部门、到公司甚至行业，推广的范围越大越有价值。

要点

（1）正确运用精益思想、方法解决问题

要按照 PDCA 的思路及各步骤要求操作，思路清晰，逻辑性强，各步骤之间的联系性必须紧密。

（2）注意 A3 报告的质量

A3 报告填写要完整，保证质量。每个精益改善项目和从中归纳的知识经验都是组织弥足珍贵的知识资产。

（3）合理运用工具和技能推进问题的解决

工具运用要恰当，针对性强，结论正确。得出的结论及采取的措施是正确运用工具的结果。A3 各步骤经常使用和有时使用的工具如表 8-11 所示。

表 8-11 PDCA 各步骤使用的工具

阶段	步骤	直方图	排列图	散点图	分层法	鱼骨图	检查表	控制图	PDPC法	箭条图	矩阵图	数据矩阵	关联图	系统图	亲和图	可视化	防错	标准作业	头脑风暴	有效会议
P	现状	○	●	○	●		●	○											○	
P	问题分析	○		●	○	●	○				○		●	●	○				○	○
P	目标				○		○													
D	改善对策和执行计划	○			○	○			●	○	○			●	○		○		○	
C	评估过程和结果	○	○	○			○									○				
A	标准固化						○	○			●		○			○		○		○
A	水平展开				○			○										○	○	

注:"●"表示经常很高;"○"表示有时使用。

8.4.2 直方图

概述

直方图是从过程中随机抽取样本,将获取的数据进行整理绘制成图,从中找到质量波动规律,预测工序质量的一种工具。

适用情景

显示各种数值出现的相对频率、数据的中心、波动和形状,发现过程是否能满足客户需求。

应用步骤

① 明确需要作图的质量特性值,如温度、浓度等。

② 收集数据。

③ 数据分组。

④ 做频数分布图。

⑤ 分析解读图形信息。

直方图的常见情形如图 8-7 所示。

直方图和客户规格限的关系如图 8-8 所示。

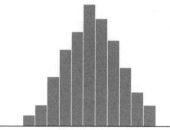
(a) 标准型：左右对称、最常见

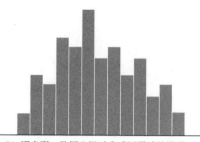
(b) 锯齿型：数据分组过多或测量读数错误

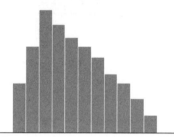
(c) 偏峰型：产品尺寸受客户规格限影响

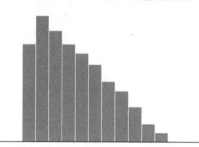
(d) 陡壁型：工序能力不足，进行全检

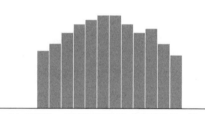
(e) 平顶型：几种均值不同的分布混杂在一起

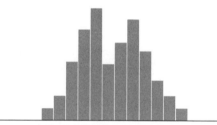
(f) 双峰型：均值相差较大的两种分布混在一起

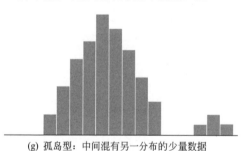
(g) 孤岛型：中间混有另一分布的少量数据

图 8-7　直方图的常见情形

图 8-8 中各情况解释如下。

直方图满足客户规格限要求：

（a）状况无须调整。

（b）要考虑减少波动。

直方图不满足客户规格限要求：

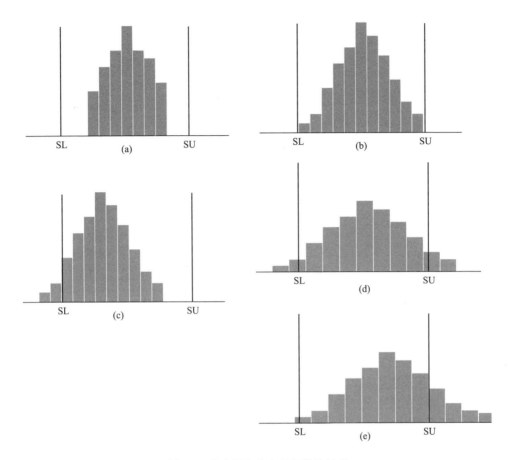

图 8-8 直方图和客户规格限的关系

（c）采取措施，使平均值接近规格的中间值。
（d）要采取措施，减少波动。
（e）采取措施，使平均值接近规格的中间值同时减少波动。

要点

直方图要和点图区分使用。点图和直方图的作用比较类似。数据量大的时候适用直方图，数据量小的时候适用点图。

示例

原料烧碱浓度的直方图

原料烧碱的浓度控制指标是 $34.5\%\sim35.5\%$，一段时间内 100 个样品的直方图如图 8-9 所示。从图 8-9 中可以看出原料烧碱满足控制指标要求。

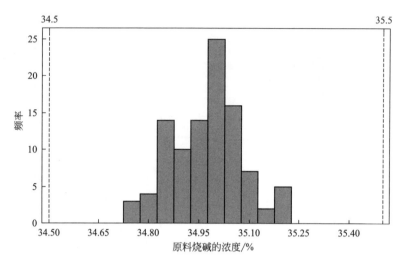

图 8-9　原料烧碱浓度直方图

8.4.3　排列图

概述

排列图法，又称主次因素分析法、帕累托（Pareto）图法，它是找出问题主要因素的一种简单而有效的图表方法。1897 年意大利经济学家帕累托（1848—1923）分析社会经济结构，发现 80% 的财富掌握在 20% 的人手里，后被称"帕累托法则"。

排列图是根据"关键的少数和次要的多数"的原理而制作的。也就是将产品质量的众多影响因素按其对质量影响程度的大小，用图形顺序排列，从而找出主要因素。其结构是由两个纵坐标和一个横坐标，若干个直方形和一条折线构成。左侧纵坐标表示不合格品出现的频数（出现次数或金额等），右侧纵坐标表示不合格品出现的累计频率（如百分比表示），横坐标表示影响质量的各种因素，按影响大小顺序排列，柱状图高度表示相应因素的影响程度（即出现频率为多少），折线表示累计频率（也称帕累托曲线）。通常累计百分比将影响因素分为三类：占 0%～80% 为 A 类因素，也就是主要因素；80%～90% 为 B 类因素，是次要因素；90%～100% 为 C 类因素，即一般因素。由于 A 类因素占存在问题的 80%，此类因素解决了，质量问题大部分就得到了解决。

适用情景

找出问题的主要因素。

应用步骤

① 收集数据。
② 把分类好的数据进行汇总，由多到少进行排序，并计算累计百分比。
③ 绘制横轴与纵轴刻度。
④ 绘制柱状图。
⑤ 绘制累计曲线。
⑥ 在图上标记相关信息。
⑦ 分析排列图。

要点

可以有"其他"项，但"其他"项不能过大，否则分类不够理想。

示例

厂区道路违章类别的帕累托图

为了提升厂区道路安全，需要统计分析道路违章的情况。为此先进行了一段时间的违章行为统计并进行了归类，统计数据如表 8-12 所示。通过绘制帕累托图（图 8-10）可以看到当前占总违章 80% 的主要违章类别是单手骑车和占道行驶，推荐的做法是集中精力首先整改这两类违章。工作中要集中精力抓主要矛盾，主要矛盾解决了，整个局面就改变了。

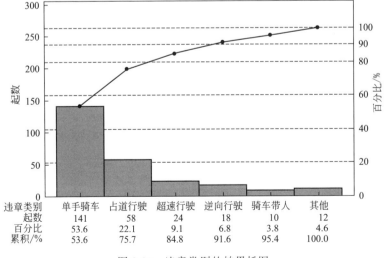

图 8-10　违章类别的帕累托图

表 8-12　违章类别及其次数

违章类别	次数	违章类别	次数
超速行驶	24	违规停车	10
单手骑车	141	开车打电话	2
占道行驶	58	骑车带人	10
逆向行驶	18	合计	263

8.4.4　散点图

概述

散布图可以用来发现和确认两组相关数据之间的关系并确认两组相关数据之间预期的关系。

适用情景

分析一对数据的相关情况。

应用步骤

① 收集成对数据（x，y）。

② 标明 x 轴和 y 轴。

③ 找出 x 和 y 的最大值和最小值，并用这两个值标定横轴（x）和纵轴（y）。

④ 数据描点。

⑤ 进行判断。

散点图的常见情形包括正相关、负相关、强相关、弱相关、不相关等（参见 8.5.18 相关分析）。如需进一步确认，可以进行相关性分析。

要点

（1）注意数据分层

有的数据表面看没有相关关系，但进行数据分层后就会有相关关系；有的数据表面看有相关关系。但实际是两组或多组不相关的数据混杂导致呈现相关关系。

（2）注意数据区间不可类推

一定数据范围内有相关关系，不可以类推到其他数据范围。

示例

（1）车间的环境温度与中央空调蒸汽用量的散点图

为了研究车间的环境温度与中央空调蒸汽用量的关系进行了数据的收

集并绘制散点图（图 8-11）。通过散点图可以看出车间的环境温度与中央空调蒸汽用量有着比较强的负相关关系。

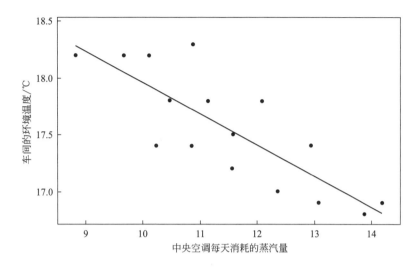

图 8-11　车间的环境温度与中央空调每天消耗的蒸汽量的散点图

8.4.5　分层法

概述

　　分层法是指将性质相同的、在同一条件下收集的数据归纳在一起以便进行比较分析。因为在实际生产中影响质量变动的因素很多，如果不把这些因素区别开来，难以得出变化的规律。数据分层可根据实际情况按多种方式进行。例如按不同时间、不同班次分层，按使用设备的种类分层，按原材料的进料时间分层，按原材料成分分层，按检查手段分层，按使用条件分层，按不同缺陷项目分层等等。分层法经常与其他统计分析工具方法结合使用。

适用情景

　　进行数据分析。

应用步骤

　　① 收集数据。
　　② 将采集到的数据按不同分析目的选择分层标志。常见的分层标志包括时间、地点、组织单位、人、机、料、法、环、测等类别（表 8-13）。

表 8-13 常用分层标志

分层类别	常用分层标志
时间	小时、班、日、周、月、年等
地点	原辅料产地、装置楼层、反应器测温点位置等
组织单位	班组、部门等
人	熟练程度、中夜班、班次等
机	设备类型、设备位号、设备状态等
料	原辅料供应商、批号、包装形式等
法	操作法、操作参数等
环	环境温度、适度、光照程度等
测	测量人员、测量方法、测量设备等

③ 分层。
④ 按所分层次归类。
⑤ 画出分层归类图。

要点

注意选择合适的分层标志，如果效果不明显，可以尝试更换分层标志直到达到目标。

示例

（1）不同批次 A 原料的发泡时间

A 原料的一个质量指标是发泡时间。通过以批次这个分层指标进行分层分析（样本数据量较少，使用点图），初步判断不同批次的发泡时间可能存在差异，后续可以进一步进行定量分析。依据表 8-14 数据做的点图如图 8-12 所示。

表 8-14 不同批次 A 原料的发泡时间

批次	发泡时间/s	批次	发泡时间/s
第 1 批	17.8	第 3 批	11.8
第 1 批	16.2	第 3 批	11
第 1 批	17.5	第 3 批	10
第 1 批	17.4	第 3 批	9.2
第 1 批	15	第 3 批	9.2
第 2 批	11.2	第 4 批	14.9
第 2 批	11.4	第 4 批	13.4
第 2 批	12.3	第 4 批	12.8
第 2 批	10	第 4 批	14
第 2 批	10.4	第 4 批	13.8

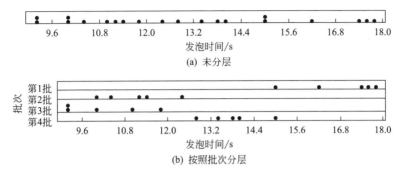

图 8-12 A 原料的发泡时间

8.4.6 鱼骨图

概述

鱼骨图是一种发现问题的根本原因的分析方法,鱼骨图由日本管理大师石川馨先生所发明,又名石川图、因果图。

适用情景

分析问题的原因。

应用步骤

① 确定一个主题,在纸或白板的正中写下问题,在问题周围画框,然后画一个水平的箭头指向它。

② 用头脑风暴法讨论造成问题原因的主要种类。生产制造相关流程的课题可以采取特定的类别也可采用通用的 5M1E:方法(method)、机器(machine)、人(man)、材料(material)、测量(measure)、环境(environment)。在主箭头的旁边画上分支表示原因的分类。

③ 结合头脑风暴法、5 个为什么等方法找出所有可能的原因。有了答案后就在对应的原因分支记下来。如果有多重关系,子原因可以写在几个地方。

④ 再对子原因提问为什么,在子原因的分支下记下它的子原因。继续问"为什么"以找出更深层次的原因。分支的层次表示原因的关系。

⑤ 当找了所有原因认为无法继续进行后,用特殊符号标识重要因素。

要点

① 一个主题画一张图。

② 确定原因时要集思广益。

③ 原因分析到能采取具体措施为止。
④ 要运用其他工具和技术进一步验证。

示例

产品质量指标不稳定分析的鱼骨图

××生产线的产品××质量指标不稳定，使用鱼骨图从人、机、料、法、环、测各方面进行分析（图 8-13）。

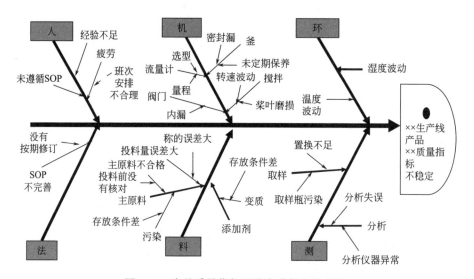

图 8-13　产品质量指标不稳定分析的鱼骨图

8.4.7 检查表

概述

检查表又称调查表、统计分析表等。以简单的数据，用容易理解的方式，制成图形或表格，必要时记上检查记号，并加以统计整理，作为进一步分析或核对检查之用。

适用情景

为了进行问题分析而收集数据。

应用步骤

① 确定需要收集的数据指标。
② 确定采集数据的地点、频次、采集方法、数据记录表格。
③ 确定采集数据的负责人并进行培训。
④ 进行数据采集并整理数据用于后续分析。

要点

注意检查表项目易于操作,不存在歧义,不易出错。

示例

空压机运行数据检查表(表 8-15)

表 8-15 空压机运行数据检查表

检查项目	0:00	2:00	4:00	6:00	……	22:00
一级振值						
二级振值						
三级振值						
润滑油压力/bar						
润滑油温度/℃						
润滑油油位						
一级排气/bar						
二级排气/bar						
三级排气/bar						
电流						
检查人						
检查日期						

8.4.8 过程决策程序图

概述

过程决策程序图法(PDPC,process decision program chart)是在制定计划阶段或进行系统设计时,事先预测可能发生的障碍(不理想事态或结果),从而设计出一系列对策以最大的可能引向最终目标(达到理想结果)。由于一些突发性的原因,可能会导致工作出现障碍和停顿,对此需要用过程决策程序图法进行解决。

适用情景

计划制定,对整个系统的重大障碍进行预测以有效预防和控制。

应用步骤

① 确定 PDPC 要解决的课题。

② 项目团队成员进行自由讨论,提出达到理想状态的手段、措施。

③ 对提出的手段和措施,要列举出可能的结果,行不通时,要提出

相应的措施和方案。

④ 将各研究措施按紧迫程度、所需工时、实施的可能性及难易程度予以分类，明确首先应该做什么，并用箭头线向理想的状态方向连接起来。

⑤ 决定各项措施实施的先后顺序，从一条线路得到的信息，要研究对其他路线是否有影响，落实实施责任人及实施期限。

⑥ 根据实际情况不断修订 PDPC 图。

要点

注意系统全面思考。

示例

　　防止试剂入库库位错误 PDPC 图

　　一批不同种类试剂需要集中入库，入库的库位和数量要求保证准确，仓库管理员安排一些员工协助，为防止出现差错应用 PDPC 图法进行分析（图 8-14）。

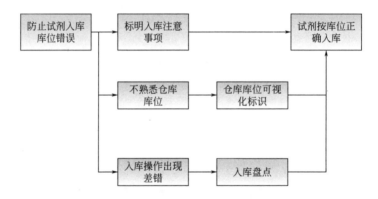

图 8-14　防止试剂入库库位错误 PDPC 图

8.4.9　箭头图

概述

通过团队讨论和测算对某事项的实施进行建立最佳的日程计划并管理，使其能顺利完成的一种手法。

适用情景

各类项目或工作任务的计划制定。

应用步骤

① 明确主题。

② 确定必要的作业和（或）日程。

③ 按先后排列各作业。

④ 考虑同步作业，排列相应位置。

⑤ 连接各作业点，标记日程。

⑥ 计算作业点和日程。计算作业的最早开工和最早完工日程、最晚开工和最晚完工日程、总剩余日程和独立剩余日程等6种时间，根据计算结果，确定关键路线，并进行进度优化。

⑦ 画出关键路径，计算关键路径日程。

要点

① 通过确定关键路线，控制项目总进度。

② 关键路线（要经线）确定原则：该线路上的任何作业有所变化都会影响到总工期的变化，即剩余时间为零的作业构成的路线。

③ 通过确定各作业的最早开工时间和最晚开工时间，以优化组织资源配置与合理分配。

示例

间歇反应生产操作步骤的箭头图

某间歇反应是使用反应釜生产的，主要的生产操作步骤包括洗釜、反应料称量、反应料处理、投料反应。其中洗釜和反应料称量可以同时开始。将以上的生产过程用列表和绘制箭头图表示如表8-16、图8-15所示。

表8-16 间歇反应生产操作步骤

操作步骤	先行步骤	时间/min
A		15
B		10
C	B	12
D	AC	15

其中A表示洗釜，B表示原反应料称量，C反应料处理，D表示投料反应。

关键路径为①→②→③→④。最快完成时间为37min。

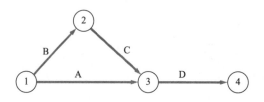

图 8-15 间歇反应生产操作步骤的箭头图

8.4.10 矩阵图

概述

从问题事项中找出成对的因素群,分别排列成行和列,找出行与列的关系或相关程度的大小探讨问题的一种方法。

适用情景

明确各因素的关系。

应用步骤

① 确定分析的主题。
② 选择构成事项影响的因素群。
③ 选择合适的矩阵图类型。矩阵图主要包括 L 型、T 型、Y 型、X 型、C 型。
④ 讨论确定各组要素的组成。
⑤ 绘制矩阵图。

根据选定的矩阵图模式,将待分析的因素群安排在相应的行、列(或纵)的位置上,并依据事先给定的顺序填列各个因素。

确定表征因素之间关联关系的符号,通常用

"◎"表示两个因素之间存在密切关联关系;
"○"表示两个因素之间存在一般关联关系;
"△"表示两个因素之间可能存在(或存在较弱)关联关系。

⑥ 对隶属于不同因素群的各个因素之间可能存在的关联关系进行分析,并用既定的表征符号进行标识。
⑦ 解释矩阵图特征。

通过分析矩阵图,确定最迫切需要解决的问题(或现象),最可能的引发原因,以及导致这些原因的最可能根源。

⑧ 数据统计寻找着眼点。

对矩阵图中的问题（或现象）因素群，进一步收集数据并绘制柏拉图，以确定主导因素。针对主导问题，就矩阵图中的原因因素群，进一步采集数据绘制柏拉图。以确定主导原因，就矩阵图中的加工过程（工序）因素群，进一步采集数据并绘制柏拉图，以确定主导工序。

⑨ 制订针对问题根源的纠正措施。

⑩ 验证所采取的措施有效性。

要点

在评价有无关联及关联程度时，要获得全体参与讨论者的同意，一般不按少数服从多数人的原则。

示例

控制室装修用户要求与过程控制环节（表 8-17）

表 8-17　控制室装修用户要求与过程控制环节的矩阵图

用户评价标准	控制环节	涂料质量	主材品牌	布局规划	成本控制	建筑施工	结构施工	电气施工
1	无异味	◎	△					
2	功能齐全		△	◎		○		
3	美观	△	○			◎		
4	造价适中	△	○		◎		△	
5	宽敞明亮			△		○		◎
6	耐用	△	○			○	◎	◎

注："◎"表示两个因素之间存在密切关联关系；

"○"表示两个因素之间存在一般关联关系；

"△"表示两个因素之间可能存在（或存在较弱）关联关系。

8.4.11　优先矩阵图

概述

决策矩阵是用来评价一系列的选择并为其排序。小组首先设立一些评价标准，然后按照标准对每个选择进行评价。

适用情景

进行评价排序的筛选。

应用步骤

① 讨论制定评价标准。

② 按照每个标准的重要程度给每个标准分配一个权重，总分是 10 分。

权重的分配可以通过讨论、投票完成。

③ 画出评价矩阵表格。评价标准放在顶端，选项排列在左边。通常将条目少的项作为列项。

④ 按标准评价每个选项。

⑤ 将每个选项的分数与权重相乘，然后相加。

⑥ 按每个选项的得分进行排序。

要点

得分排序的结果如果有比较明显的分层，则可以取得分靠前的层次的各项作为识别出的重点进行后续的研究；如果没有明显的分层，根据需要选择若干项进行后续的研究。

示例

控制室装修用户要求与过程控制环节（表 8-18）

表 8-18 控制室装修用户要求与过程控制环节优先矩阵图

控制环节		用户评价标准	无异味	功能齐全	美观	造价适中	宽敞明亮	耐用	得分	排序
		标准权重	10	8	6	6	2	5		
1	涂料质量	5	9		1	2		2	118	3
2	主材品牌	4	3	2	5	6		5	137	1
3	布局规划	3		9		3			78	4
4	成本控制	3				9			54	6
5	建筑施工	1		5	9		5	5	129	2
6	结构施工	2				4		9	69	5
7	电气施工	2					9	7	53	7

8.4.12 关联图

概述

关联图又称相关图，是标识原因和结果之间相互关系的一种图。关联图可以帮助工作团队分析一个复杂问题其不同方面的内在联系。

适用情景

理解各种想法的联系或因果关系，分析复杂问题的各种原因。

应用步骤

① 制作原因、问题卡片。

② 依因果关系排列卡片。
③ 将问题点与原因有直接关系的用箭头连接,"因"指向"果"。
④ 将所有的卡片用箭头连接,形成关联图。
⑤ 查看关联图,明确因果关系的合理性。

要点

① 箭头只进不出是问题,箭头只出不进是主因,箭头有进有出是中间因素,出多于进的中间因素是关键中间因素。
② 原因查找可从人、机、料、法、环、测等方面考虑,注意思维的系统性、完整性。

示例

叉车油耗偏高分析(图 8-16)

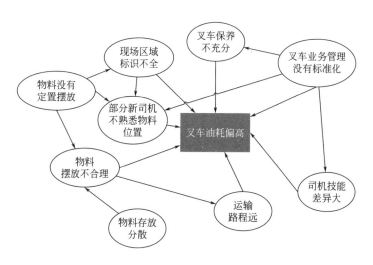

图 8-16 叉车油耗偏高分析关联图

8.4.13 系统图

概述

系统图是把要实现的目的与需要采取的措施或手段系统地展开,并绘制成图,以明确问题的重点,寻找最佳手段或措施的一种方法。包括对策展开型和构成要素型。

① **对策展开型** 将问题对象所构成的要素系统的展开,使关系明确,即上一级手段成为下一级手段的行动目的(图 8-17)。
② **构成要素型** 目标、目的达成的对策、手段有系统地展开、获得,

即最后的要素就是需要实施的方法和手段（图8-18）。

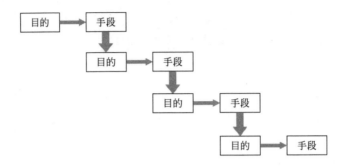

图8-17　对策展开型系统图

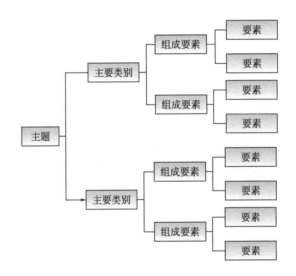

图8-18　构成要素型系统图

适用情景

　　目标、方针、行动计划的展开，问题的分析展开。

应用步骤

　　① 确定目的和目标。
　　② 提出手段和措施。
　　③ 评价手段和措施，第一次展开，讨论出达成目的的手段；对手段再次展开直到无法再展开，或认为可具体实施为止。
　　④ 绘制系统图。

⑤ 制订实施计划。

要点

① 针对最下一阶层的手段应具体,并且要提出具体实施的对策和计划。

② 针对改善对策可以进行有效评价,从实效、实现性、等级考虑。

示例

降低循环水装置成本系统图

为了达到降低循环水装置成本的目标,需要进行分析展开。使用系统图可以将措施逐层分解,没有遗漏(图 8-19)。

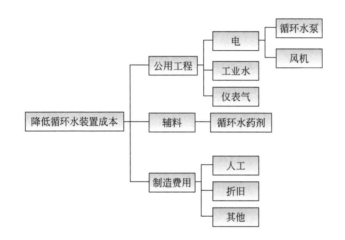

图 8-19 降低循环水装置成本系统图

8.4.14 亲和图

概述

亲和图是将未知问题、未曾接触过领域的相关事实、意见或设想之类的语言文字资料收集起来,并利用其内在相互关系做成归类合并图,以便从复杂的现象中整理出思路,抓住实质,找出解决问题途径的一种方法,是由日本人类学家川喜田二郎(Jiro Kawakita)于 20 世纪 60 年代创造的,又称 KJ 法。

适用情景

对于难以理出头绪的事情进行归纳整理,经常配合头脑风暴、树图使用。

应用步骤

① 确定主题、确定参加绘图活动的人员和主持人。准备好卡片、足够大的墙面或桌面。

② 通过讨论、观察和思考分别收集语言、文字资料，都写到卡片上。

③ 整理卡片。对于这些杂乱无章的卡片，不是按照已有的理论和分类方法来整理，而是把自己觉得相似的归并在一起，逐步整理出新的思路来。

④ 把同类的卡片集中起来，并写出分类标题卡片。

⑤ 将卡片分类后，根据不同的目的，选用上述资料，整理出思路，形成需要的材料。

要点

注意每张卡片的意思要描述清楚。

示例

工艺岗位主要操作

为了提升岗位标准化工作，首先需要整理岗位的主要操作工作，应用亲和图完成（图8-20）。

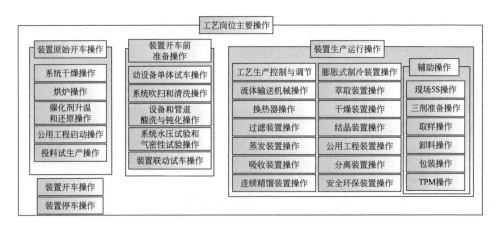

图 8-20　工艺岗位主要操作亲和图

8.4.15　价值流图

概述

价值流图（value stream mapping）是丰田精益制造（lean manufacturing）生产系统框架下一种用来描述物流和信息流的形象化工具。它运用精益制造的工具和技术来帮助企业理解和精简生产流程。价值流程图一般被用作战略工具和变革管理工具（图 8-21）。

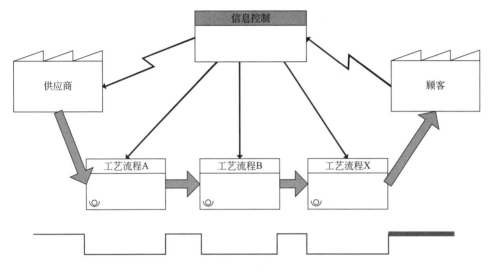

图 8-21　价值流程图

适用情景

寻找改善机会，确定重点改善课题。

应用步骤

（1）选择产品/产品族

公司在某一领域通常有多个产品族。可以使用帕累托图找到产量或销售额占比最高的产品/产品族作为代表，优先绘制。

（2）绘制当前价值流图

① 绘制物料流。

● 绘制过程框——选择确定流程指标（表 8-19）；

● 绘制数据框——补充指标的当期表现值。

表 8-19　流程指标例

类别	指标	指标计算方法
S 安全环保	固废量	
	工伤离岗率	
	可记录伤害	
	……	

续表

类别	指标	指标计算方法
Q 质量	一次合格率	
	内部质量损失率	
	外部质量损失率	
	客户抱怨次数	
	……	
C 成本	吨产品蒸汽用量	
	吨产品电用量	
	吨产品维修费用	
	吨产品分析费用	
	……	
D 交期	原料卸货时间	
	生产周期时间	
	包装周期时间	
	发货时间	
	……	
M 士气	人均合理化建议数	
	加班	
	……	
P 效率	人均产量	
	岗位人数	
E 设备	OEE 总体设备有效率	
	MTBF 平均故障间隔时间	
	MTTR 平均修复时间	
	故障率	
	……	
……	……	

② 绘制信息流。

③ 将物料流和信息流连接合并。

（3）设计未来价值流图

识别重要改善点，设计未来的价值流图。常见的改善如下：

① 改善物料流。减少或重排物料流的节点。

② 改善信息流。减少或增加信息渠道、改进信息沟通方式。

③ 改善物料流和信息流之间的联系。

④ 改善流程指标。

表 8-20 为改善目标例。

表 8-20　改善目标例

指标	现状	未来
原料卸货时间	6h	5h
反应装置蒸汽用量	××t/h	××t/h
反应装置设备故障次数	×次/月	×次/月
分离装置电用量	××kW·h/h	××kW·h/h
分离装置分析成本	×××元/吨产品	×××元/吨产品
包装人员	×人/班	×人/班
包装材料	×××元/吨产品	×××元/吨产品

（4）制定价值流图改善计划并实施

通常使用任务计划表、X 矩阵、A3 报告、甘特图等工具。表 8-21 为价值流。

表 8-21　价值流图改善计划

序号	内容	改善措施	责任人	完成时间
1	原料卸货时间降低 1h			
2	降低反应装置蒸汽用量××t/h			
3	减少反应装置设备故障次数×次/月			
4	降低分离装置电用量××kW·h/h			
5	降低分离装置分析成本×××元/吨产品			
6	减少包装人员×人/班			
7	降低包装材料成本×人/班			

要点

① 价值流图的绘制需要流程相关方的共同参与。

② 价值流图需要能够表征流程本质的指标和数据。化工行业的指标和汽车行业有着比较大的不同。

示例

A 装置价值流图

A 装置绘制现状价值流图，导出改善机会点（图 8-22）。

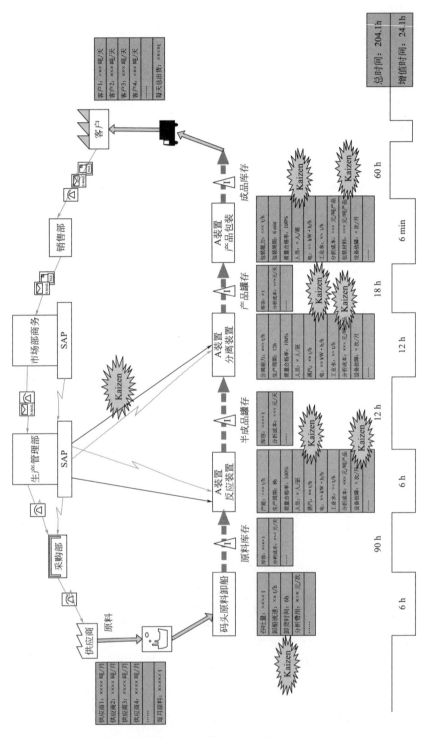

图 8-22　A 装置现状价值流图
Kaizen—持续改善

8.4.16 5S

概述

5S 是指对生产现场各生产要素（主要是物的要素）所处状态不断进行整理、整顿、清扫、清洁和提高素养的活动。由于整理（seiri）、整顿（seiton）、清扫（seiso）、清洁（seiketsu）和素养（shitsuke）这五个词日语中罗马拼音的第一个字母都是"S"，所以简称 5S（表 8-22）。

表 8-22　5S 的含义

中文	日文	含义
整理	seiri	清理物品，明确判断要与不要，不要的坚决丢弃
整顿	seiton	将整理好的物品定置、定量摆放，并明确标示
清扫	seiso	清除工作现场的脏污，并防止污染发生
清洁	seiketsu	将整理、整顿、清扫进行到底，并且标准化、制度化
素养	shitsuke	养成良好的习惯，即养成具有高效率和安全意识的习惯

（1）整理

整理是彻底把需要与不需要的分开，再将不需要的加以处理。整理是改善生产现场的第一步。其要点是对生产现场摆放和停滞的各种物品进行分类；其次对于现场不需要的物品，例如用剩的材料、多余的工具、不能用的设备等要坚决清理出现场。整理的目的是改善和增加作业面积，保持现场无杂物，人员行走路线通畅，提高工作效率；消除物品混放等可能造成差错事故的隐患，减少库存，节约资金。

（2）整顿

整顿是把需要的加以定量和定位，对生产现场需要留下的物品进行科学合理的布置和摆放，以便在最快速的情况下取得所要之物，在最简洁有效的规章、制度、流程下完成工作。整顿就是人和物放置方法的标准化。整顿的关键是要做到定位、定物、定量。抓住了上述三个要点，就可以进行可视化标示，做到目视管理，进而使该方法标准化。

生产现场物品的合理摆放使得工作场所一目了然，创造整齐的工作环境有利于提高工作效率，提高产品质量，保障生产安全。对这项工作在工业工程学科有专门的研究，又被称为定置管理。

（3）清扫

清扫是把工作场所打扫干净，对出现异常的设备立刻进行修理，使之恢复正常。清扫过程是根据整理、整顿的结果，将不需要的部分清除掉，或者标示出来放在仓库之中。清扫活动的重点是必须按照企业具体情况决定清扫对象，清扫人员，清扫方法，准备清扫器具，实施清扫的步骤，才能真正起到作用。现场在生产过程中会产生灰尘、油污、垃圾等，从而使现场变得脏乱。脏乱会使设备失效，故障多发，从而影响产品质量，使安全事故防不胜防；脏乱的现场更会影响人们的工作情绪。必须通过清扫活动来清除那些杂物，创建一个良好的工作环境，以保证安全、优质、高效率地工作。在开展清扫活动中对设备的清扫要着眼于对设备的维护保养，清扫设备要同设备的点检和保养结合起来；清扫的目的是为了改善，当清扫过程中发现有油水泄漏、异常振动、异常噪声等异常状况发生时，必须查明原因，并采取措施加以排除。

（4）清洁

清洁是在整理、整顿、清扫之后，认真维护、保持完善和最佳状态。清洁是对前三项整理、整顿、清扫活动的坚持和深入，从而消除产生安全事故的根源，创造一个良好的工作环境，使员工能愉快地工作。这对企业提高生产效率，改善整体的绩效有很大帮助。清洁活动可以随时随地进行。

（5）素养

素养是指养成良好的工作习惯，遵守纪律，努力提高人员的素质，养成严格遵守规章制度的习惯和作风，营造团队精神。这是5S活动的核心。没有人员素质的提高，各项活动就不能顺利开展，也不能持续下去。开展5S要始终着眼于提高人的素质。

适用情景

现场管理。

应用步骤

① **活动宣讲** 对组织全员进行开展5S的目的、要求和实施方法的宣讲，使大家理解5S活动可以为我们的工作带来哪些变化。

② **制定5S标准** 结合不同区域的情况，组织制定5S标准。为了提高对标准的理解，可以拍摄最佳标准的照片、编制5S标准图册。

③ **进行5S标准的培训** 对组织全员进行5S标准的培训。

④ **按照5S标准开展5S活动** 组织全员按照5S标准开展5S活动。包括组织团队进行集中突破性的改进活动和在日常工作中常态化开展的保持和小微改进活动。

⑤ **进行检查评比** 定期使用5S标准检查表进行检查评比。根据检查评估结果进行认可激励和批评纠正。

⑥ **持续改进和保持** 持续改进和保持5S成果，定期修订5S标准。

表 8-23 为 5S 标准例。

表 8-23 5S 标准例

类别	要求
1. 整理(1S)	工业废物合理分类,定点存放于容器内
	现场废弃、无用的工具或设备从现场移除
	无用的柜子、容器、盒子、货架等从现场清除
	设备或机器上没有无用的工治具等不需要的物品
	巡检点无多余的工具、物品等
	地面无掉落的零件、物品等
	过道上没有堆放任何物品,没有物品覆盖过道标识线
2. 整顿(2S)	软管盘好放置在固定的划线区域内,软管站管线颜色与文字标识明确
	工业废弃物存放桶有分类标识
	工具柜、物料架等有明确的标识
	工具柜或物料架上的工具、物品,有明确的位置标识
	现场用物品(新设备、零件、铁皮等)有明确标识
	设备管线位号、物料标色、责任人标识清晰
	公用工程管廊阀门挂牌标识明确
	消防设施标识明确,责任人明确,且处于有效期内
3. 清扫(3S)	工治具无灰尘、污渍
	设备、管线无明显的灰尘、污渍、水渍、掉漆或破损
	柜子无灰尘、破损、油污及杂物
	过道及地面清洁,无灰尘、水、油、垃圾等
	现场 5S 区域责任划分清楚并明确标识
4. 清洁(4S)	现场 5S 执行细则与标准在明显区域张贴
	现场张贴了 5S 奖惩规定或制度
	现场关键设备的标准作业指导书或作业分解表张贴在现场
	地面应用了统一的色彩标识系统
	现场有张贴巡检图、巡检点标号
5. 素养(5S)	现场员工按规定着装、佩戴铭牌
	现场员工使用对讲机、装置电话礼貌用语,电话使用完毕归位并关闭柜门
	现场工作礼貌走动,不能奔跑
	外来人员进入现场时主动上前与之礼貌交流、检查

要点

① 在开始 5S 的时候,可以建立 5S 示范区以起到先行创建、规范示

范、宣传标准、培养骨干的作用。

② 组织所有的现场，包括生产现场和非生产现场都要全面推行5S，5S的标准检查表根据实际情况可以有所不同。

③ 5S重在养成人的习惯，而习惯的养成来自于每一天、每一班、每件工作、每个动作的持续要求和保持。

8.4.17 可视化

概述

可视化管理是通过视觉采集信息后，利用大脑对其进行简单判断而非逻辑思考而直接产生"对"或"错"的结论的管理方法。这种方法最大的优点就是直接、快捷，因而被现代制造业企业所广泛采用。简单地讲，可视化管理就是用眼睛看得懂而非大脑想的通的管理方法。

可视化管理的特点是无论是谁都能判明是好是坏、是否异常，能迅速判断，精度高，判断结果不会因人而异。

可视化的原则是视觉化、透明化、界限化。

① **视觉化**　彻底标示、标识，进行色彩管理。

② **透明化**　将需要看到的被遮隐的地方显露出来，情报也如此。

③ **界限化**　即标示管理界限，标示正常与异常的定量界限，使之一目了然。

可视化存在不同的水平，水平的差异不在于可视化实施所用材料的高档与否，而在于可视化对工作的帮助大小。

① **初级水平**　能明白现在状态。

② **中级水平**　谁都能判断正常与否。

③ **高级方法**　异常处置方法也标识清楚。

图8-23所示为可视化不同水平——设备油杯的液位。

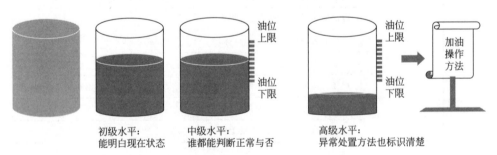

图8-23　可视化不同水平——设备油杯的液位

可视化的常见手法包括示意图形、颜色标识、数字化标识、声音提示。

适用情景

所有业务流程和业务现场。

应用步骤

① 确定可视化实施的目标。
② 制定可视化方案并现场实施。
③ 确认可视化实施的效果。
④ 条件成熟后列入组织的可视化标准并推广实施。

要点

注意及时确认可视化实施的效果,如有需要进行调整。

示例

常见的可视化实施主题(表 8-24)

表 8-24 常见的可视化实施主题

办公区域	生产区域
公司战略、经营理念、方针、目标	固定性内容看板内容
HSE 理念、方针、目标、不可违背条例	环境因素、危险源公示
应急逃生方式、路线、集合点告知	职业危害告知
公司地址系统分布情况	区域应急处理流程、人员构架、联系方式公示
责任区域分布情况	对讲机频道公示
区域管理构架、人员配置、角色、联系方式公示	应急逃生方式、路线、集合点告知
区域人员岗位信息	进入界区须知
人员动态跟踪,工作内容、责任交接情况	危险区域许可进入范围告知
人员培训、技能认证	巡检路线图示
区域运营目标、指标	区域围墙颜色标识
工作计划、总结	厂房颜色标识
考核、奖惩公示	楼梯扶手、地面颜色标识
公司、区域重要制度和标准	消防器材标牌、操作方式、检查情况标示
质量、产量的指标和进度信息	安全通道标示
区域会议安排、纪要内容	管廊明细标示
区域团队、小组活动	动设备操作步骤图示
关键设备统计	动设备转向标示
设备运转状态	动设备监测点标示
现场异常发现、处理、结果、改善情况	设备位号标示

续表

办公区域	生产区域
合理化建议、统计	油杯油位下限标示
单点课程分享	设备润滑注油点标示
5S活动、宣传内容	润滑油加油签标示
HSE信息	地脚螺栓防松标示
消防器材台账、分布情况	静设备类别、介质、压力标示，许可进入标准告知
区域内、外HSE稽核计划和实施情况	清过滤器标示
个性展示部分	设备切换标示
办公室分布标示	设备样品更换跟踪卡标示
安全通道标示	设备检修、备机、运行状态标示
楼层层次标示	点检部位标示
楼梯行进方向标示	计量仪表控制范围标示
通道视觉障碍转角标示	工具柜标示
宣传信息展示	阀门开关方向、状态标示
办公室门牌标示	电器开关控制范围标示
门区域线、内外方向标示	现场存放物品区域标示
办公桌个人身份、岗位责任标示	垃圾桶分类、定位、定量标示
待处理、处理中、完成处理文件的定置标示	施工区域警戒、告知标示
文件柜、文件定置标示	界区安全标志标示
空调口风向标示	界区安全线标示
电器开关控制范围标示	软管站标示
使用设施、物品定置标示	地沟（井）盖标示
消防器材位置、操作方式、检查情况标示	备品、备件库物资标示
垃圾桶分类、定位、定量标示	树木花草标示
树木花草标示	

8.4.18 OEE

概述

　　OEE是全局设备效率（overall equipment effectiveness）的缩写，它汇总了设备因为可用性、表现性以及质量问题所带来的损失，通过对OEE模型中各子要素的分析，我们可以更加准确清楚地衡量设备效率，定位各项损失，从而发现机会，实施改善项目。长期使用OEE工具，企业可以轻松找到影响生产效率的瓶颈并进行改进和跟踪，达到提高生产效率的目的。

对于化工装置我们用运转率来表征可用性，用负荷率来表征表现性，用质量合格率来表征质量指数，故化工装置的 OEE 可以用运转率、负荷率以及质量合格率三个要素的乘积计算得到。

① 运转率＝实际运转时间/计划运转时间，用来衡量停车带来的产量损失。其影响因素主要包括计划检修、机电仪设备故障、原料及公用工程短缺、生产工艺原因等。

② 负荷率＝实际生产负荷/理论生产负荷，用来衡量降负荷带来的产量损失。其影响因素包括了导致生产不能以最大负荷运行的任何原因，例如：市场原因、机电仪设备故障、原料及公用工程短缺、生产工艺原因等。

③ 质量合格率＝合格品产量/实际产量，用来衡量因开停车、事故等原因导致产品不合格所带来的产量损失。

OEE＝运转率×负荷率×质量合格率。

图 8-24 为 OEE 示意图。

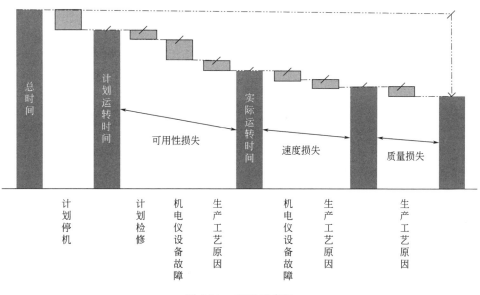

图 8-24 OEE 示意图

适用情景

计算并分析提升设备综合效率，计算的对象可以是单台设备，也可以是一条生产线或一套装置。

应用步骤

① 明确数据定义及采集方式。

② 采集并计算 OEE 数据，通常在 MES 中实现实时计算。

③ 回顾 OEE 损失分析情况，导出业绩提升措施、精益改善项目或技改项目并实施。

图 8-25 为 OEE 损失分解。

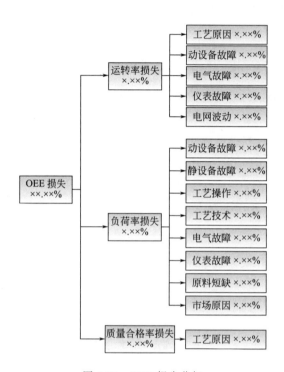

图 8-25　OEE 损失分解

要点

注意通过 OEE 分析找到影响 OEE 的根源问题并进行改进。

8.4.19　标准作业

概述

标准作业程序，常简称为 SOP（standard operating procedure），指将某一作业的标准操作步骤和要求以统一的格式描述出来，用于指导和规范日常工作。

适用情景

业务流程中的操作都需要编制标准作业程序并按照程序进行作业控制。

表 8-25 为工艺岗位常见操作例。

表 8-25　工艺岗位常见操作例

操作类别	常见操作	操作类别	常见操作
装置开车前准备操作	动设备单体试车操作	装置生产运行操作	膨胀式制冷装置操作
	系统吹扫和清洗操作		萃取装置操作
	设备和管道酸洗与钝化操作		干燥装置操作
	系统水压试验和气密性试验操作		结晶装置操作
	装置联动试车操作		公用工程装置操作
装置原始开车操作	系统干燥操作		分离装置操作
	烘炉操作		连续精馏装置操作
	催化剂升温和还原操作		安全环保装置操作
	公用工程启动操作		三剂准备操作
	投料试生产操作		取样操作
装置生产运行操作	工艺生产控制与调节		卸料操作
	流体输送机械操作		包装操作
	换热器操作		现场 5S 操作
	过滤装置操作		TPM 操作
	蒸发装置操作	装置开车操作	装置开车操作
	吸收装置操作	装置停车操作	装置停车操作

应用步骤

① 识别岗位业务流程中需要编制的标准作业程序。

② 按照公司标准作业模板编制并发布标准作业程序。编制中尽可能地将相关操作步骤进行细化、量化和优化。

③ 对作业人员进行标准作业程序的培训。

④ 按照标准作业程序进行作业。作业中过程中及时纠正不符合标准程序要求的情况。

⑤ 定期修订标准作业程序。

要点

编制中要符合操作的实际情况，定期进行修订。

示例

标准作业程序文件表格例（表 8-26）

表 8-26　标准作业程序文件表格例

发布	核准	审核	拟定	标准作业程序(SOP)名称	编号	计	页

标准作业程序(SOP)概述：

工具和材料：

操作安全注意事项：

应急处理方案：

操作步骤	操作方法	图示	步骤注意事项	备注

制定	年	月	日	修定	年	月	日

8.4.20　防错

概述

　　防错法又称防呆法，原义为防止愚笨的人作错事，使得连愚笨的人也不会做错事的设计方法。

　　防错法包括 5 项基本原则。

　　① **排除化**　剔除有可能造成错误的要因。

　　② **替代化**　利用更准确的方法来代替。

　　③ **简单化**　使作业变得更容易、更合适、更独特，以减少失败。

　　④ **异常检出**　虽然已经有不良或错误现象，但在下一制程中，能将之检出，以减少或剔除其危害性。

　　⑤ **缓和影响**　作业失败的影响在其波及的过程中，用方法使其缓和或吸收。

防错法通过主动预防差错或者被动缓和差错来最大限度防止错误的发生。防错设计可以使操作更加不需要注意力、不需要经验与直觉，不需要专门的知识和技能。

适用情景

在精益改善项目或日常工作中对操作和流程进行改进。

应用步骤

① 观察操作和流程，发现其中可能出错的环节。

② 分析出错的原因。广泛收集情报，以详细数据来分析整理，设法找出真正的原因。

③ 提出防错改善方案。可以应用 10 个防错应用原理帮助提出改善方案。

- 断根原理。将造成错误的原因从根本上排除掉，使绝不发生错误。例如：为防止不同产品的物质的残留，生产线分开专用。

- 保险原理。两个以上的动作必需共同或依序执行才能完成工作。例如：挂锁。

- 自动原理。以各种光学、电学、力学、机构学、化学等原理来限制某些动作，以避免错误发生。例如：安全阀。

- 相符原理。通过检核动作是否相符合，来防止错误的发生。例如：设备配件按照对应的形状设计，安装时不会装反。

- 顺序原理。避免工作顺序或流程前后倒置，可依编号顺序排列，可以减少或避免错误的发生。例如：使用卸车检查表按照步骤进行卸车。

- 隔离原理。以分隔不同区域的方式，来达到保护某些地区，使其不能造成危险或有错误的现象发生。例如：化学试剂库按照试剂的酸碱性、氧化还原性分区域存放。

- 复制原理。同一件工作如需做二次以上最好采用"复制"方式来达成，省时又不易出错。例如：安全作业证使用复写纸制作。

- 层别原理。例如在仓库将不同库龄的产品进行标识加以区分。

- 警告原理。如有不正常的现象发生，能以声光或其它方式显示出各种"警告"的讯号，以避免错误的发生。例如：仪表室参数异常报警。

- 缓和原理。通过各种方法来减少错误发生后造成的损害，虽然不能完全排除错误的发生，但是可以降低其损害的程度。例如：安全帽、劳保鞋。

④ 实施改善方案。
⑤ 确认改善方案实施效果。
⑥ 修订操作标准。如果达到改善目标效果，进行操作的标准化。

要点

尽量想办法通过主动的措施预防差错，如果不可行再退而求其次采取被动的措施缓和可能发生的差错。

8.4.21 快速换模

概述

快速换模（single minute exchange of die，SMED）也叫快速换产，20世纪50年代初期起源于日本，由 Shigeo Shingo 在丰田企业发展起来，最初用于汽车制作厂，以达到快速模具切换的目的，它帮助丰田企业产品切换时间由 4h 缩短为 3min。

在汽车行业通过 SMED 的应用可以使换模时间缩短，设备或者流水线就可以按照客户的需求进行切换，不需额外的库存即可满足客户要求，缩短交货时间，提高生产的灵活性，减少中间品的资金占用。SMED 产生于汽车行业，但其思想理念可以应用到包括化工行业在内的各行业的操作和流程中，例如日常检修作业、大修作业等。

适用情景

优化操作和流程。

应用步骤

① 观察操作，区分目前的换模过程中哪些是需要停止生产的内部操作，哪些是不停止生产就可以完成的外部操作。
② 将外部操作移出换模过程。
③ 简化内部操作：减少运动和移动，改进工具设备、并行操作，提高工作衔接平衡。
④ 试运行并进行调整改进。
⑤ 进行操作的标准化。

图 8-26 为快速换模示意图。

要点

① 所有的切换、暂停都要有精确的时间控制。
② 需要持续改进并标准化。

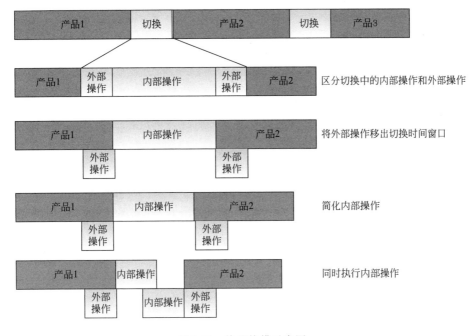

图 8-26 快速换模示意图

8.4.22 头脑风暴

概述

围绕特定主题集中一组人来互动思考的方式。

适用情景

分析问题原因、制定改善措施。

应用步骤

（1）确定议题

在会前确定一个议题。根据需要议题可以比较具体也可以比较宽泛，比较具体的议题能使与会者较快产生设想，主持人也较容易掌握；比较宽泛的议题引发设想的时间较长，但设想的创造性也可能较强。

（2）会前准备

① 材料准备　为了使头脑风暴的高效有更多产出，可在会前做一点准备工作。如收集一些资料预先给大家参考，以便与会者了解与议题有关的背景材料。

② 确定人选　一般以 8～12 人为宜，与会者人数太少不利于交流信

息，激发思维。而人数太多则不容易掌握，并且每个人发言的机会相对减少，也会影响会场气氛。

③ **明确分工** 要推定1名主持人，1名记录员。主持人的作用是在头脑风暴畅谈会开始时重申讨论的议题和纪律，在会议进程中启发引导，掌握进程。如通报会议进展情况，归纳某些发言的核心内容，提出自己的设想，活跃会场气氛，或者让大家静下来认真思索片刻再组织下一个发言高潮等。记录员应将与会者的所有设想都及时编号简要记录，最好写在白板等醒目处，让与会者能够看清。

④ **规定纪律** 根据头脑风暴法的原则，可规定几条纪律并要求与会者遵守。如要集中注意力积极投入，不消极旁观；不要私下议论，以免影响他人的思考；发言要针对目标，开门见山，不要客套，也不必做过多的解释；与会者之间相互尊重，平等相待，切忌相互褒贬等等。

（3）进行头脑风暴

在完成所有的准备后，由主持人组织进行头脑风暴，所有参与人积极参与讨论，记录员进行记录。头脑风暴的时间由主持人掌握，一般来说，一个主题的头脑风暴以不超过1h为宜。时间太短与会者难以畅所欲言，太长则容易产生疲劳感，影响会议效果。

（4）头脑风暴结束后续工作

由记录员将讨论的结果进行归纳整理、评估，制定后续的行动计划。

要点

（1）畅所欲言

参加者不应该受任何条条框框限制，要充分放松思想，让思维自由驰骋。从不同角度大胆地展开想象，尽可能标新立异、与众不同，提出独创性的想法。

（2）多多益善

头脑风暴会议的目标是获得尽可能多的设想，首要任务是追求更多的数量。参加会议的每个人都要抓紧时间多思考，多提设想。至于设想的质量问题，可留到会后去进行整理评估。头脑风暴的输出质量和数量密切相关，产生的设想越多，其中的创造性设想就可能越多。

（3）鼓励"搭车"

鼓励巧妙地利用和改善发展他人的设想。每个与会者可以在他人的设想基础上继续思考，或继续补充他人的设想，或将他人的若干设想综合起来提出新的设想等。

（4）禁止批评

绝对禁止批评是头脑风暴法应该遵循的一个重要原则。参加头脑风暴会议的每个人都不得对别人的设想提出批评意见,因为批评对创造性思维无疑会产生抑制作用。主持人要及时引导规范。

(5) 庭外宣判

在头脑风暴中必须坚持当场不对任何设想做出评价的原则。既不能肯定某个设想,又不能否定某个设想,也不能对某个设想发表评论性的意见。所有评价和判断都要延迟到会议结束以后才能进行。这样做一方面是为了防止评判约束与会者的积极思维;另一方面是为了集中精力先开发设想,避免把应该在后阶段做的工作提前进行,影响创造性设想的大量产生。

8.4.23 有效会议

概述

高效组织会议的最佳标准。

适用情景

精益活动中的会议主要包括问题原因分析和改善措施讨论、信息传达、工作计划总结等类型。

应用步骤

(1) 会前准备

确定会议主题和会议议程、会议参加人员和会议主持人、会议时间地点并发会议通知,预定会议室并确认好会议所需设施物品,准备好会议议程所需文档资料。

(2) 会中管理

① 会议签到。

② 会议主持人引言:说明会议主题和会议议程、介绍会议参加人员、说明会议纪律和要求。

③ 参加会议人员按照会议议程进行汇报、讨论并形成共识。

④ 会议主持人进行总结发言,并对以下进行确认:

● 会后行动。会上已形成决议的事项,要明确责任人和完成截止日期。

● 会议共识。会上形成的共识,暂没有需要进行的行动。

会议指定专人按照标准会议纪要格式进行会议记录,包括以上会中内容。

(3) 会后跟踪

会议结束后及时安排专人向所有参会人员和会后行动的负责人或负责

部门发送会议纪要，安排专人定期跟踪会后行动的完成情况。

要点

① 如无必要不要开会，开会就按照有效会议的要求严格执行。
② 会议时间尽量安排紧凑。

8.5 绿带和黑带工具

绿带知识结构包括 5 个阶段、12 步骤、45 个工具、50 个重要公式、400 个术语。学员需要参加 9～10 天的培训、学习 33 门课、独立实施一个认证项目。培训中安排了大量的个人练习和团队练习，为了控制脱产培训时间课前会要求学员进行培训内容的自学和预习，课后要求完成认证项目。表 8-27 为绿带培训认证课程目标。表 8-28 为绿带培训课程日程安排例。

表 8-27 绿带培训认证课程目标

期望目标	考试认证方式	
掌握绿带知识结构（BOK）	● 课堂考试	
具备负责实施绿带项目的能力		●每名学员完成一个绿带项目
具备参与实施黑带项目的能力		

表 8-28 绿带培训课程日程安排例

类型	日程	第1个月	第2个月	第3个月	第4个月	第5个月	第6个月
培训	学员确定	●					
	开课		●				
	后勤确认		●				
	进行培训		●	●			
	课堂考试				●		
	优秀学员评选						●
	讲师评价			●			
项目认证	项目实施			●	●	●	●
	项目辅导			●	●	●	●
	认证审核					●	●
培训后	课堂考试结果公布			●			
	课堂考试补考				●		
	培训后回访						

黑带通常需要 20 天的培训（获得绿带认证后从绿带升黑带通常需要 10 天），

工具的数量和工具要求掌握的深度要更高一些，日程安排和绿带类似，项目的难度要求要更高一些。

8.5.1 绿带和黑带方法论——DMAIC

绿带和黑带采用的是六西格玛的 DMAIC 方法论。如图 8-27 所示，六西格玛理论认为结果与原因呈现出一个类似函数的模型，即：$Y=f(x_1、x_2……x_k)+\varepsilon$。其中 Y 是因变量，x 是自变量，是 k 个原因。ε 是随机干扰项，也正是由于有这一项，此模型才真切地刻画出 Y 与 x 有着密切的关联，但 Y 又不能由 x 完全确定的这种特别关系。如果 x 与 Y 描述某个化工制造流程中温度、压力、原料分析指标与产品一个关键质量指标的关系，显然这个关键质量指标 Y 是不可控的，x 是可控制的，对这个关键质量指标 Y 有影响的一些其它因素就是 ε。

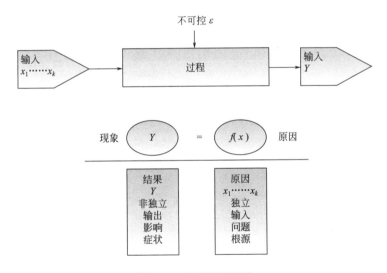

图 8-27　六西格玛理论

六西格玛 DMAIC 方法论就是通过 DMAIC 的 5 个连贯的步骤逐步找到影响 Y 的关键少数 x，探索 x 的最佳水平并转化成最佳控制方案，从而提升 Y 的表现的过程。

① **定义**（define）　辨认需改进的产品或过程。确定项目所需的资源。定义阶段主要是明确问题、目标和流程，需要回答以下问题：应该重点关注哪些问题或机会？应该达到什么结果？何时达到这一结果？正在调查的是什么流程？它主要服务和影响哪些顾客？

② **测量**（measure）　定义缺陷，收集此产品或过程的表现作为基线，建立改进目标；找出关键测量指标，为流程中的缺陷建立衡量的方法。

③ **分析**（analyze） 分析在测量阶段所收集的数据,以确定一组按重要程度排列的影响质量的变量;通过采用逻辑分析法、观察法、访谈法、统计分析法等方法,对已评估出来的导致问题产生的原因进行进一步分析,确认它们之间是否存在因果关系。

④ **改进**（improve） 优化解决方案,并确认该方案能够满足或超过项目质量改进目标;拟订几个可供选择的改进方案,通过讨论并多方面征求意见,从中挑选出最理想的改进方案付诸实施。改进方案可以是对原有流程进行局部的改进;在原有流程问题较多的情况下也可以重新进行流程再设计,制定新的业务流程。

⑤ **控制**（control） 确保过程改进一旦完成能继续保持下去,而不会返回到先前的状态。

图 8-28 为 DMAIC 的逐步筛选过程。

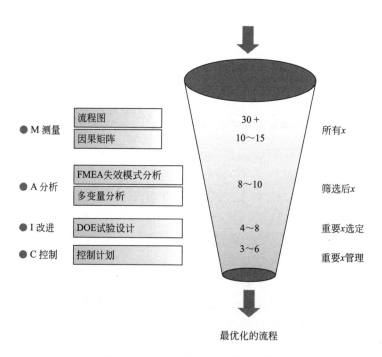

图 8-28 DMAIC 的逐步筛选过程

在实施 DMAIC 方法论的主要分析过程中会根据每个项目的不同情况选择使用多种工具。其中关键的工具方法包括流程图、因果矩阵、FMEA（失效模式分析）、防错、MSA（测量系统分析）、过程能力分析、多变量分析、DOE（试验设计）、控制计划等,如图 8-29 所示。

DMAIC 每个阶段的目的、主要活动、输出物、更多常用工具如表 8-29 所示。

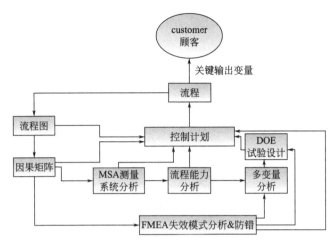

图 8-29　DMAIC 的主要分析过程和关键工具方法

表 8-29　六西格玛工具

阶段	目的	主要活动	输出物	常用工具
define（定义）	通过 VOC（客户之声）/VOB（流程之声）分析选定项目并定义	项目选定	项目注册表	SWOT、平衡积分卡、KANO 模型、标杆对比、OEE、SIPOC、排列图、CTQ 树、甘特图、头脑风暴、亲和图、关联图、树图、跨职能流程图、流程图、力场分析
		项目定义		
measure（测定）	对 Y 的现水平测定，导出潜在的 x's	测量 Y 的现水平	过程能力分析结果	头脑风暴、亲和图、关联图、树图、矩阵图、优先矩阵图、详细流程图、鱼骨图、因果矩阵、头脑风暴、5 个为什么、5W1H、力场分析、控制图、防错、PFMEA、测量系统分析、过程能力分析、正态性检验
		导出潜在 x's	优先顺序化的 x's	
analyze（分析）	通过分析，导出关键少数的 x's	数据收集计划		流程图、检查表、抽样、描述性统计、直方图、箱线图、链图、正态概率图、回归分析、价值流图、流程程序分析、动作和时间研究、头脑风暴、5 个为什么、六项思考帽、全因子试验、5W1H、多变异分析、正态性检验、假设检验、相关性检验
		数据收集		
		分析	关键少数的 x's	
improve（改善）	确定关键少数的 x's 的最佳设定条件并转化成最佳解决方案	试验设计（DOE）	数学模型/最佳条件	试验设计、力场分析、头脑风暴、5W1H、防错
		选定对策方案	最佳解决方案	
control（控制）	建立维持最佳表现的控制系统	制定控制计划	控制计划书	直方图、箱线图、可视化、控制图、防错、标准化作业、假设检验
		成果展示	控制图	
		标准化	标准作业程序（SOP）	

8.5.2 Kano 模型

概述

日本质量专家 Kano 把质量依照顾客的感受及满足顾客需求的程度分成三种质量：理所当然质量、期望质量和魅力质量。图 8-30 为 Kano 模型。

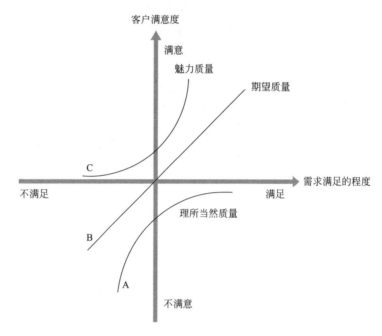

图 8-30　Kano 模型

图 8-30 中，A 为理所当然质量。当其特性不充足（不满足顾客需求）时，顾客很不满意；当其特性充足（满足顾客需求）时，无所谓满意不满意，顾客充其量是满意。B 为期望质量，也有称为一元质量。当其特性不充足时，顾客很不满意，充足时，顾客就满意。越不充足越不满意，越充足越满意。C 为魅力质量。当其特性不充足时，并且是无关紧要的特性，则顾客无所谓，当其特性充足时，顾客就十分满意。

理所当然质量是基线质量，是最基本的需求满足。期望质量是质量的常见形式。魅力质量是质量的竞争性元素。通常具有以下特点：有以前从未出现过全新的功能、性能极大提高、引进一种以前没有见过甚至没考虑过的新机制使顾客忠诚度得到了极大的提高。

适用情景

分析顾客需求。

应用步骤

Kano模型三种质量的划分，为质量改进提高了方向。如果是理所当然质量，就要保证基本质量特性符合规格（标准），实现满足顾客的基本要求，项目团队应集中在怎样降低故障发生率上；如果是期望质量，项目团队关心的就不是符合不符合规格（标准）问题，而是怎样提高规格（标准）本身。不断提高质量特性，促进顾客满意度的提升；如果是魅力质量，则需要通过满足顾客潜在需求，使产品或服务达到意想不到的新质量。项目团队应关注的是如何在维持前两个质量的基础上，探究顾客需求，创造新产品和增加意想不到的新质量。

要点

注意三种质量随着时间会发生变化。

三种质量随着时间会发生变化，而且随着市场竞争的日益激励，变化的速度越来越快。当首批化工厂家在化工产品的包装袋上印上二维码，客户扫一扫就可以及时看到每一袋化工产品的产品检验报告单等客户需要的信息时，这就是魅力质量；而过了一段时间这种做法逐渐普及成为标准做法时，就变成了理所当然质量。

8.5.3 质量成本

概述

质量成本又称质量费用，是将产品质量保持在规定的质量水平上所需的有关费用，主要包括企业为保证和提高产品质量而支付的一切费用以及因质量故障所造成的损失费用，具体分为内部损失成本、外部损失成本、鉴定成本、预防成本。

① **内部损失成本** 指产品出厂前因不满足规定的质量要求而支付的费用。主要包括：废品损失费用、停工损失费用、处理质量缺陷费用、减产损失及产品降级损失费用等。

② **外部损失成本** 指成品出厂后因不满足规定的质量要求，导致索赔、更换或信誉损失等而支付的费用。主要包括：申诉受理费用、退换产品的损失费用、折旧损失费用和产品责任损失费用等。

③ **鉴定成本** 指评定产品是否满足规定的质量水平所需要的费用。主要包括：进货检验费用、中间品检验费用、成品检验费用、质量审核费用、保持检验和试验设备精确性的费用、试验和检验损耗费用、存货复试复验费用、质量分级费用、检验仪器折旧费以及计量仪器购置费等。

④ **预防成本** 指用于预防产生不合格品与故障等所需的各种费用。主要包括：质量计划工作费用、质量教育培训费用、新产品评审费用、生产过程控制费用、质量改进措施费用、质量审核费用、质量管理活动费用、质量奖励费、专职质量管理人员的工资及其附加费等。

适用情景

识别项目机会。

应用步骤

① 确定质量成本统计方法　明确质量成本的定义、计算方法、数据采集方式。

② 定期进行质量成本统计　按照质量成本统计方法进行统计，如有条件建立相应的信息管理系统。

③ 分析质量成本情况并改进　分析质量成本的构成、通过精益改善项目等方式进行改进。

要点

企业关于质量成本的统计方法要明确并保持一定时期内的稳定性以便同口径比较。

8.5.4 CTQ 树

概述

CTQ（critical-to-quality），质量关键点。企业提供的产品和服务必须满足客户要求的质量特征。在六西格玛中通常用 Y 来表示。

适用情景

分析客户需求，导出精益改善项目。

应用步骤

① 识别顾客；
② 识别顾客需求；
③ 将顾客需求展开，逐层细化到适当的层次；
④ 确认这些要求，以确保 CTQ 树图反映顾客需求。

要点

CTQ 不是由顾客指定的。顾客只能反映 VOC（用户呼声），顾客是非专业的，只有通过专业人员和专业工具才能实现 VOC 到 CTQ 的转化。

常用转化工具包括 QFD（质量功能展开）、帕累托图等。

示例

间歇化工产品 CTQ 树图（图 8-31）

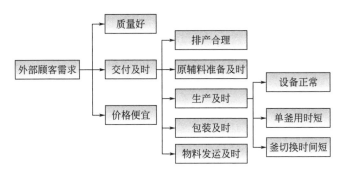

图 8-31　间歇化工产品 CTQ 树图

8.5.5　平衡计分卡

概述

　　BSC（the balanced score card）意为平衡计分卡，是绩效管理中的一种方法，适用于对部门的考核。平衡计分卡的核心思想就是通过财务、客户、内部流程及学习与发展四个方面的指标之间的相互驱动的因果关系展现组织的战略轨迹，是实现绩效考核、绩效改进以及战略实施、战略修正的战略目标过程，见图 8-32。它把绩效考核的地位上升到组织的战略层

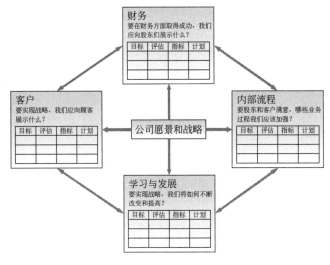

图 8-32　平衡计分卡

面，使之成为组织战略的实施工具。

适用情景

挖掘识别精益改善项目。

应用步骤

① 建立企业愿景与战略。确立并解释企业使命、愿景与战略，并在企业内部各层次宣传、教育、沟通。

② 建立平衡计分卡。建立财务、客户、内部流程、学习与发展四类具体的指标体系及评价标准。

③ 数据处理。根据指标体系收集原始数据，通过专家打分确定各个指标的权重，并对数据进行综合处理、分析。

④ 将指标分解到企业、部门和个人，并将指标与目标进行比较，从而发现数据变动的因果关系。各部门把自己的战略转化为自己的平衡计分卡。

⑤ 预测并制定每年、每季、每月的绩效衡量指标的具体数字，并与企业的计划和预算相结合。

⑥ 实施平衡计分卡，根据计划的实施情况对年度设定的各项指标完成情况进行考评，并将薪酬奖励制度与平衡计分卡挂钩。

⑦ 经常采纳员工意见和建议，完善平衡计分卡并改进企业战略。

要点

要注意根据企业经营环境的变化及时更新制定平衡计分卡。

8.5.6　SWOT 分析

概述

SWOT 是一种能够较客观而准确地分析和研究一个单位现实情况的方法。SWOT 的 4 个字母分别代表：优势（strengths）、劣势（weaknesses）、机会（opportunities）、威胁（threats），SWOT 分析通过对优势、劣势、机会和威胁等加以综合评估与分析得出结论，然后再调整资源及策略，以达成目标，见图 8-33。

适用情景

分析形势战略。

应用步骤

（1）分析环境因素

运用各种调查研究方法，分析出组织所处的各种环境因素，即外部环

	● 内部优势（S） 1.…… 2.…… 3.……	● 内部劣势（W） 1.…… 2.…… 3.……
● 外部机会（O） 1.…… 2.…… 3.……	SO战略 依靠内部优势 利用外部机会	WO战略 利用外部机会 克服内部劣势
● 外部威胁（T） 1.…… 2.…… 3.……	ST战略 依靠内部优势 回避外部威胁	WT战略 减少内部劣势 回避外部威胁

图 8-33　SWOT

境因素和内部环境因素。外部环境因素包括机会因素和威胁因素，它们是外部环境对组织发展有直接影响的有利和不利因素，属于客观因素；内部环境因素包括优势因素和劣势因素，它们是组织在其发展中自身存在的积极和消极因素，属主观因素。在调查分析这些因素时，不仅要考虑到历史与现状，而且更要考虑未来发展问题。

（2）构造 SWOT 矩阵

将调查得出的各种因素根据轻重缓急或影响程度等排序方式，构造 SWOT 矩阵。在此过程中将那些对组织发展有直接的、重要的、大量的、迫切的、久远的影响因素优先排列出来，而将那些间接的、次要的、少许的、不急的、短暂的影响因素排列后面。

（3）制订行动计划

在完成环境因素分析和 SWOT 矩阵的构造后，便可以制订出相应的行动计划。制订计划要发挥优势因素，克服劣势因素，利用机会因素，化解威胁因素；考虑过去，立足当前，着眼未来，运用系统分析的综合分析方法，将排列与考虑的各种环境因素相互匹配起来加以组合，得出一系列未来发展的可选择对策。

要点

① 必须对优势与劣势有客观的认识。

② 要注意根据企业经营环境的变化定期进行 SWOT 分析。

③ 保持简洁化，避免复杂化与过度分析。

8.5.7 思维导图

概述

思维导图又叫心智图,是英国学者托尼·博赞发明的一种表达发射性思维的图形工具。它简单却又很有效,是一种实用性的思维工具。思维导图运用图文并重的技巧,把各级主题的关系用相互隶属与相关的层级图表现出来,把主题关键词与图像、颜色等建立记忆链接,如图 8-34 所示为思维导图的应用。

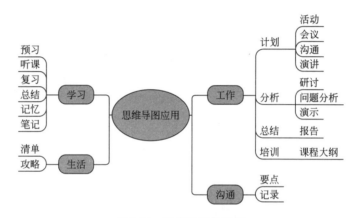

图 8-34 思维导图的应用

适用情景

分析问题,寻找问题的创造性解决方案。

应用步骤

① 拿出一张白纸从中心开始绘制,周围留出空白。从中心开始,可以使思维向各个方向自由发散,能更自由、更自然地表达。

② 画一幅画表达中心内容,画一幅图画的好处是能运用想象力,更加明确地表达绘图者思想。

③ 将中心图像和主要分支连接起来,然后把主要分支和二级分支连接起来,再把三级分支和二级分支连接起来,以此类推。分支就是一直联想到的东西内容,可以创建思维的基本结构。

④ 在每条线上使用一个关键词。单个的词汇更具有力量和灵活性。每一个词汇和图形都像一个母体,繁殖出与它自己相关的、互相联系的一系列"子代"。当使用单个关键词时,每一个词都更加自由,因此也更有助于新想法的产生。而短语和句子却容易扼杀这种火花。

⑤ 然后重复动作把想表达的都画出来，一直联想，一直延伸。

要点

① 学会提取关键词，不要把整行甚至是整段文字放在分支上面。

② 要善于使用有想象力的图形元素改进思维导图，一幅图胜过千言万语。

8.5.8 六顶思考帽

概述

六顶思考帽是英国学者爱德华·德·博诺（Edward de Bono）博士开发的一种全面思考问题的模型（图8-35）。

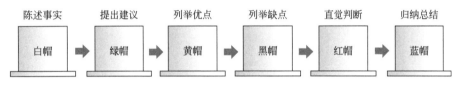

图8-35 六顶思考帽

六顶思考帽强调"能够成为什么"，而非"本身是什么"，是寻求一条向前发展的路，而不是争论谁对谁错。运用六顶思考帽可以将混乱的思考变得清晰，使每个人都变得富有创造性。

白色思考帽是中立客观性思维，戴上白色思考帽，人们思考的是关注客观的事实和数据。

绿色思考帽是跳跃创造性思维，绿色思考帽寓意创造力和想象力，具有创造性思考、头脑风暴、求异思维等功能，以表达直觉、感受、预感等方面的看法。

黄色思考帽是乐观积极性思维，戴上黄色思考帽，人们从正面考虑问题，表达乐观的、满怀希望的、建设性的观点。

黑色思考帽是谨慎消极性思维，戴上黑色思考帽，人们可以运用否定、怀疑、质疑的看法，合乎逻辑地进行批判，尽情发表负面的意见，找出逻辑上的错误。

红色思考帽是感性直觉思维，戴上红色思考帽，人们可以表现自己的情绪，人们还可以表达直觉、感受、预感等方面的看法。

蓝色思考帽是冷静逻辑性思维，蓝色思考帽负责控制和调节思维过程，负责控制各种思考帽的使用顺序，规划和管理整个思考过程，并负责做出结论。

适用情景

分析问题，提出解决方案。

应用步骤

① 陈述问题事实（白帽）。
② 提出如何解决问题的建议（绿帽）。
③ 评估建议的优缺点：列举优点（黄帽）；列举缺点（黑帽）。
④ 对各项选择方案进行直觉判断（红帽）。
⑤ 总结陈述，得出方案（蓝帽）。

要点

实施中要贯彻六项思考帽方法的要求，不要混淆每个步骤的工作。

8.5.9 力场分析

概述

力场分析法（force field analysis）是由库尔特·卢因（Kurt Lewin）提出的一种分析方法。力场分析图是建立在一些作用力与反作用力基础上的一个图表分析模型。力场分析图适用于各个不同层次的变革力量分析，如个人、项目、组织等等，能够帮助识别出促进或阻碍变革的各项力量。

适用情景

评估改善对策的影响。

应用步骤

① 描述当前状态。
② 描述期望状态。
③ 辨认如果不采取任何行动的后果。
④ 列出朝向期望状态发展的所有驱动力。
⑤ 列出朝向期望状态发展的所有制约力。
⑥ 对所有力量进行逐一讨论与研究：它们是否真实有效？它们能否被改变？它们中的哪一些又是最为关键的？
⑦ 用 1~10 的数字对每一力量的强度进行判分，其中 1 代表力量最弱，10 代表力量最强。
⑧ 在图表上按比例标出力量箭头，其中驱动力位于左侧，制约力位于右侧。
⑨ 通过力量分析，对变革或目标实现的可能及其过程进行判断。

⑩ 分析讨论如果减弱制约力或加强驱动力，对变革或目标实现又会产生怎样的影响。

要点

要通过多方面的了解对所有力量的强度进行准确的判断。

8.5.10 跨职能流程图

概述

跨职能流程图，又称泳道图。与普通的流程图不同，跨部门流程图在原来的流程图基础上，能够按照整个过程中设计到的人员、部门和功能范围，将涉及的步骤、负责人、任务交接次数等信息更直观地展现出来。跨部门流程图是一种反映商业流程里，人与人或组织与组织之间关系的特殊图表，可以让流程中的每个人清楚掌握自己所负责的事项任务，提升工作效率。

跨职能流程图根据摆放的顺序不同，可以分类为两种；一种是水平跨职能流程图，项目内容位于流程图左侧，泳道（职能）是水平于画布摆放；一种是垂直跨职能流程图，项目内容位于流程图上方，泳道是垂直于画布摆放，见图 8-36、图 8-37。水平排版能够凸显过程，而垂直排版更加强调职能单位。

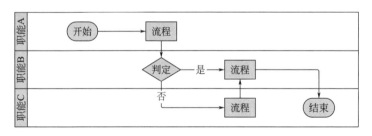

图 8-36 水平跨职能流程图

适用情景

业务流程分析。

应用步骤

① 列出参与此流程不同人员的各自工作内容，并输入泳道图的左侧或者上方。

② 设计各个环节设计的流程图，并写入各个泳道里。

③ 对这些步骤环节进行深入的探讨，并将他们放置于合适的泳道上。

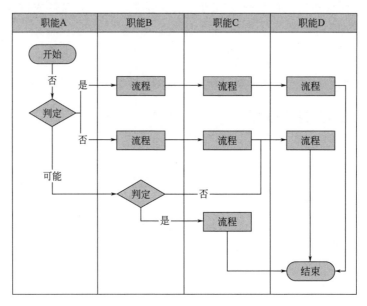

图 8-37　垂直跨职能流程图

要点

① 注意控制步骤环节的详略程度。
② 要在绘制的过程中思考如何改进工作流程。

8.5.11　流程分析

概述

流程分析，全称为作业流程分析，是指程序分析中最重要的分析技术，它是以生产系统中的一个操作作业为研究对象，把工艺流程中的加工、检验、搬运、等待存储等五种状态加以记录，分析改进作业流程的方法。表 8-30 所示为流程分析部分符号。

表 8-30　流程分析部分符号

符号	意义	说明
○	操作	圆圈。表示给予原料、材料、零件、制品的形状、性质变化的过程
⇨	搬运	空心箭头。表示给予原料、材料、零件、制品的位置变化的过程
□	检验	正方形。为鉴定材料的性质与规格的异同而按照检验标准给予试验、比较或证明其数量及品质的过程
D	停滞	正写的"D"字母。由于预定的一次活动（如操作搬运、检验）未马上发生而产生的停滞，此停滞为非必要或非受控产生
▽	储存	倒三角。表示依照计划贮藏原料、材料以及零件、制品

适用情景

操作流程分析优化。

应用步骤

(1) 进行现状调查

和所有的工序分析一样,在进行作业流程分析前也必须对现有生产规模、生产状况、设备配置、作业内容、物料的需求状况、产品的品质标准等进行调查,尤其对作业的内容、作业者的工作方法、作业对象、作业者的熟练程度等做详细的调查。

(2) 绘制现状流程图

现状流程图是最能说明生产现场的情况,通过符号的形式来表示的现状图能从多方面显示作业者在作业过程中的情况,实际线路图对实际生产情况的详细了解具有辅助作用。现状流程图能让我们更好地了解生产的具体情况。

(3) 改善方案的制订

对生产现状有一定的了解后,就应该对现状的流程进行分析,找出各工序存在的问题点,并制订具体的改善方案。改善方案内容应该是经过多方面探讨得出的,综合考虑各种因素进行分析。

通过应用 ECRS 原则以发现工作中存在的浪费。如作业者的工作是否满负荷、是否有等待的现象;作业动作是否有不必要的延迟;动作距离是否可以缩短;动作路线、方法、次数是否适当;是否有可以合并的动作,如加工和检查是否可以同时进行等;是否有动作的浪费及相关的配置、顺序、组合是否适当;动作对品质、效率的影响和可能的改善点。

ECRS 原则,即取消(eliminate)、合并(combine)、调整顺序(re-arrange)、简化(simplify)。

① **取消**　"完成了什么?是否必要?为什么?"

② **合并**　如果工作或动作不能取消,则考虑能否与其他工作合并。

③ **重排**　对工作的顺序进行重新排列。

④ **简化**　指工作内容和步骤的简化,亦指动作的简化,能量的节省。

灵活运用 5W1H 提问法和工艺方法检查表对各工序逐一核查,发现在工作中存在的不合理情况,去除不必要及目的不明确的工序,对不合理工序位置布局进行调整，寻找更优的作业顺序及作业方法，简化作业内容及选定作业人员等。

在制订方案时我们应从各个不同的角度来验证方案实施的可行性，并且要对方案进行评估，预测在实际的实施过程中可能出现的问题，并做出相应的预防对策，这样不至于在出现问题后措手不及。改善方案的制订要全面细致，一般会包括具体时间的安排、人员的培训、人员的调动、财力及物力的筹备及安排等。

（4）描绘理想的流程图

所谓理想的流程即在生产过程中排除了各种浪费和不合理工序后的流程。它通过找出生产中的各工序存在的问题点，对各工序进行分析且加以改善，剔除不合理的因素，并用一定的符号在流程图上表现出来，绘成具体的流程图，流程图能客观全面地反映作业者的工作内容、作业方法、作业方式、物料的情况及作业改善前后的对比情况。

（5）改善方案的实施

制订改善方案后，下一步就是付诸实施，改善方案的实施是所有改善过程中非常关键的环节。如果在具体的实施过程中没有按照制订的方案贯彻实施的话，即便方案多么合理，其结果跟预定实施的结果仍是会有很大的出入，如果控制不当的话可能会收效甚微。

在实施过程中应对实施过程进行适时控制，并对出现的问题及时提出对策，查出问题出现的原因，并做好工作记录，在下一个项目的实施方案中充分考虑此类问题，以免再次发生。

（6）改善方案的标准化

方案实施结果如果较为理想的话，便可以将其用文件的形式固定下来，作为作业标准，将各工位工作的内容、使用的物料、使用的设备及工具、作业的条件、作业的顺序、作业的要点及注意事项等予以标准化。这样在以后的工作中不管是谁、不管在什么情况下，作业者按照标准作业就不会出错。

要点

使用测量工具进行实地测量，不能估计。

示例

槽车接管作业流程分析（表8-31）

表 8-31 槽车卸车流程分析表

工作单位：	
工作编号：	
工作名称：	槽车接管
工作地点：	槽车灌装区
开始	
结束	
绘制人：	时间：
审核人：	时间：

摘要表

项目		现行方法	改良方法	节省
操作次数	○	11	10	1
输送次数	⇧	1	1	0
检验次数	□	2	2	0
迟延次数	D	2	1	1
存储次数	▽	2	2	0
运输距离/m				
共需时间/min		449.8	413.5	36.3

现行方法

步骤	动作					工作说明	距离/m	需时/s	改善要点			
	操作	输送	检验	迟延	存储				E(取消)	C(合并)	R(重排)	S(简化)
	○	⇧	□	D	▽	地磅接单		17.70				
	○	⇧	□	D	▽	槽车上磅		15.00				
	○	⇧	□	D	▽	车辆熄火		16.20				
	○	⇧	□	D	▽	放垫木		10.00				
	○	⇧	□	D	▽	锁紧方向盘		34.60				
	○	⇧	□	D	▽	检查车辆						
	○	⇧	□	D	▽	车辆去皮重		28.20				

改良方法

步骤	动作					工作说明	距离/m	需时/min
	操作	输送	检验	迟延	存储			
	○	⇧	□	D	▽	准备工具		26.3
	○	⇧	□	D	▽	地磅接单		
	○	⇧	□	D	▽	槽车上磅		17.70
	○	⇧	□	D	▽	车辆熄火		15.00
	○	⇧	□	D	▽	放垫木、同时锁紧方向盘		16.20
	○	⇧	□	D	▽	检查车辆		34.60
	○	⇧	□	D	▽	车辆去皮重		28.20

续表

现行方法						改善要点				改良方法				
步骤	动作（操作/输送/检验/迟延/存储）	工作说明	距离/m	需时/s		E(取消)	C(合并)	R(重排)	S(简化)	步骤	动作（操作/输送/检验/迟延/存储）	工作说明	距离/m	需时/min
	○ □ ◇ D ▽	准备工具		26.30										
	○ □ ◇ D ▽	打开盖子		10.00							○ □ ◇ D ▽	打开盖子		10.00
	○ □ ◇ D ▽	检查是否负荷罐装标准		19.40							○ □ ◇ D ▽	检查是否负荷罐装标准		19.40
	○ □ ◇ D ▽	对车辆储罐进行排气卸压		17.40							○ □ ◇ D ▽	对车辆储罐进行排气卸压		17.40
	○ □ ◇ D ▽	打开装料口盲法兰盖		10.00							○ □ ◇ D ▽	打开装料口盲法兰盖		10.00
	○ □ ◇ D ▽	接管充氮气，正压保护		57.00							○ □ ◇ D ▽	接管充氮气，正压保护		57.00
	○ □ ◇ D ▽	接软管与装料口流气		10.00							○ □ ◇ D ▽	接软管与装料口流气		10.00
	○ □ ◇ D ▽	罐装物料		93.00							○ □ ◇ D ▽	罐装物料		93.00
	○ □ ◇ D ▽	拔管		55.00							○ □ ◇ D ▽	拔管		55.00
	○ □ ◇ D ▽	盖紧盖子		20.00							○ □ ◇ D ▽	盖紧盖子		20.00
	○ □ ◇ D ▽	读罐装重量		10.00							○ □ ◇ D ▽	读罐装重量		10.00
				449.80										413.50

8.5.12 SIPOC

概述

　　SIPOC 图也称高阶流程图、宏观流程图。SIPOC 其中每个字母各代表：supplier 供应者；input 输入；process 流程；output 输出；customer 客户。

　　① **供应商**　向核心流程提供关键信息、材料或其他资源的组织。

　　② **输入**　供应商提供的资源等。通常会在 SIPOC 图中对输入的要求予以明确，例如输入的某种材料必须满足的标准，输入的某种信息必须满足的要素等。

　　③ **流程**　使输入发生变化成为输出的一组活动，组织追求通过这个流程使输入增加价值。

　　④ **输出**　流程的结果即产品或服务。通常会在 SIPOC 图中对输出的要求予以明确，例如产品标准或服务标准。输出也可能是多样的，但分析核心流程时必须强调主要输出甚至有时只选择一种输出，判断依据就是哪种输出可以为顾客创造价值。

　　⑤ **顾客**　接受输出的人、组织或流程，不仅指外部顾客，而且包括内部顾客，例如上游装置的内部顾客就是下游装置，质检部门的内部顾客就是工艺部门。

适用情景

　　界定项目范围。

应用步骤

　　① 命名过程。
　　② 识别流程的起点与终点。
　　③ 列出关键输出与顾客。
　　④ 列出关键输入与供应商。
　　⑤ 列出过程的主要步骤并排序。

要点

　　① 过程的步骤不宜分解过细。
　　② 有时候过程的客户同时也是供应商。

示例

　　质检样品分析过程 SIPOC

　　为了开展《缩短质检样品分析时间》项目，首先通过绘制 SIPOC 图对项目的范围进行界定，如表 8-32 所示。

表 8-32　质检项目分析 SIPOC

S	I	P	O	C
工艺控制室	取样通知	取样	样品	质检人员
		↓		
质检人员	样品	样品分析	分析结果	质检人员
		↓		
质检人员	分析结果	结果报送	分析结果	工艺控制室

8.5.13　详细流程图

概述

在 SIPOC 图的基础上还可以绘制详细流程图。通过在 SIPC 图加上过程输入和过程输出的基本要求，用来表示一个业务流程或产品服务实现过程中的主要活动和子过程，帮助项目团队界定过程的范围和过程的关键因素，确定关键过程输入变量（KPIV's）和关键过程输出变量（KPOV's）。

详细流程图的用途包括给因果矩阵、FMEA、控制计划、流程能力分析、多变量研究、试验设计提供输入评估，跟踪研究的变量，也可以用于跟踪团队的行动。

适用情景

用于流程的分析和改进、管理。

应用步骤

（1）细化流程步骤

包含所有具附加价值和无附加价值的步骤。

（2）列出每个步骤的主要的输出变量

包含流程和产品的输出变量。

（3）列出和阐明输入变量

列出所有的主要输入变量并将他们分类为：

① 可控输入变量（C）　通过改变输入变量可以看到其对输出变量的影响。有时称为"调节"变量。

② 噪声变量（U 或 N）　输入变量影响到输出但是很难或不可能控制。例如：风速。

③ 标准运营程序（S）　流程运行中在标准程序中明确规定的定性变量。例如：启动程序。

④ 关键输入变量（X）　关键流程输入变量（KPIV's）在统计上显

示对关键流程输出变量（KPOV's）的变异有显著影响。

（4）为输入变量增加流程规格

对于可控的及关键的输入变量，我们可以增加可操作性的规范及变量目标。这些信息是控制计划的开始。

（5）后续工作

根据需要继续进行因果矩阵分析、FMEA 分析等进一步分析或补充制定流程的控制计划（图 8-38）。

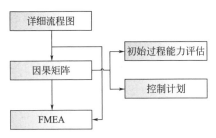

图 8-38　详细流程图和可能的后续工作

要点

可控与否是相对的，要基于具体的情况进行判断。

例如环境温度，如果在封闭的、大小有限的厂房内，通常是可以控制的；如果是开放的装置框架，通常是不可控的。

示例

冷冻水系统详细流程图

为了开展《提高冷冻水系统用户对于温度和压力满意度》项目，现对流程进行详细流程图分析。冷冻水系统由机组制冷、冷冻水输送泵输送、用户冷冻水换热器换热三个流程步骤组成。表 8-33 是节选的机组制冷流程步骤的详细流程图。

表 8-33　冷冻水系统详细流程图（节选机组制冷部分）

I 输入特性	C	U	X	S	操作规格			P 流程步骤	O 输出特性
	可控	不可控	关键	标准	USL	Target	USL		
溴化锂机组冷冻水循环量	●		●		×××m³/h			机组制冷	●冷冻水温度×℃ ●冷冻水压力>×××kPa ●机组循环量×××m³/h ●冷冻水 pH 控制范围[7,10.5]
溴化锂机组循环水流量	●								
溴化锂机组循环水温度			●	●	××℃		××℃		

续表

I 输入特性	C	U	X	S	操作规格			P 流程步骤	O 输出特性
	可控	不可控	关键	标准	USL	Target	USL		
溴化锂机组真空度	●		●			0kPa		机组制冷	●冷冻水温度×℃ ●冷冻水压力＞×××kPa ●机组循环量×××m³/h ●冷冻水 pH 控制范围[7,10.5]
溴化锂机组真空泵油位	●		●		××%	××%	××%		
溴化锂机组真空泵状态	●		●						
溴化锂机组蒸汽流量	●		●		0t/h		××t/h		
溴化锂机组热水流量	●		●		0m³/h		×××m³/h		
溴化锂机组运转台数	●		●		0		×		
冷冻水泵运转台数	●		●		0		×		
换热器出口温度									
换热器调节阀状态	●		●			AUTO			
换热器旁通开度	●		●			××			
换热器手阀开度	●		●			××			
溴化锂机组循环水来水温度		●	●		××℃		××℃		
溴化锂机组冷冻水回水温度		●	●			××℃			
冷冻水 pH	●				7		10.5		
溴化锂机组启动操作			●	●					
溴化锂机组抽真空操作			●	●					
溴化锂机组停止操作				●					
环境气温		●							
管线保冷情况	●					保冷正常			
装置负荷		●	●						
温度调节阀开度			●	●					
压力调节阀开度			●	●					

8.5.14 因果矩阵

概述

因果矩阵，是当预期解决的问题比较复杂，有多种缺陷形式，且它们的影响互相关联，无法将它们分开来考察和解决时，可以帮助管理团队选择重点关注的过程输入或影响因素，以便于有针对性地收集数据进行分析的一种分析工具。

适用情景

筛选识别对于过程输出影响最大的关键输入变量。

应用步骤

① 在矩阵图的上方填入关键过程输出变量或过程输出缺陷的形式。

② 确定每一输出特性或缺陷形式的重要度，并给定其权重（1~10，10代表的重要度最高）。

③ 在矩阵图的左侧，列出输入变量或所有可能的影响因素（也可以从详细路程图或鱼骨图的结果中列出）。

④ 评价每一输入变量或影响因素对各个输出变量或缺陷的相关关系，矩阵图中的单元格用于表明该行对应的输入变量的相关程度，一般将这种相关程度分为四类，并分别赋予0、1、3、9或0、1、3、5的得分，表明其不同的相关程度。

⑤ 评价过程输入变量或影响因素的重要程度，将每一单元的相关程度得分值乘以该列对应的输出变量的权重数，然后将每一行的乘积加起来，这个结果代表了该输入变量或影响因素的权重。

⑥ 考察每个输入变量或影响因素的权重数，权重较高的将是项目重点关注的对象。

要点

安排熟悉流程的所有关键人员共同参与进行因果矩阵的评分。

示例

冷冻水系统因果矩阵

表8-34为冷冻水系统因果矩阵。首先对冷冻水系统用户最关心的关键过程输出变量：温度、压力和流量填入矩阵图上方进行评分。再将通过绘制详细流程图识别的流程步骤输入填入矩阵图左侧进行评分。得分较高的"溴化锂机组冷冻水循环量"等流程步骤输入就是需要重点关注的

对象。

表 8-34 冷冻水系统因果矩阵

对顾客的重要度-评分			10	8	3	
对顾客的重要度-排序			1	2	3	
顾客 CTQ			温度	压力	流量	得分
序号	流程步骤	流程步骤输入				
1	机组制冷	溴化锂机组冷冻水循环量	9	3	1	117
2		溴化锂机组循环水流量	3	3	1	57
3		溴化锂机组循环水温度	3	3	1	57
4		溴化锂机组真空度	9	1	1	101
5		溴化锂机组真空泵油位	3	3	1	57
6		溴化锂机组真空泵状态	9	1	1	101
7		溴化锂机组蒸汽流量	9	3	1	117
8		溴化锂机组热水流量	9	3	1	117
9		溴化锂机组运转台数	9	3	1	117
10		冷冻水泵运转台数	3	9	3	111
11		溴化锂机组循环水来水温度	3	1	1	41
12		溴化锂机组冷冻水回水温度	3	1	1	41
13		冷冻水 pH	1	1	0	18
14		溴化锂机组启动操作	9	3	1	117
15		溴化锂机组抽真空操作	9	3	1	117
16		溴化锂机组停止操作	9	3	1	117
17		环境气温	3	0	0	30
18		管线保冷情况	3	0	0	30
19		装置负荷	9	3	0	114
20		温度调节阀开度	3	3	3	63
21		压力调节阀开度	3	3	3	63
22	冷冻水输送泵输送	出口阀开度	1	3	3	43
23		控制压力	1	3	3	43
24		输送泵状态	1	3	3	43
25	用户冷冻水换热器换热	换热器出口温度	9	3	1	117
26		换热器调节阀状态	3	3	1	57
27		换热器旁通开度	3	3	1	57
28		换热器手阀开度	3	3	1	57

8.5.15 FMEA

概述

FMEA（failure mode and effect analysis，失效模式和影响分析）是一种用来确定潜在失效模式及其原因的分析方法。

FMEA 最早是由美国国家宇航局（NASA）形成的一套分析模式，FMEA 是一种实用的解决问题的方法，可适用于许多工程领域，目前世界许多汽车生产商、电子制造服务商（EMS）和其他行业都已经采用这种模式进行设计和生产过程的管理和监控。

FMEA 有多种类型，分别是系统 FMEA、设计 FMEA、工艺 FMEA 和设备 FMEA。使用 FMEA 管理模式在早期确定项目中的风险，可以帮助电子设备制造商提高生产能力和效率，缩短产品的面市时间。此外通过这种模式也可使各类专家对生产工艺从各个角度进行检测，从而对生产过程进行改进。所推荐的方案应该是正确的矫正，产生的效益相当可观。为了避免缺陷的产生，需要对工艺和设计进行更改。使用统计学的方法对生产工艺进行研究，并不断反馈给合适的人员，确保工艺的不断改进并避免缺陷产生。

FMEA 中包括以下重要概念：

① **顾客**　一般指"最终使用者"，但也可以是下游的工序或法律法规。

② **失效**（failure）　在规定条件下（环境、操作、时间），不能完成既定功能或产品参数值不能维持在规定的上下限之间。

③ **影响**　对客户需求的影响。

④ **严重度**（S，severity）　失效模式最严重的影响后果的等级。

⑤ **发生频度**（O，occurrence）　失效模式和失效起因可能发生的概率的等级。

⑥ **可探测度**（D，detection）　基于检测手段可以检测潜在失效模式或失效起因的可能性的等级。

⑦ **风险优先数**（RPN，risk priority number）　指严重度数、频度数、可探测度数三者的乘积。

风险优先数(RPN)＝严重度(S)×发生频度(O)×可探测度(D)

常见的简单的 FMEA 评估标准如表 8-35 所示。

表 8-35　FMEA 评估标准例

评分	严重度 SEV	发生频度 OCC	可探测度 DET
10	在没有预兆的情况下发生危险	非常高	不能侦测
9	在有预兆的情况下发生危险	失效几乎是不可避免的	能侦测到的机会极其微小
8	丧失主要功能	高	能侦测到的机会很小
7	主要功能性能降低	重复出现的失效	能侦测到的机会很低
6	丧失次要功能	中等	能侦测到的机会低
5	次要功能性能降低	偶尔出现的失效	能侦测到的机会中等
4	微小的缺陷 多数客户注意到		能侦测到的机会中等偏高
3	微小的缺陷 部分客户注意到	低 失效很少发生	能侦测到的机会高
2	微小的缺陷 要求很高的客户注意到		能侦测到的机会很高
1	没有影响	轻微的:失效的可能性很小	几乎可以确定能侦测到

适用情景

进行流程分析，识别流程关键输入。

应用步骤

① 对于每个流程输入，确定它可能出错的方式（失效模式）。
② 对于每个与输入相关的失效模式，确定失效对顾客的影响。
③ 识别导致每个失效模式的潜在原因。
④ 列出每个原因或失效模式的现行控制。
⑤ 建立严重度、发生频度和可探测度的评分等级。
⑥ 对每个失效模式涉及的严重度、发生频度和可探测度进行评分。
⑦ 计算每个失效模式的 RPN 值。
⑧ 确定降低高 RPN 值的推荐措施。
⑨ 采取适当的措施，并重新计算 RPN 值。

要点

① 安排熟悉流程的所有关键人员共同进行 FMEA 分析。
② FMEA 提出的降低高 RPN 值的推荐措施应及时落实并跟踪效果。
③ FMEA 是个循环持续的过程，根据需要定期进行并存档，FMEA 文档是组织重要的知识资产。

示例

冷冻水系统 FMEA

将通过进行因果矩阵分析识别出的重点关注的流程步骤输入进行 FMEA 分析。表 8-36 是节选的机组制冷流程步骤的 FMEA 分析。

表 8-36 冷冻水系统 FMEA（节选机组制冷部分）

序号	流程步骤	流程步骤输入	潜在的失效模式	潜在的失效影响	SEV	潜在的失效起因	OCC	当前的控制方法	DET	RPN
1	机组制冷	溴化锂机组冷冻水循环量	冷冻水循环量过高或过低	过高导致机组制冷能力低过低导致机组跳闸	9	用户波动,调整幅度大	7	DCS 监控及时调整	2	126
2	机组制冷	溴化锂机组真空度	真空度差	机组不制冷,内部腐蚀	9	机组泄露	2	设备人员按时巡检	3	54
3	机组制冷	溴化锂机组真空泵状态	真空泵抽气效率低	机组制冷能力低	8	真空泵损坏漏气	3	设备人员按时巡检	3	72
4	机组制冷	溴化锂机组蒸汽流量	蒸汽流量低	机组制冷能力低	9	手阀开度小及过滤器堵塞	5	DCS 监控流量及趋势	2	90
5	机组制冷	溴化锂机组热水流量	热水流量低	机组制冷能力低	8	热水量不够	4	DCS 监控流量及趋势	2	64
6	机组制冷	溴化锂机组运转台数	运转台数少	冷冻水温度高	8	未及时启动	6	DCS 监控及时调整	2	96
7	机组制冷	冷冻水泵运转台数	运转台数少	冷冻水压力低	7	未及时启动	4	DCS 监控及时调整	3	84
8	机组制冷	溴化锂机组启动操作	启动操作失误	机组跳闸	8	操作技能不足	2	制定 SOP 并培训	1	16
9	机组制冷	溴化锂机组抽真空操作	抽真空操作失误	机组制冷能力低	7	操作技能不足	2	制定 SOP 并培训	2	28
10	机组制冷	溴化锂机组停止操作	停止操作失误	机组跳闸损坏	7	操作技能不足	2	制定 SOP 并培训	1	14
11	机组制冷	装置负荷	负荷偏高	冷冻水温度高	7	控制要求	6	按要求提升负荷	1	42

8.5.16 测量系统分析

概述

（1）测量系统

测量系统指用来对被测特性赋值的操作、程序、量具、设备、软件以及操作人员的集合。

（2）观测值（测定值）的变异要素

在测定过程中得到的测定值里一般包含着实际流程的变异和测定系统的变异。

$$被观测的变异＝流程的变异＋测量系统变异$$

（3）测量系统分析

测量系统分析英文缩写为 MSA（measurement system analysis），为了确保数据的信赖性，评价或检定测量系统。

（4）测量系统误差

测量系统误差可分为两类：准确度和精确度。准确度描述测量值与样品实际值之间的差异。精确度描述以相同设备重复测量同一样品时所发现的变异。在任何测量系统中，都可能会出现这些问题的其中之一或二者都出现。图 8-39 为测量系统的各种情形。

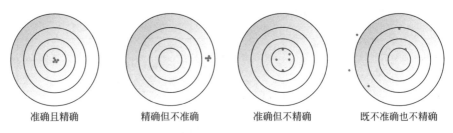

图 8-39　测量系统的各种情形

（5）准确度

测量系统的准确度通常分为三个要素：

① 线性　对样品大小影响测量系统准确度的度量。它是在预期测量值范围内实测的准确性值的差异。

② 偏倚　对测量系统中偏倚的度量。它是观测到的平均测量值与基准值之间的差异。

③ 稳定性　对系统在一段时间内准确性表现的度量。它是一段时间内测量单一特征时用特定设备获得的同一样品的总变异。

评估测量系统的准确度，需要进行量具线性和偏倚研究。

（6）精确度

精确度（即测量变异）可分为两个要素：

① 重复性　因测量设备导致的变异。它是同一操作员使用同一设备重复测量同一样品所观测到的变异。

② 再现性　因测量系统导致的变异。它是不同操作员使用同一设备测量同一样品所观测到的变异。

$$\sigma^2_{\text{total}} = \sigma^2_{\text{product}} + \sigma^2_{\text{MS}}$$

测量变异＝重复性＋再现性

$$\sigma^2_{\substack{\text{R\&R} \\ \text{(Meas. System)}}} = \sigma^2_{\text{Repeatability}} + \sigma^2_{\text{Reproducibility}}$$

重复性和再现性两种变动的和。即测定系统的变动叫 Gage R&R。

对测量系统变动的分析也可以认为是精密度的分析，称为 Gage R&R study。

图 8-40 为测量系统波动图。

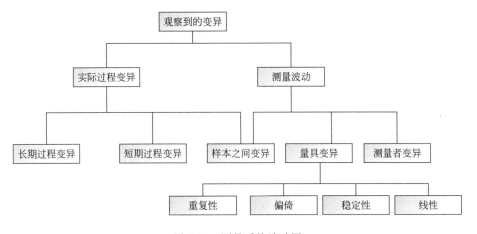

图 8-40　测量系统波动图

适用情景

进行数据分析前确认数据质量。根据数据类型的不同分为计量型 MSA 和计数型 MSA，如图 8-41 所示。

图 8-41　MSA 的类型

应用步骤

(1) 连续型数据 MSA 步骤

① 计划准备。一般安排 2~3 名平时进行测量工作的测量员，选定代表流程长期变动的 10 个样本为对象测定，每个样本进行 2~3 次重复测定。

② 进行量具的校正。
③ 让第一个测量员对所有样本任意顺序各做一次测定，注意是盲测。
④ 让第二个测量员按同样方法实施，所有测量员相同操作。
⑤ 以同样的方法按必要的次数重复测定。
⑥ 得到的数据输入 Minitab 软件并进行分析判定。

连续型数据测量系统合格判定标准如下：

主要使用％Gage R&R 及 ％ P/T 这两个指标进行测量系统合格的判定。

① $\% \text{ Gage R\&R} = \dfrac{6\sigma_{MS}}{6\sigma_{Total}} \times 100\%$

％ Gage R&R 强调测量系统对分析过程指标的分析性能。

② $\%P/T = \dfrac{6\sigma_{MS}}{USL-LSL} \times 100\%$，USL 是客户规格上限，LSL 是客户规格下限。

％ P/T 强调测量系统对公差限的分析性能。

％ P/T 更重要，它反映的是测量系统本身的真实水平，与过程水平无关。

得到的分析结果可以参考表 8-37 进行判定。

表 8-37　连续性测量系统主要判定标准

分析结果	测量系统能力
％ Gage R&R 及 ％ P/T 都小于 10％	良好
％ Gage R&R 及 ％ P/T 介于 10％～30％	勉强可以接受
％ Gage R&R 及 ％ P/T 中有 1 个超过了 30％	不合格

如果测量系统能力不合格，必须改进后才能使用；如果测量系统能力勉强可以接受，所测量的量并非关键量且改进测量系统在经济上不可行则可以使用，否则不可使用。

连续型数据测量要点如下：

① **测量员应以随机顺序测量样品**　要确保数据收集顺序不影响结果，每个测量员应随机测量仿行内的所有样品。所有操作员测量所有样品一次后，对所有仿行重复此过程。

② **要进行充分研究，测量员应至少测量 10 个样品**　更多的样品才能获得更精确的过程变异估计值。

③ **要选择表示过程变异的实际或预期极差的样品**　从整个过程范围选择样品可以增加对样品间变异进行良好估计的可能性。例如不要测量连

续样品、来自单个班次的样品。

④ **要进行充分研究，应至少具有 3 个测量员** 在选择操作员进行研究时，应确保他们能代表使用测量系统的所有测量员。如果只使用最好或最差的测量员进行研究，结果将会出现偏倚，不能提供测量员差异的准确估计。确保准确度的最佳方法是随机选择测量员进行研究。

⑤ **操作员必须至少对每个样品测量两次** 测量变异包括再现性和重复性。再现性就是当不同人员测量同一样品时所发生的变异。重复性则是当同一人员重复测量同一样品时所发生的变异。如果使用至少 10 个样品和至少 3 个测量员，应让每个测量员以随机顺序测量每个样品两次，这样才能获得足够的重复性估计值。

⑥ **测量系统的改进** MSA 的目的是分析测量系统的现状找出改进方向并进行改进。如果波动主要来源于人员差异，通过培训、技能认证等方式改进测量人员的技能，这通常是代价最小的改进。改变测量系统中人员以外包括测量设备、方法、环境等要素的改进在化工行业一般需要投入比较多的资源甚至在现有条件下不可行，但是一旦改进成功常常会带来生产工艺流程的巨大改进。

（2）离散型数据 MSA 步骤

① **测量** 选 25 件产品，其中 10 件"真"，10 件"假"，5 件不易分辨者。选 3~4 个测量员，每个测试者对每个样品测试两次。下列情况算错误：

- 同一测量员对同一样品测量结果不一致。
- 同一测量员对同一样品测量结果一致，但与正确结果不一致。
- 不同测量员对同一样品测量结果不一致。
- 不同测量员对同一样品测量结果一致，但与正确结果不一致。

② **得到的数据输入 Minitab 软件并进行分析。**

得到的分析结果可以参考表 8-38 进行判定。

表 8-38 离散型数据 MSA 标准

分析结果	测量系统能力	分析结果	测量系统能力
错误率小于 10%	良好	错误率大于 30%	不合格
错误率介于 10%~30%	勉强可以接受		

如果测量系统能力不合格，必须改进后才能使用；如果测量系统能力勉强可以接受，所测量的量并非关键量，且改进测量系统在经济上不可行则可以使用，否则不可使用。

离散型数据 MSA 要点是测量员应以随机顺序测量样品。

8.5.17 过程能力分析

概述

（1）过程能力

一个过程产生满足规范公差限和（或）顾客规范之输出的能力。有能力的过程是这样一个过程，其过程输出特性指标值分布的中心与目标对准，而且百分比非常高的特性指标值位于上述规范公差限之内。要通过降低波动和使本过程瞄准其目标价值，提高主要过程的能力。

（2）过程能力指数

能力指数（process capability index）是衡量过程能力的定量指标，简称 PCI。过程能力指数是指过程能力满足产品质量标准要求的规格范围的程度，也称工序能力指数，是指工序在一定时间里处于稳定受控下的实际加工能力。过程能力指数是工序固有的能力，是工序保证质量水平的能力。这里所指的工序是指操作者、机器、原材料、工艺方法和生产环境等基本质量因素综合作用的过程。

① C_P

$$C_P = \frac{公差允许范围}{过程实际范围}$$

对于总体 $C_P = \dfrac{\text{USL} - \text{LSL}}{6\sigma}$，对于样本 $C_P = \dfrac{\text{USL} - \text{LSL}}{6s}$。

图 8-42 所示为过程能力。

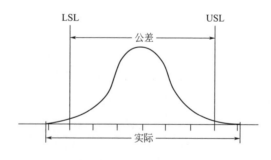

图 8-42 过程能力

② C_{PK}

当过程输出均值与公差中心或目标值不重合时，用 C_{PK} 来反映过程的能力。

$$C_{PK} = \min\left\{\frac{\text{USL} - \mu}{3\sigma}, \frac{\mu - \text{LSL}}{3\sigma}\right\} = \min\{C_{PW}, C_{PL}\}$$

式中，μ 是过程输出均值；$C_{PU} = \dfrac{USL - \mu}{3\sigma}$ 称为单侧上限过程能力指数，仅有上规格限的情况即可使用；$C_{PL} = \dfrac{\mu - LSL}{3\sigma}$ 称为单侧下限过程能力指数，仅有下规格限的情况即可使用。

图 8-43、图 8-44 分别为单侧规格限 USL 和 LSL。

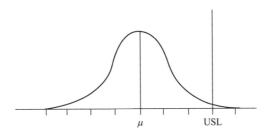

图 8-43　单侧规格限——USL

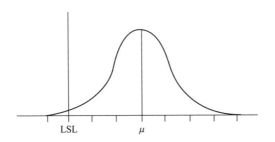

图 8-44　单侧规格限——LSL

③ K 偏离指数

当过程均值与公差中心重合时，$C_{PK} = C_P$；当过程均值与公差中心不重合时，$C_{PK} < C_P$，偏离越严重时二者差距越大。K 偏离指数可以衡量偏离程度。

$$K = 1 - \dfrac{C_{PK}}{C_P}$$

如果 K 远远大于 0，则本过程未对准目标，过程没有能力。

④ C_{PM}

当过程不仅给出上下公差限，而且给出过程目标值 m 时，可以用 C_{PM} 表示过程能力。

$$C_{PM} = \dfrac{USL - LSL}{6D}$$

式中，$D = \sqrt{(\mu - m)^2 + \sigma^2}$ 当过程均值 $\mu = m$，那么 $C_{PM} = C_P = C_{PK}$。

过程能力指数的值越大，表明产品的离散程度相对于技术标准的公差范围越小，因而过程能力就越高；过程能力指数的值越小，表明产品的离散程度相对公差范围越大，因而过程能力就越低。因此可以从过程能力指数的数值大小来判断能力的高低。从经济和质量两方面的要求来看，过程能力指数值并非越大越好，而应在一个适当的范围内取值。

通常 C_P 计算结果的意义和判断结论、推荐后续措施如表 8-39 所示。

表 8-39　C_P 的不同情形

计算结果	判断	后续措施
$C_P \geqslant 1.67$	过程能力过剩	为提高产品质量，对关键项目缩小公差范围，或为提高效率、降低成本而放宽波动幅度
$1.67 > C_P \geqslant 1.33$	过程能力充分	当不是关键项目时，放宽波动幅度；适当简化质量检验
$1.33 > C_P \geqslant 1$	过程能力尚可	使用控制图等方法对生产过程进行控制和监控；正常进行质量检验
$1 > C_P \geqslant 0.67$	过程能力不足	分析分散程度大的原因，制定措施进行改进；提高质量检验频次
$0.67 > C_P$	过程能力严重不足	改进工艺，提高 C_P 值

（3）过程能力分析

用数学的方法衡量过程能力，量化一个过程满足工程规范及顾客要求之产品的能力。结合过程分析结果提出有关移动中心位置或降低变异性的改进过程状况的建议以提高过程能力指数。过程能力指数强调过程状况与客户规格限进行比较，以能否满足顾客需求为唯一标准。通过过程能力分析和改进可以获得稳定的过程、减少主要过程输入的变异性。

适用情景

适用于评估过程能力。一个流程的过程能力分析可以评估改善的潜力有多大。多个流程的过程能力分析进行对比可以选择潜力大的流程优先改进。

应用步骤

图 8-45 为过程能力分析的主要步骤。

过程能力研究一般由以下 4 个步骤组成：

① 使用控制图确认本过程是稳定的。如果该过程不稳定，改进建议找出原因进行改进以先稳定过程。如果过程不稳定，则对能力指数的解释会严重失准。

② 进行正态性检验确定数据分布是否正态。如果数据 Y 的分布不正

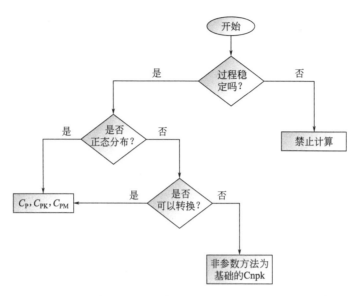

图 8-45　过程能力分析的主要步骤

态，则必须采用其他方法进行正态性转换使数据"正态化"。

③ 计算能力指数 C_P 和 C_{PK}；确定"西格玛质量水平"。

④ 提出过程改进建议。完成过程能力研究之后提出改进建议。如果过程无能力，则必须采取有针对性的措施，主要包括：

● 移动过程中心；

● 降低变异性；

● 移动过程中心，同时降低变异性。

要点

要注意防止能力指数计算方面的常见错误。

① **根据不稳定的过程计算过程能力指数**　如果当前过程不稳定，则将无法使用能力指标来可靠地评估将来的过程持续能力。使用控制图可确定过程是否稳定且受控。

② **在分布不正态的情况下计算过程能力指数**　如果数据不是正态分布，则过程的能力估计值将不准确。如果数据属于非正态数据，则需要进行数据变换使数据"正态化"。进行正态性检验可确定数据是否服从正态分布。

③ **利用过小的数据集或过短的时间来计算过程能力指数**　如果没有在足够长的一段时间内收集到充足的数据量，数据可能无法准确地代表不同的过程变异源，并且估计值可能无法指示过程的真实能力。

8.5.18 相关分析

概述

（1）相关

相关关系是指现象之间存在着的一种非确定性的数量依存关系，即一个现象发生数量变化时，另一现象也相应地发生数量变化，但其关系值是不固定的，往往同时出现几个不同的数值，在一定的范围内变动着，这些数值分布在它们的平均数周围的一种数量依存关系。

（2）相关分析

相关分析是研究两个或两个以上的变量之间相关程度的大小的一种统计方法。

（3）相关的分类

按相关关系涉及的变量（或因素）的多少，可分为单相关与复相关。单相关也称一元相关，是两个变量之间的相互关系。复相关是指多个变量之间的相互关系，所以复相关又称多元相关；

按相关关系的表现形式来分，有线性相关和非线性相关；

按相关的方向，线性相关可分为正相关和负相关。如果两个变量同时趋向在同一方向上变，即它们是同时增加或同时减少，则称正相关；否则，如果两个变量趋于反向变化，则称为负相关；

按变量之间的相关程度来分，可分为强相关、弱相关和不相关三类。若变量之间不存在相关关系，彼此独立，相互之间没有联系，则称不相关。

（4）相关系数

相关系数 $r = \dfrac{\sum\limits_{0}^{n}(x_i - \overline{x})(y_i - \overline{y})}{\sqrt{\sum\limits_{0}^{n}(x_i - \overline{x})^2 \sum\limits_{0}^{n}(y_i - \overline{y})^2}}$，其中 x_i、y_i 表示样本变量，$\overline{x}$、$\overline{y}$ 表示样本平均值。

相关系数就是反映变量之间线性相关强度的一个度量指标，通常用 r 表示，它的取值范围为 $[-1, 1]$。r 的正、负号可以反映相关的方向，当 $r>0$ 时表示线性正相关，当 $r<0$ 时表示线性负相关。r 的大小可以反映相关的程度，r 接近于 -1 或 1 时，说明两个变量完全线性相关，$r=0$ 表示两个变量之间不存在线性相关性，见图 8-46。

适用情景

① 确定现象之间有无关系存在，以及相关关系呈现的形态。

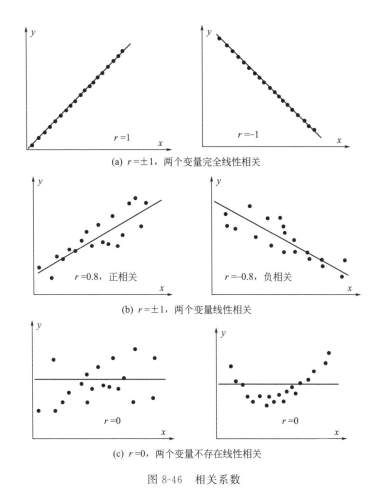

图 8-46 相关系数

② 确定相关关系的密切程度。判断相关关系密切程度的主要方法是绘制散点图和计算相关系数。

应用步骤

① **画散点图** 观察两个变量是否有规律变化。

② **计算相关系数 r** 评估相关程度。

③ **进行显著性检验** 如果 $P < a$（一般取得 0.05），表示存在相关性。

④ **给出结论**。

要点

① 样本数量应当达到一定的要求，通常要求 25 组以上 样本越大就越能清楚地表示数据中的模式并提供更精确的估计值。

② **变量间的关系应该为线性关系或单调关系** 如果变量不具有线性关系或单调关系，则相关性分析所得出的结果将不会准确反映关系的强度。可以使用矩阵图以查看其他关系。

③ **异常值可能会对结果产生较大影响** 需要重点调查异常值以发现可能的问题。

8.5.19 回归分析

概述

回归函数关系是指现象之间存在的依存关系中，对于某变量的每个数值，都有另一变量值与之相对应，并且这种依存关系可用一个数学表达式反映出来，例如在一定的条件下，身高与体重存在的依存关系。

回归是研究自变量与因变量之间关系形式的分析方法，它主要是通过建立因变量 Y 与影响它的自变量 $x_i(i=1,2,3\cdots\cdots)$ 之间的回归模型来预测因变量 Y 的发展趋势。

适用情景

建立统计模型。回归分析包含多种类型，常见类型如图 8-47 所示。

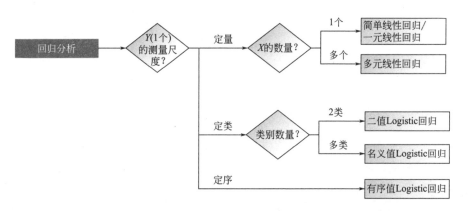

图 8-47 回归分析的类型

① **一元线性回归** 分析一个因变量（Y）与一个自变量（x）之间的线性关系的预测方法。

② **多元线性回归** 如果有两个或两个以上的自变量的回归分析，就称为多元回归。

③ **二值 Logistic 回归** 对预测变量和具有两个结果（是、否）的响应之间的关系建模。

④ **名义值 Logistic 回归** 对预测变量和具有三个或更多结果（没有顺

序，如 A 产品、B 产品、C 产品、D 产品）的响应之间的关系建模。

⑤ 有序值 Logistic 回归　对预测变量和具有三个或更多结果（具有顺序，如低、中、高）的响应之间的关系建模。

应用步骤

以多元线性回归为例介绍回归分析的步骤：

（1）根据预测目标，确定自变量和因变量。

（2）绘制模型参数，建立回归模型。

（3）对回归模型的统计分析。

建立回归分析模型后，还需要进一步使用多个指标进行检验来综合评估回归模型的优劣。

① **回归模型的拟合优度检验**（R-sq，R-sq(adj)，s）　根据实际经验 R-sq、R-sq(adj) 在 70% 以上回归模型对工作的指导就比较有价值了。

● R-Sq　回归模型误差占总误差的百分比。取值在 0% 和 100% 之间，数值越大，表明回归模型与数据吻合得越好。

● R-Sq(adj)　调整的 R-Sq，取值也在 0% 和 100% 之间。R-Sq(adj) 与 R-Sq 越接近，表明回归模型越可靠。

● s　回归模型误差的标准方差。越小越好。

② **回归模型的显著性检验**（F 检验）。

③ **回归系数的显著性检验**（t 检验）。

（4）残差分析

① **残差和观测值顺序分析**　重点考查是否有趋势。理想情况下，残差应围绕中心线随机分布。

② **残差和响应变量预测值分析**　重点考查是否有非齐性（喇叭口状）。

③ **残差的正态性分析**　残差必须是正态的。残差的正态概率图应该大致为一条直线。

④ **残差和自变量值分析**　重点考查是否有弯曲。

（5）利用回归模型进行预测。

① 预测值的点估计；

② 预测值的均值的区间估计（95% CI）；

③ 预测值的单个观测值的区间估计（95% PI）。

要点

① **多元线性回归的因变量应当是连续变量**　如果因变量是类别变量，则回归模型不太可能满足分析假定、准确描述数据或者进行有用的预测。

② **预测变量之间的相关性（又称为多重共线性）应当不严重** 如果多重共线性严重，则可能无法确定要在模型中包括哪些预测变量。

③ **模型应当提供良好的数据拟合** 如果模型无法与数据拟合，则结果可能会具有误导性。使用残值图、异常观测值的诊断统计量以及模型汇总统计量可以确定模型对数据的拟合优度。

8.5.20 假设检验

概述

假设检验是推动统计中的一类重要方法，在当前数据采集方式下（如图 8-48 所示统计方法）有着广泛的应用。

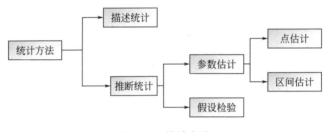

图 8-48 统计方法

（1）**假设检验（hypothesis testing）**
总体的特性设定假设，利用样本判断假设的选择与否的统计方法。

（2）**零假设（null hypothesis-H0）**
又名原假设，它是关于"没有差异"或者"根本没有效果"或"是相同的"陈述的假设，它直到有充分的证据说明其是错误时为止总被认为是真实的。

（3）**备择假设（alternative hypothesis-H1）**
又名替代假设，它是关于"有差异"或"有效果"，或"不同的"陈述的假设。它在零假设被推翻时生效的另一个假设，根据具体事件有不同的假设。

（4）**检验统计量（test statistic）**
一个标准化的数值（z、t、F 等），代表错误确认的可能性，分布于一个已知的方式，以便可以决定这个观察到的数值的概率。通常错误确认越可行，检验统计量的绝对值就越小，而且在其分布内观察到这个数值的概率就越大。

（5）**假设检验的两类错误和两种风险**

① 第一类错误（type Ⅰ error） 即使归属假设为真的也抛弃归属假

设的错误。

② **α 风险**（risk） 犯第 1 类错误的最大概率。

③ **第二类错误**（type Ⅱ error） 即使归属假设为假的也选择归属假设的错误。

④ **β 风险**（risk） 犯第 2 类错误的概率。

图 8-49 为假设检验的 2 类错误。

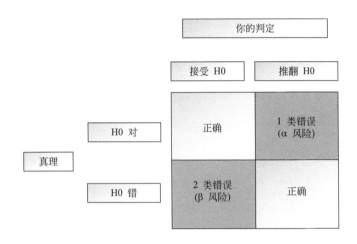

图 8-49 假设检验的 2 类错误

（6）置信水平（significance level）

归属假设 H0 为真实值时会抛弃归属假设 H0 的最大允许限度，即犯第一种错误的概率最大允许限度。1 类错误的最大值一般使用 0.05（5%），0.01（1%），0.10（10%）。

（7）检验力（power）

归属假设错误时，抛弃假设的概率。即，意味着正确判断错误的假设概率，并用 1-β 来表示。

（8）P 值（P-value）

P 值在归属假设真实时，抛弃归属假设的最小概率，即确定归属假设为假的结论时，意味着我们的判断是错误的风险。假如此值小时，确定归属假设为假的结论。一般情况下，如果 P＞0.05，则零假设成立，如果 P＜0.05，则推翻零假设。

适用情景

根据样品组的数量和比较的不同可以分为假设检验类型，常见的假设检验的类别如表 8-40 和图 8-50 所示。

表 8-40　假设检验的分类

样本组数量	比较类型	比较目的	检验法	零假设（H0）	备择假设（H1）
1个	均值	单组样本所对应的总体均值是否与假定目标均值有差异（总体σ已知）	单样本Z检验	样本所对应的总体均值与假定目标均值相等（$\mu=\mu_0$）	均值不等或有差异
1个	均值	单组样本所对应的总体均值是否与假定目标均值有差异（总体σ未知）	单样本t检验	样本所对应的总体均值与假定目标均值相等（$\mu=\mu_0$）	均值不等或有差异
1个	分散	单组样本所对应的总体方差是否与假设目标方差有差异	单样本方差检验	样本所对应的总体方差与假定目标方差相等（$\sigma_1^2=\sigma_0^2$）	方差不等
1个	比例	单组样本所对应的总体比例是否与假定目标比例有差异	单样本比例检验	样本所对应的总体比例与假定目标比例相等（$P=P_0$）	比例不等
2个	均值	两组样本所对应的总体均值之间是否有差异（两样本独立）	双样本t检验	两组样本所对应的总体均值相等或没有差异（$\mu_1=\mu_2$）	均值不等或有差异
2个	均值	两组样本所对应的总体均值之间是否有差异（两组样本不独立）	双样本配对t检验	成对的两组样本差异所对应的总体均值与假定差异均值相等（$\mu_d=\mu_0$）	差异均值不相等或有差异
2个	分散	两组样本所对应的总体方差之间是否有差异	双样本F检验（等方差检验）	两组样本所对应的总体方差相等或没有差异（$\sigma_1^2=\sigma_2^2$）	方差不等或有差异
2个	比例	两组样本所对应的总体比例之间是否有差异	双样本比例检验	两组样本所对应的总体比例相等或没有差异（$P_1=P_2$）	比例不等
2个以上	均值	两组或多组样本所对应总体的均值之间是否有差异	单因素方差分析	两组或多组样本所对应总体的均值相等（$\mu_1=\mu_3=\cdots\cdots=\mu_n$）	至少有1组均值与其他不等或有差异
2个以上	分散	多组样本所对应的总体方差之间是否有差异	多样本等方差检验	多组样本所对应的总体方差相等或没有差异（$\sigma_1^2=\sigma_2^2\cdots\cdots=\sigma_n^2$）	方差不等或有差异
2个以上	比例	多组样本所对应的总体比例之间是否有差异	多样本比例检验	多组样本所对应的总体比例相等或没有差异（$P_1=P_2\cdots\cdots=P_n$）	比例不等

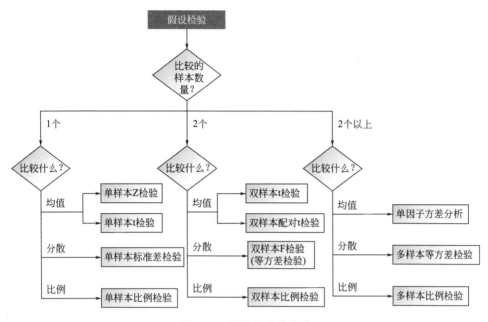

图 8-50 假设检验的分类

应用步骤

假设检验主要步骤如下。

① 提出检验假设又称无效假设，符号是 H0；备择假设的符号是 H1。预先设定的检验水准为 0.05；当检验假设为真，但被错误地拒绝的概率，记作 α，通常取 $\alpha=0.05$ 或 $\alpha=0.01$。

② 选定统计方法，由样本观察值按相应的公式计算出统计量的大小，如 χ^2 值、t 值等。根据资料的类型和特点可分别选用 Z 检验、t 检验、秩和检验和卡方检验等。

③ 根据统计量的大小及其分布确定检验假设成立的可能性 P 的大小并判断结果。若 $P>\alpha$，结论为按 α 所取水准不显著，不拒绝 H0，即认为差别很可能是由于抽样误差造成的，在统计上不成立；如果 $P\leqslant\alpha$，结论为按所取 α 水准显著，拒绝 H0，接受 H1，则认为此差别不大可能仅由抽样误差所致，很可能是试验因素不同造成的，故在统计上成立。P 值的大小一般可通过查阅相应的界值表得到。

要点

① 根据专业及经验确定是选用单侧检验还是双侧检验。

② 判断结论时不能绝对化，应注意无论接受或拒绝检验假设都有判

断错误的可能性。

③ 样本数据应当是随机选择的。在统计学中,随机样本用于对总体做出归纳,即推断。如果数据不是随机收集的则结果可能无法代表总体。

④ 确定适当的样本数量。样本应当足够大,以便使估计值的精度足够大,置信区间足够窄而更具有实用性。针对第一种错误和第二种错误具有足够的预防措施。

8.5.21 试验设计

概述

试验设计英文简写为 DOE（design of experiment）,是一种安排试验和分析试验数据的数理统计方法。试验设计主要对试验进行合理安排,以较小的试验规模（试验次数）、较短的试验周期和较低的试验成本,获得理想的试验结果以及得出科学的结论。

（1）因子

响应输出变量 Y 的输入变量 x 称为 DOE 中的因子。例如温度、压力、装置框架的环境温度。

（2）可控因子

在试验过程中可以精确控制的因子,可作为 DOE 的因子。例如温度、压力。

（3）非可控因子

在试验过程中不可以精确控制的因子,亦称噪声因子,不能作为 DOE 的因子,例如装置框架的环境温度。只能通过方法将其稳定在一定的水平上,并通过对整体试验结果的分析,确定噪声因子对试验结果的影响程度。可控因子对 Y 的影响愈大,则潜在的改善机会愈大。在 DOE 的策划阶段,首先要识别可控因子和非可控因子。

（4）水平

因子的不同取值,称为因子的"水平"。如温度可以设定在 100℃、105℃、110℃……130℃。

（5）处理

各因子按照设定的水平的一个组合,按照此组合能够进行一次或多次试验并获得输出变量的观察值。

例如响应输入为 Y,因子 A 的所有水平 A_{LO}、A_{HI} 和因子 B 的所有水平 B_{LO}、B_{HI} 的所有组合共 4 种,各组合进行 1 次试验的结果如表 8-41 所示。

表 8-41 处理

轮次	A	B	Y
1	A_{LO}	B_{LO}	90
2	A_{HI}	B_{LO}	110
3	A_{LO}	B_{HI}	120
4	A_{HI}	B_{HI}	160

（6）模型与误差

按照可控因子 x_1、x_2……x_k 建立的数学模型

$$Y=f(x_1,x_2……x_k)+\varepsilon$$

式中，误差 ε 为包括由非可控因子所造成的试验误差。

失拟误差（lack of fit）：所采用的模型函数 F 与真实函数间的差异。

（7）输出 Y 的望大、望小、望目

望大：希望输出 Y 越大越好。

望小：希望输出 Y 越小越好。

望目：希望输出 Y 与目标值越接近越好。

（8）主效应

主效应是一个因子在不同水平下的变化导致输出变量的平均变化，见图 8-51。

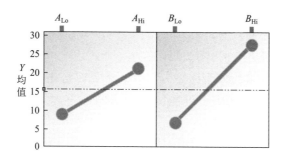

图 8-51 主效应

因子的主效应＝因子为高水平时输出的平均值－因子为低水平时输出的平均值。

（9）交互效应

如果一个因子的效应依赖于其他因子所处的水平时，则称两个因子间有交互效应，见图 8-52。

因子 A、B 的交互效应＝（B 为高水平时 A 的效应－B 为低水平时 A 的效应）/2。

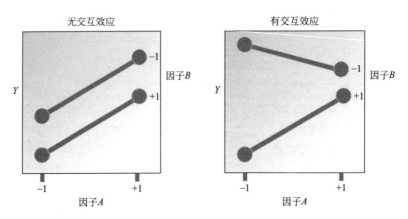

图 8-52 交互效应

(10) 试验设计基本原则

① **随机化** 随机化的含义是以完全随机的方式安排各次试验的顺序和/或所用试验单元。设计随机化的目的是防止那些试验者未知的但可能会对响应变量产生的某种系统的影响。随机化并没有减少试验误差本身，但随机化可以防止未知的但可能会对响应变量产生的某种系统的影响的出现。

② **区组化** 如果能按某种方式把试验分成组，而每组内保证条件差异较小，即它们具有同质齐性，则可以尽量消除由于较大试验误差所带来的分析上的不利影响。

一组同质齐性的试验单元称为一个区组（block），将全部试验单元划分为若干区组的方法称之为划分区组或区组化（blocking）。随机化不能减小噪音，只能防止可能的系统影响的出现。区组化可以减小试验噪音。

例如某试样设计的指标在班次内差异不大，而白班、夜班间的差异可能较大，那我们就把白班、夜班当作两个区组。这时在分析中就可以去除掉白班、中班间的差异影响，或尽可能把试验全都安排在白班或者夜班进行。如果分区组有效，则这种方法在分析时，可以将区组与区组间的差异分离出来，这样就能大大减少可能存在的未知变量的系统影响。

区组化和随机化各有作用。在试验的设计中应遵照下列原则："能分区组者则分区组，不能分区组者则随机化。"（Block what you can and randomize what you cannot！）

③ **重复** 是指一个处理施于多个试验单元，是指除正常试验次数外在相同输入因子水平组合下独立安排一次和多次试验，并需要将全部试验

顺序进行随机化。试验设计中设计重复可以对过程的根本变差有个估计，提高主效应和交互效应估计的精度。另一方面重复意味着试验成本的增加，需要权衡考虑。

适用情景

试验设计具有非常重要的作用，通过试验设计可以实现以下目标：
① 不再直接从试验结果中选出最佳值；
② 分析哪些因子作用及交互作用显著；
③ 确定因子的最佳设置；
④ 确定响应变量最佳结果的置信区间；
⑤ 给出响应变量最佳结果只使用部分实施而获得基本相同的信息。

相比于单点试样，试样设计可以用最少的试验次数获得最丰富的试验结论输出，化工行业的试验特别是在生产装置上的试验成本巨大，一个试验可能需要历时数月耗资数百万，应用试验设计的价值非同小可。

根据试验的目的、研究内容不同，试验设计有多种类型，主要的试验设积分类见表8-42和图8-53。

表 8-42　DOE 的种类

DOE 种类	因子数	目的	研究内容	对流程的认知水平
筛选试验	6 以上	识别重要因子	重要的因子	低
部分因子试验	4~10	部分交互作用	主效应和部分交互作用	中
全因子试验	1~5	因子间的关系	所有主效应和交互作用	中
响应曲面设计试验	2~3	设定因子的最佳条件	反应变量的预测模型（曲线效果）	高

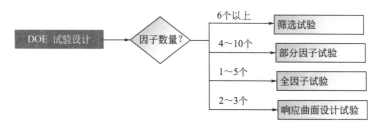

图 8-53　根据因子数量选择 DOE 的种类

应用步骤

试验设计的通用步骤如下：

（1）计划阶段
① 阐述目标；
② 选择响应变量、因子及其水平；
③ 选择试验计划；
④ 完成试验计划表。
（2）实施阶段
按照试验计划进行试验，记录数据。
（3）分析阶段
分析解释试验结果。图 8-54 为 DOE 数据分析过程。

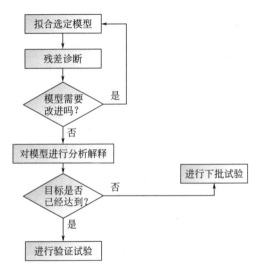

图 8-54　DOE 数据分析过程

要点

（1）响应变量应当是连续变量

如果响应变量是类别变量，则模型不太可能满足分析假定、准确描述数据或者进行有用的预测。

（2）确保测量系统生成可靠的响应数据

如果测量系统的变异性太大，则试验可能无法查找到重要效应。

（3）模型应当提供良好的数据拟合

如果模型无法与数据拟合，则结果可能会具有误导性。使用残值图、异常观测值的诊断统计量以及模型汇总统计量可以确定模型对数据的拟合优度。

8.5.22 控制图

概述

控制图是用于分析和判断过程是否处于稳定状态所使用的带有控制界限的图,是具有区分正常波动和异常波动的功能图表,是现场质量管理中常重要的统计工具。

(1) 变异性(variability)

某种特性指标的散布状况,用标准差来表征。

(2) 稳定性(stability)

是指特性分布函数的均值、标准差及形状不随时间而变化。评估和监视过程稳定性最重要的工具是控制图。控制图利用一套控制极限来区分受控和不受控的波动。以监控过程,迅速发现过程出现的异常波动。

(3) 能力(capability)

特性指标分布满足要能满足顾客的需求。

(4) 正常波动和异常波动

① **受控的波动(正常波动)** 由于常见原因而造成的典型波动。偶然波动是由偶然原因(common cause)引起的。

② **不受控的波动(异常波动)** 由于特殊原因或可归因原因所造成。异常波动是由异常原因(special cause)引起的。

表 8-43 所示为两种波动的特点。

表 8-43 两种波动

正常波动	异常波动
恒定大小	非恒定大小,不确定
是过程本身所固有的	非过程本身所固有的
是永久性的	偶然发生,但会重复发生
后果轻微且可预测	后果严重且不可预测
无法消除	可以消除

(5) 通用控制图基本概念

控制图包括三条线和一个区域。控制图的中心线(CL)是对本控制图上所监控的统计量 T 的摘要统计量平均值(如平均值,中位数),代表了对过程特点的估计。这条估计的中心线是在本过程处于稳定状态下根据过程数据计算得出。以 T 值的 3 倍标准差作为控制范围,在 CL 上下画出控制线 UCL 及 LCL,构成控制区域,见图 8-55。

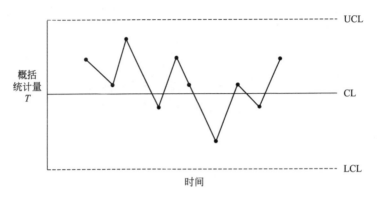

图 8-55 通用控制图基本概念

（6）控制图的两类错误

控制图其实是假设检验用图形来表示的方法，也有类似的两类错误（见图 8-56）。

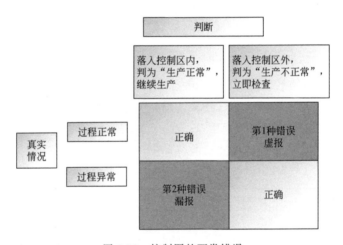

图 8-56 控制图的两类错误

（7）通用控制图判异准则

控制图可以分为 6 个区，每个区的宽度为 σ。6 个区的标号为 A、B、C、C、B、A，都关于中心线对称。国家标准《常规控制图》（GB/T 4091—2001）规定 8 项判异准则（见图 8-57，其中前 4 条检验只适用于 X 及 Xbar 图），统计上可以证明这 8 种现象出现的概率都等于或接近于 0.27%，小概率事件的发生导致我们判定过程为异常。

适用情景

控制图用于分析流程是否受控、流程的运行监控。按照使用的目的分为分析用控制图和控制用控制图。

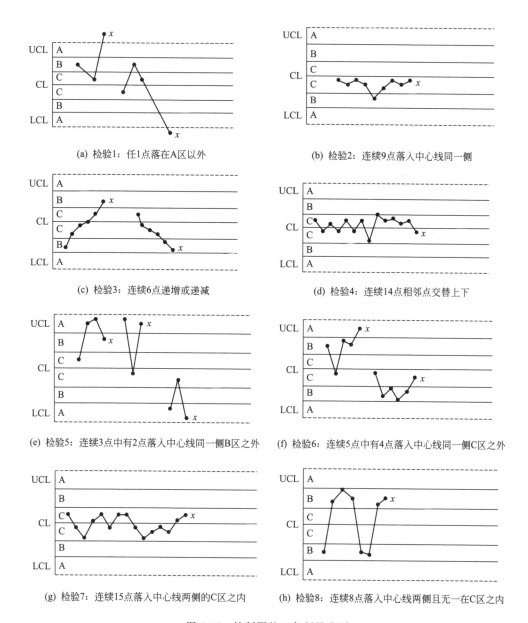

图 8-57 控制图的 8 条判异准则

① **分析用控制图** 适用于决定过程控制方法、过程分析、过程能力研究、过程控制准备。

② **控制用控制图** 适用于流程的运行监控,追查不正常原因。

根据控制图所研究质量数据类型不同,控制图有多种分类(见表 8-44 和图 8-58)。

表 8-44 控制图分类

质量数据类型	数据	分布	控制图	适用数据
计量型	计量	正态分布	均值-极差图	单件子组的连续数据,标出子组平均值或中位数和子组极差或子组标准差。
			均值-标准差图	
			中位数-极差控制图	
			单值-移动极差控制图	单件的连续数据。标出单件的观测值以及移动极差
计数型	计件	二项分布	P 控制图(不合格品率控制图)	计件离散数据,例如不合格品数。
			NP 控制图(不合格品数控制图)	
	计点	泊松分布	U 控制图(单位缺陷数控制图)	计点离散数据,例如缺陷点数。
			C 控制图(缺陷数控制图)	

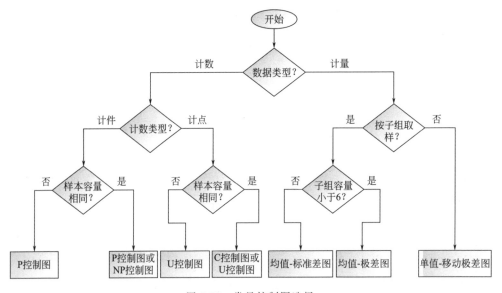

图 8-58 常见控制图选择

表 8-44 所示控制图常统称为常规控制图,除此之外还有特殊控制图如指数加权移动平均控制图、标准化控制图。

应用步骤

控制图根据使用的目的分为分析控制图和控制用控制图,其应用的步骤不同。

(1)分析用控制图

① 确认过程已初步达到稳定,通常可以用趋势图判断。

② 验证数据分布为正态,非正态则需要变换。

③ 确定抽样计划，包括是否含子组、抽样频率等。
④ 通过抽样收集过去 25 组以上数据，计算出中心线和上下控制限，作成分析用控制图。
⑤ 删除确有异因的数据，重新计算控制限。

（2）控制用控制图
① 判断数据是否全部受控。对于非受控点要分析是否确实受特异原因影响，对出界点要查出异因、采取措施、保证消除、确保不再出现。
② 对于已达到稳定的过程，要进一步降低变异、使指标平均值对准目标要求，使过程不断改进，从而达到较高的过程能力。
③ 重新核对数据并计算控制限，在生产流程中使用此控制图，一旦出现异常，立即整顿生产流程，解决问题。
④ 定期检查控制图执行情况，条件成熟时修订控制限。

要点

（1）数据应当采用时间顺序
由于控制图会检测随时间发生的变化，因此数据顺序非常重要。应当按照数据的收集顺序来输入数据。

（2）应当按照适当的时间间隔收集数据
按照均匀的时间间隔收集数据，如每小时一次、每班次一次或每天一次。选择一个时间间隔，该时间间隔应当足够短，以便可以在发生过程更改之后立即识别此更改。

（3）要保证数据的观察值数
如果控制图的观测值数少于推荐的观测值数，仍然可以使用控制图，但获得的是初步结果，因为控制限可能不精确。

（4）观测值不应当相互关联
如果连续数据点是相关的，控制限的范围将过窄，可能会看到大量错误的失控信号。

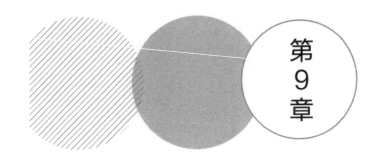

第 9 章

如何应用精益塔之物质层

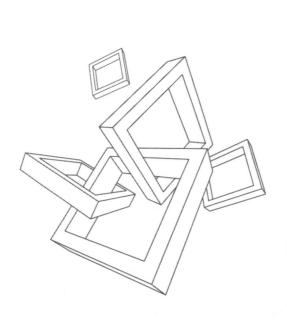

精益塔的物质层主要包括精益标志（Logo）、旗帜、证书、奖状、看板等载体。通过这些物质载体可以起到活动环境营造、可视化展示的效果，达到器以载道的作用，如表9-1所示。

表 9-1 精益塔物质层5种载体

物质层载体类别	标志	旗帜	证书	奖状	看板
What——是什么	精益标志	精益旗帜	绿带、黄带等精益带级培训认证证书	认可激励流程中的奖项的奖状，根据奖项也可以是奖杯、奖牌等形式	精益、TPM的管理看板
Why——为什么	用于精益管理活动的宣传	用于精益管理活动的宣传	用户精益带级资质的证明	用于精益管理活动的认可激励	用于精益管理的目标、组织结构、职责分工、措施计划和重点工作进展、改善成果等内容的可视化展示
Who——谁来用	组织中所有人都可以使用	开展精益活动的团队人员	获得绿带、黄带等带级认证的人员	活动认可激励奖项的组织、团队、人员	各部门、各班组，不同层级组织可以有自己的看板
When——什么时候用	任何需要的时候	开展精益改善周、精益项目活动时使用	带级认证通过的时候颁发	认可激励时	定期维护更新看板内容，任何时间都可以看
Where——在哪里用	精益标志用于精益旗帜、证书、奖状、看板等所有物质层载体，以及分享简报刊物、电子表格、电子邮件等处	精益活动如精益改善周、精益项目、TPM小组活动的现场	证书所有人保管	经常会放在部门的荣誉墙、班组交接班室的荣誉陈列柜中展示	各部门的办公区域、中控室的走廊等更容易被员工们看到的地方
How——怎么用	按需放置标志	在精益活动时使用，团队可以在旗帜下拍照并放到改善项目报告中	员工晋级时可以作为精益改善方面能力的证明	公开展示，以激发全体人员的荣誉感	在各部门、各班组、各团队的精益管理活动开展中利用看板进行活动的展示、跟踪、交流、分享

营造氛围是精益变革的重要一环。物质层载体的适当使用可以加速这个过程。每个组织都能够有舞台区展示员工的活动，去记载员工的贡献。

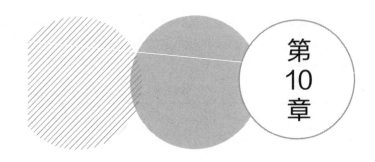

第10章

如何建立精益塔

10.1 建立的步骤

如果一个组织准备建立精益塔管理体系，主要的步骤如图 10-1 所示。

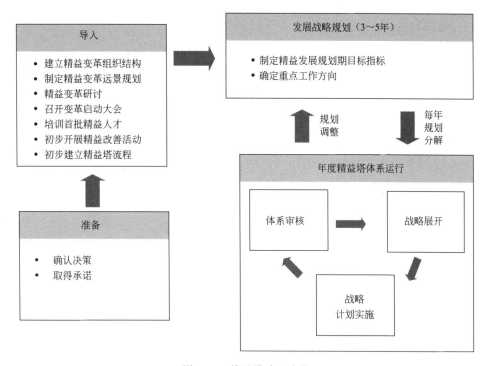

图 10-1　精益塔建立步骤

(1) 准备

① 确认决策　组织的高层管理层需要根据组织的总体战略发展规划和目前的经营情况确认建立精益塔管理体系的决策。包括是否现在导入精益塔还是在某个后续时间？是在组织的全部范围导入精益塔还是部分范围先导入再逐步推广？化工行业经营通常存在周期性，一般在利润低的时间导入会借助组织全员相对更强的危机意识更有力地推动变革，而精益变革创造的价值、降低的成本也会更加凸显。如果组织比较大，为了集中优势资源可以先局部导入精益塔再推广展开，如果不是很大可以一次导入。

② 取得承诺　组织确认决策后，要取得组织所有重要干系人特别是高管层开展精益变革的承诺。承诺意味着组织在未来一段内要保证与精益变革目标相匹配的人力、物力和组织的精力；意味着对变革中可能存在的风险甚至挫折都有足够的心理准备。一旦承诺就要一往无前地朝着变革目标持续努力。通常可以采取签署变革承诺并悬挂上墙的方式向全员展示承诺。

(2) 导入

组织的准备工作完成后进行导入。根据组织的规模等因素，导入期通常需要半年到1年，主要包括以下重要工作。

① **建立精益变革组织结构**　建立组织结构，明确不同变革角色的职责，确定人员安排。

② **制定精益变革远景规划**　结合组织发展规划，初步制定精益变革远景规划，远景规划是方向性的，不必特别具体，后续会详细展开。

③ **精益变革研讨**　组织高层管理者和中层管理者进行精益变革研讨，通过研讨统一思想，统一认识，确定精益变革远景规划。

④ **召开变革启动大会**　在组织范围内召开变革启动大会，安排组织的各层管理者和骨干员工参加，由高层管理者沟通变革的目标、变革远景规划，同时进行面向全体员工的普及性的基础精益知识培训。

⑤ **培训首批精益人才**　组织确定首批精益培训对象，通过专业咨询公司、关联企业等渠道安排进行黑带、绿带培训并取得认证。首批精益人才是精益变革的先锋队，肩负着引领变革的重要使命，需要选拔高绩效、高潜力的管理人员和骨干员工并在培训认证中严要求，项目实施中压重担，通过急、难、险、重的重点精益行动的历练逐步培养成为精益的实战专家。

⑥ **初步开展精益改善活动**　首批精益人才进行培训取得认证后，可以组织初步开展精益改善活动，初次导入精益的组织通常会有不少比较容易发现也比较容易改善的项目课题，俗称地上的苹果。通过这些改善可以让全员初步认识到精益改善可以带来的价值，对这些精益改善的过程和成果要及时认可奖励，广泛宣传沟通，以激发全员进一步学习精益、实践精益的热情。

⑦ **初步建立精益塔流程**　根据组织情况从最需要的流程如精益改善项目流程、培训认证等流程开始，初步建立精益塔流程，流程的建立可以让精益变革活动快速标准化、流程化、制度化。

(3) 发展战略规划（3~5年）

导入完成后，组织通过学习和实践对精益有了更深切的认知，首批精益人才培训认证完成具备了开展精益改善项目的人力储备，已建立的精益塔流程可以规范精益活动的开展。这个时候可以由精益变革推行组织结构的核心人员通过研讨交流制定通常为3~5年的精益发展战略规划。精益发展战略规划可以将精益的发展与组织的发展紧密结合，可以将精益变革在未来一段时期的方向明确，保证精益变革的一致性、连贯性、持续性。精益发展战略规划制定后，每年会分解到年度精益战略计划，通过规划期每年的持续努力达成规划期的目标。

发展战略规划的内部主要包括目标指标和重点工作方向。目标指标通常3~10条，包括输出成功和精益人才培养等方面，示例如表10-1所示。

表 10-1 发展战略规划期重点工作目标例

序号	发展战略规划期目标	序号	发展战略规划期目标
1	客户满意率提升××%	5	TPM区域达标创建优秀率××%
2	单位产品成本降低××%	6	精益体系评分提升到×.×分
3	单位产品能耗××%	7	精益带级培训认证××人
4	精益改善项目财务收益×亿元	8	……

为了支撑目标指标的达成,会根据现状诊断结合标杆对比提出规划期的重点工作方向。重点工作方向是定性的描述,定量的行动措施分解会在年度运行计划中体现。表10-2所示为发展规划期重点工作方向例。

表 10-2 发展规划期重点工作方向例

序号	重点工作方向	涉及部门	第1年计划	第2年计划	第3年计划
1	将现有的做法固化,制定高层变革行动指标	高层	●	●	●
2	定期举行精益论坛,定期编辑出版精益简报,深化精益文化	精益办公室	●	●	●
3	强化公司级5S组织,提高现场5S审计检查的频次	生产部门	●	●	●
4	按照公司级和装置级每年或每半年定期绘制价值流图,系统挖掘改善机会	生产部门		●	●
5	根据公司各装置的情况,确定开停车的最佳实践,最优标准并进行推广和改进	生产部门		●	●
6	推行TPM,并将TPM推广至每个装置的每个工序	生产部门		●	●
7	应用拉式系统对生产计划系统进行改善	供应链		●	●
8	应用产品流对生产计划系统进行改善	供应链		●	●
9	应用精益理念对工厂布局进行改善	生产部门、设计部门	●	●	●
10	细化标准作业体系,做到事事有标准,事事按标准,标准定期更新	生产部门	●	●	●
11	进一步引入精益生产与工艺流程设计的理念和方法	生产部门、设计部门		●	●
12	财务部门进一步参与和支持价值流图绘制,项目识别和项目验收的工作	生产部门、财务部门	●	●	●
13	将精益理念在供应链持续供应链管理推广	生产部门、供应链		●	●
14	持续提升黑绿黄带级人员比例,建立并运行精益积分卡	公司各部门	●	●	●

(4) 年度精益塔体系运行

3~5年的发展战略规划建立后，每个年度精益塔体系按照规范运行，包括战略展开、战略计划实施、体系审核。年初进行战略展开，分解制定年度精益塔体系运行战略计划（通常采用 A3 报告格式）并组织实施，每季度进行阶段回顾，年末进行年度体系审核，总结进步和不足并准备下一个年度的体系运行。审核结束后如确有必要可以对发展规划期的目标指标、重点工作方向进行新增和调整。

第一个发展战略规划期实施结束后，可以组织继续制定下一个发展战略规划，如此持续进行。通常 2~3 个发展战略规划期成功实施后，组织的精益管理就会逐步成熟，精益就会在组织中扎下根来，融合发展。

10.2 建立的原则

(1) 从核心开始，按规划建设

精益塔由 21 个流程组成，其中的核心是学习、实践、分享提升环，其他流程的存在都是为了让学习、实践、分享高质量地有效运行。如果在组织内高层推动的力量比较充分的前提下，可以从这里开始先建立运行核心流程，通过学习、实践、分享实现落地的输出，后续再按照精益发展规划逐步建立其他流程。

(2) 标准化起步，差异化发展

精益塔是一个在世界化工 50 强企业经过 10 年实践检验的精益变革管理体系，并曾成功地以不同方式拓展到其他关联企业，从建立之初就具备普适性，但另一方面每个准备建立精益塔体系的组织的具体情况并不相同。每个组织可以深入理解精益塔管理体系之后，在精益塔的标准化流程基础上修改、增加、减少精益塔的流程，建立形成符合自己需要的精益塔并不断发展。

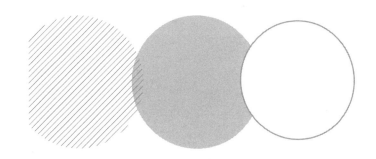

附录

附录1 缩写表

BPM：business process management
CI：continuous improvement
CI：confidence interval
COPQ：cost of poor quality
CPM：critical path method
CTQ：critical to quality
DFSS：design for Six Sigma
DMADV：define, measure, analyze, design, verify
DMAIC：define, measure, analyze, improve, control
DOE：design of experiments
DPMO：defects per million opportunities
EWMA：exponentially weighted moving average
FMEA：failure mode and effects analysis
FMECA：failure mode effects criticality analysis
FTA：fault tree analysis
ISO：international Organization for Standardization
JIT：just in time
KPI：key performance indicator
KPIV：key process input variable
KPOV：key process output variable
LSL：lower specification limit
LSS：lean Six Sigma
MSA：measurement system analysis
MTBF：mean time between failure
MTTF：mean time to failure
MTTR：mean time to repair
OPEX：operational excellence
PDCA：plan, do, check, action
PERT：program evaluation and review technique
PFMEA：process failure mode and effects analysis
PI：predict interval
QA：quality assurance

QC：quality control
QFD：quality function deployment
QS：quality system
RAM：reliability, availability, and maintainability
RCA：root cause analysis
RCM：reliability centered maintenance
ROI：return on investment
RPN：risk priority number
SCA：special cause analysis
SIPOC：supplier; input; process; output; customer
SMED：single minute exchange of die
SOP：standard operating procedure
SPC：statistical process control
SQC：statistical quality control
TPM：total productive maintenance
TPS：Toyota Production System
TOC：total quality control
TQM：total quality management
USL：up specification limit
VOC：voice of the customer
VSM：value stream map

附录2 六西格玛知识结构

精益塔绿带、黑带培训认证采用业内权威的中国质量协会注册六西格玛知识结构，其中黑带知识结构如附表1所示。

附表1 黑带知识结构

序号	知识点	具体要求	掌握程度
1	1. 在全企业的展开(7)		
2	1.1 组织的价值观		
3	1.1.1 六西格玛价值观	理解六西格玛的组织价值和它的理念、目标和定义	理解
4	1.1.2 业务系统和过程	理解和区别业务系统和过程之间的相互关系	理解
5	1.1.3 过程输入、输出和反馈	描述过程的输入、输出和反馈对整个系统的影响	理解

续表

序号	知识点	具体要求	掌握程度
6	1.2 领导能力		理解
7	1.2.1 领导	理解在六西格玛推进过程中领导的角色（例如资源、组织架构）	理解
8	1.2.2 六西格玛角色和责任	理解黑带、黑带大师、绿带、倡导者、执行领导者和过程所有者等角色	理解
9	1.3 组织的目标	理解关键驱动因素；理解关键度量指标/平衡记分卡	理解
10	1.3.1 把项目与组织目标相联系	描述项目选择过程，包括知道何时使用六西格玛改进方法（DMAIC），而不是使用其他的解决问题的工具，并且确保项目与组织目标相联系	理解
11	1.3.2 风险分析	描述战略型风险分析的目的和益处，如SWOT、情景策划，包括在一个项目或过程中优化的要素可能导致对整个系统产生不利影响	理解
12	1.3.3 闭环评价和知识管理	对达到目标的项目进行文件化，将获得的经验和教训进行管理，以便识别新的机会	理解
13	1.4 六西格玛与质量管理发展史	1.4.1 了解六西格玛中使用的持续改进工具的起源（如戴明、朱兰、休哈特、石川馨、田口等）	理解
14	2. 过程管理(7)		
15	2.1 过程与职能的视角		
16	2.1.1 过程要素		分析
17	2.1.2 所有者和相关方	识别过程的所有者，内部和外部顾客及其他相关方	分析
18	2.1.3 项目管理与益处	理解管理项目与使项目给经营带来最大利益之间的区别	分析
19	2.1.4 项目测量	建立关键绩效度量指标和适宜的项目文档	分析
20	2.2 顾客的声音		
21	2.2.1 识别顾客	细分顾客使之适合于每一特定的项目；列出每一细分的顾客中受项目影响的顾客；展示一个项目如何影响内部和外部顾客；认识到顾客忠诚度对组织财务绩效的影响	分析
22	2.2.2 收集顾客数据	运用多种方法收集顾客的反馈（调查、焦点小组、访问、观察等）并且理解每一种方法的优劣势；知晓使调查、访问和其他反馈工具有效的关键要素；审查问题清单以确保完整性（避免偏差、模糊不清等）	应用

续表

序号	知识点	具体要求	掌握程度
23	2.2.3 分析顾客数据	使用图表的、统计的和定性的工具来理解顾客反馈	
24	2.2.4 辨别关键顾客需求	使用质量功能展开(QFD)或类似的工具把顾客反馈转变成战略项目关注领域,建立反映顾客声音的和可见的过程产出的关键项目度量指标	分析
25	2.3 经营结果		
26	2.3.1 过程绩效度量指标	计算 DPU、RTY、DPMO 西格玛水平;理解度量尺度是如何向上和向下传递的;比较和对比能力,复杂性和控制;管理驱动企业决策的西格玛绩效度量的使用(如 PPM、DPMO、DPU、RTY、COPQ 等)	分析
27	2.3.2 水平对比(benchmarking)	理解水平对比的重要性	了解
28	2.3.3 财务益处	理解并展示一个项目的财务量度和其他益处(软的和硬的);理解并使用基本财务模型(如 NPV、ROI);描述、应用、评估和解释质量成本的概念,包括质量成本分类、数据采集和报告表等	应用
29	3. 项目管理(12)		
30	3.1 项目特许任务书和计划		
31	3.1.1 特许任务书/计划要素	比较、选择和解释一个项目特许任务书和计划的要素	分析
32	3.1.2 策划工具	使用甘特图、PERT 图、策划树等工具策划项目	应用
33	3.1.3 文件化	使用电子表格、分层卡、阶段性审查、管理审查和给管理层做讲解等方法创建用数据和事实驱动的项目文档	综合
34	3.1.4 特许任务书商议	创建和商议任务书内容,包括项目目标、范围、边界、资源、项目过渡和项目关闭	分析
35	3.2 团队领导		
36	3.2.1 创建团队	知道创建团队的要素和为什么它们是重要的;清晰的目的、目标、承诺、基本原则、团队成员的角色和责任、时间表和来自管理层的支持和团队授权	应用
37	3.2.2 选择团队成员	选择具有合适技能的团队成员(如自主型的、技术/主题专家),创建拥有合适的成员数和代表性的团队	应用
38	3.2.3 团队发展阶段	为团队发展的不同阶段提供指导,包括组建期、激荡期、规范期、产出期、休会期以及认可期	应用

续表

序号	知识点	具体要求	掌握程度
39	3.3 团队动力和绩效		
40	3.3.1 建立团队的技巧	理解和应用组建团队的基本步骤：目标、角色和责任，相互介绍及明示或隐含的议程	综合
41	3.3.2 指导团队的技巧	应用训练、咨询和指导技巧引领团队，并纠正问题，如压服、支配、勉强队员，将观点作为事实不假思索地接受，团体思想内部不和，犹豫不决，急于求成等	应用
42	3.3.3 团队绩效评估	根据团队目标和团队成功的测评指标度量团队的进展	分析
43	3.3.4 团队工具	定义、选择和应用团队工具，如名义小组技术、动力/阻力场分析、复合投票以及变化与转变等	应用
44	3.4 促进变革		
45	3.4.1 管理变革	理解和应用指导和管理组织变革的方法	应用
46	3.4.2 组织的障碍	理解组织中影响改进的基本障碍的固有结构（如文化和组织）；选择和应用技巧来克服它们	应用
47	3.4.3 谈判和解决冲突的技巧	定义、选择和应用工具，如一致决策技术、头脑风暴法、努力/影响、复合投票、以兴趣为基础的洽谈等来帮助冲突各方（如部门、小组、领导者、员工）认识到大家共同的目标和如何一同努力实现目标	应用
48	3.4.4 激励技巧	定义、选择和应用支持和保持团队成员积极参与和承诺工作的技巧	应用
49	3.4.5 沟通	在不同的情况下，使用有效的和适宜的沟通技巧以克服组织的障碍，达到成功	应用
50	3.5 管理和策划工具	定义、选择和使用①亲和图；②关联图；③树图；④优先矩阵图；⑤矩阵图；⑥过程决策程序图（PDPC）；⑦网络图等	应用
51	4. 六西格玛改进方法和工具——界定(7)		
52	4.1 项目界定	用排列图、概要流程图（宏观）等方法确定项目定义/范围	综合
53	4.2 度量指标	建立最初的和后续的度量指标（如质量、周期、成本等）	分析
54	4.3 问题陈述	编写对问题的陈述，包括基线和改进目标	综合
55	5. 六西格玛改进方法和工具——测量(25)		

续表

序号	知识点	具体要求	掌握程度
56	5.1 过程分析和文档		
57	5.1.1 工具	编制和审查流程图、书面程序、工作指南等	分析
58	5.1.2 过程输入和输出	识别过程输入变量和过程输出变量,通过因果图、关系矩阵记录它们之间的关系	评估
59	5.2 概率和统计学		
60	5.2.1 归纳出有效的统计结论	区分量化(描述性的)和分析(推断性的)研究的区别;区分总体参数和样本统计量的区别	评估
61	5.2.2 中心极限定理及样本均值的分布	定义中心极限定理,并且理解其在置信区间、控制图等统计推断应用中的意义	应用
62	5.2.3 基本概率概念	描述和应用一些基本概念,如独立性、不相容、乘法法则、条件概率等	应用
63	5.3. 收集和归纳数据		
64	5.3.1 数据的类型	识别、定义、分类并比较连续的(计量值)和离散的数据(计数值),并且识别把计数值转变成计量值量度的机会	评估
65	5.3.2 测量尺度	定义和应用名义上的、顺序上的、间隔的和比率测量尺度	应用
66	5.3.3 收集数据的方法	定义和应用收集数据的方法,如检查单、编码数据、自动判定等方法	评估
67	5.3.4 确保数据准确和完整的技巧	定义和应用确保数据准确和完整的技巧,如随机抽样法、分层抽样法、样本同质性等	评估
68	5.3.5 描述性统计	定义、计算、解释离散和集中趋势的量度,构建并解释频率分布和累积频率分布	评估
69	5.3.6 图表法	通过构建、应用、解释图形和图表来诠释事物之间的关系,例如:茎叶图、箱线图、运行图、散点图等;通过构建、应用、解释诸如直方图、正态概率点图、矩阵图、威布尔点图来解释分布状态	评估
70	5.4 掌握并应用概率分布		
71	5.4.1 黑带通常使用的分布	描述并应用二项分布、泊松分布、正态分布、卡方(χ^2)分布、t 分布、F 分布	评估
72	5.4.2 其他分布	识别超几何分布、0-1 分布、指数分布、对数正态分布及威布尔分布	应用
73	5.5 测量系统		
74	5.5.1 测量方法	描述和评价测量方法	理解

续表

序号	知识点	具体要求	掌握程度
75	5.5.2 测量系统分析	用重复性、再现性、测量的相关性、偏移、线性、百分比符合、精确度/容差(P/T)、精确度/过程波动(P/Tv)计算、分析和解释测量系统能力，并使用控制图和方差分析(ANOVA)两种方法对非破坏性检验以及破坏性和计数等测量系统进行分析	评估
76	5.5.3 计量学	理解校准标准、测量误差、校准系统、标准的控制和完整性及测量仪器的可追溯性	理解
77	5.6. 分析过程能力		
78	5.6.1 描述并开展过程能力研究	识别、描述、应用设计和开展过程能力研究的要素，包括识别特性、识别规范/容差、拟定抽样计划、验证稳定性和正态性	评估
79	5.6.2 计算过程能力与规范	区分自然过程界限和规范界限的区别，计算过程绩效度量指标，如缺陷率	评估
80	5.6.3 过程能力指数	定义、选择、计算 Cp、Cpk 并评价过程能力	评估
81	5.6.4 过程绩效指数	定义、选择和计算 Pp、Ppk、Cpm 并评价过程绩效	评估
82	5.6.5 短期与长期能力	理解当仅收集到短期的数据和仅有计数数据时，怎样做出假设和适宜的转换；理解当使用长期数据时其转换关系；对应于技术和/或控制问题，对长期和短期能力之间的关系做出解释	评估
83	5.6.6 非正态数据的变换(非正态数据的过程能力)	理解非正态分布数据产生的原因，确定什么时候可将它们转换	理解
84	5.6.7 计数数据的过程能力	计算西格玛水平并且理解它与 Ppk 的关系	理解
85	6. 六西格玛改进方法和工具——分析(18)		
86	6.1 探测性数据分析		
87	6.1.1 多变量研究	使用多变量研究解释位置型、周期型和时序型变量；设计调查最大波动源的抽样计划；建立并解释多变量图	应用
88	6.1.2 测量并建立变量间的关系模型		应用
89	(1)一元和多元最小二乘线性回归	计算回归方程、应用并解释回归统计量的假设检验；使用回归模型进行估计和预测；分析估计中的不确定性(带有非线性参数的模型不包括在考试范围中)	评估

续表

序号	知识点	具体要求	掌握程度
90	(2)一元线性相关性	计算和解释相关系数和它的置信区间;应用并解释相关系数的假设检验;理解相关性和因果关系之间的区别(连环相关性不包括在考试范围内)	评估
91	(3)诊断、分析变量间的关系模型中的残差		分析
92	6.2假设检验		
93	6.2.1假设检验的基本概念		
94	(1)统计的与实际的显著性	定义,比较并对比统计的和实际的显著性	评估
95	(2)显著性水平、检出力、第一类错误和第二类错误	应用和解释统计检验的显著性水平,检出力,第一类错误和第二类错误	评估
96	(3)样本量	理解怎样计算一个给定的假设检验的样本量	应用
97	6.2.2点估计和区间估计	定义和解释估计量的系数和偏移;从统计数据中计算、解释并得出结论,如标准差、容差区间、置信区间;理解置信区间和预测区间之间的区别	分析
98	6.2.3均值、方差和比率检验	应用关于均值、方差和比率的假设检验,并解释得出的结果	评估
99	6.2.4成对检验	定义、确定可应用类型,并应用成对数据对参数进行假设检验	评估
100	6.2.5拟合检验	定义、确定可应用类,应用卡方检验并解释结果	评估
101	6.2.6方差分析	定义、确定可应用类型,应用方差分析解释得出的结果	评估
102	6.2.7列联表(contingency table)	定义、确定可应用类型,并构建可能因素表,用它来确定统计显著性	评估
103	6.2.8非参数检验	定义、确定可应用类型,并构建各种非参数检验,包括Mood's Median、Levene's检验、Kruskal-wallis、Menn-Whitney等	分析
104	7.六西格玛改进方法和工具——改进(18)		
105	7.1试验设计(DOE)		
106	7.1.1术语	定义独立和非独立变量、因素和水平、响应、处理、误差和重复	理解
107	7.1.2策划和安排试验	描述和应用试验策划和安排的基本要素,包括确定试验目标;选择试验因素,响应和测量方法;选择合适的设计方案等	评估
108	7.1.3设计原则	定义和应用检出力和样本量、平衡、重复、顺序、有效性、随机化和区组、交互作用	应用

续表

序号	知识点	具体要求	掌握程度
109	7.1.4 单因素试验的设计和分析	构建诸如完全随机化、随机化区组、拉丁试验设计、应用计算和图形方法分析和评估结果的显著性	评估
110	7.1.5 多因素全析因试验的设计和分析	构建这些试验并应用计算和图形方法分析和评估结果的显著性	评估
111	7.1.6 两水平部分析因试验的设计和分析	构建试验(包括田口设计)并应用计算和图形方法分析和评估结果的显著性;理解由于混杂而导致的部分析因分析的局限性	评估
112	7.1.7 田口稳健性概念	应用田口稳健性概念和技术,例如,信噪比、可控因素、噪声因素、对外部波动源的稳健性等	分析
113	7.1.8 混料试验	构建这些试验并且应用计算和图形方法分析和评估结果的显著性	分析
114	7.2 响应面法		分析
115	7.2.1 最陡升/降试验	构建这些试验并且应用计算和图形方法分析结果的显著性	分析
116	7.2.2 高阶试验	构建诸如 CCD、Box-Behnken 等试验,应用计算和图形方法分析结果的显著性	分析
117	7.3 调优运算	理解调优运算的应用和战略(理解)	分析
118	8. 六西格玛改进方法和工具——控制(12)		
119	8.1 统计过程控制		
120	8.1.1 目标和益处	理解统计过程控制(SPC)的目标和益处(如控制过程表现、分辨普通原因和特殊原因)	理解
121	8.1.2 变量的选择	选择用控制图监控的关键特性	应用
122	8.1.3 合理分组	定义并应用合理分组的原则	应用
123	8.1.4 控制图的选择和应用 识别、选择、构建并应用下列控制:均值-极差、均值-标准差、单值-移动极差、中位数-极差、p、pn、c、u 图		应用
124	8.1.5 控制图的分析	解释控制图并应用控制图的判定准则来分辨普通的和特殊的影响因素	分析
125	8.1.6 预控制	定义并解释预控制,完成预控制的计算和分析	分析
126	8.2 先进的统计过程控制	理解小批量统计过程控制(SPC)、EWMA、累积和图和移动均值的适用方法	理解

续表

序号	知识点	具体要求	掌握程度
127	8.3 用于控制的精益生产工具	在 DMAIC 控制阶段使用适宜的精益生产工具（如 5S、目视管理、改善、看板、防错、TPM、标准作业法等），在 DMAIC 其他阶段使用的精益工具将在 X-C 章节中描述	应用
128	8.4 测量系统再分析	理解当过程能力提高时,需要改进测量系统能力;评估控制测量系统的使用（如计数数据、计量数据、破坏性检验等);确保测量能力对预期的用途是充分的	评估
129	9. 精益企业(7)		
130	9.1 精益的概念		理解
131	9.1.1 限制理论	描述限制理论	理解
132	9.1.2 精益思维	描述诸如价值、价值链、流动、拉动、完美等概念	应用
133	9.1.3 连续流生产(CFM)	描述连续流生产的概念	应用
134	9.1.4 非增值活动	识别库存、空间、检验、返工、运输、贮存等非增值活动	应用
135	9.1.5 缩短周期	描述用改善方法减少空间、库存、劳动力和距离等非增值活动和缺陷,以缩短周期	分析
136	9.2 精益工具	在 DMAIC 控制阶段外,定义、选择和应用精益工具,如目视管理、防错、标准作业法、SMED 等	分析
137	9.3 全面生产维护(TPM)	理解全面生产维护(TPM)的概念	
138	10. 六西格玛设计(7)		
139	10.1 质量功能展开(QFD)		
140	10.1.1 顾客需求分析的技巧		分析
141	10.1.2 分析一个完整的质量功能展开的矩阵		分析
142	10.1.3 四个阶段的质量屋的建立(分析)		分析
143	10.2 系统设计		
144	10.2.1 应用系统设计方法进行产品的方案设计或顶层设计		应用
145	10.2.2 创造性问题的解决方法 TRIZ		理解
146	10.2.3 系统设计与 QFD、参数设计等的结合		理解
147	10.3 稳健性设计与过程		

续表

序号	知识点	具体要求	掌握程度
148	10.3.1 功能要求 理解设计的功能要求		理解
149	10.3.2 噪声策略 应用噪声策略开发一个稳健的设计		应用
150	10.3.3 容差设计 理解容差设计及统计容差的概念		分析
151	10.3.4 容差和过程能力 应用过程能力数据计算容差		分析
152	10.4 失效模式与影响分析（FMEA）	理解相关术语、目标、标准尺度RPN（风险系数）的使用，理解在一个过程、产品、或服务中应用它；理解DFEMA、PFMEA之间的区别，并解释与它们相关的数据（分析）	分析
153	10.5 设计限制	理解设计限制，如成本设计、制造能力和生产能力设计、检验设计、维护设计等（理解）	理解

附录3 精益变革风险集

精益变革中存在着各种或大或小的风险，在精益各项变革工作中提前进行风险识别并制定预防措施并不一定保证杜绝风险，但会降低风险发生的概率，减少风险发生后的影响。附表2是精益变革风险集示例，供参考。

附表2 精益变革风险集

序号	相关流程	风险（示例）	预防措施（示例）
1	高层推动	高层的活动未按计划持续展开	制定合理的计划，密切跟踪计划的执行
2	全员参与	对于员工设立的标准过高，缺乏可执行性	设定SMART的目标
3	全员参与	没有对于全员设计符合其实际情况的差异化的参与方式	设计差异化的参与方式
4	培训计划	培训计划未和组织的工作协调，造成后续执行困难	提前制定培训计划和组织的工作紧密协同
5	课程开发	课程开发投入的人力资源不够，导致课程的质量不高	保证课程开发的人力资源
6	课程开发	培训课程的开发不系统规范	按照课程开发标准流程进行课程开发
7	培训认证	未提前沟通确认好学员的时间，导致培训中学员出现缺勤	组织学员确认好时间再报名参加培训

续表

序号	相关流程	风险(示例)	预防措施(示例)
8	培训认证	没有通过实践项目检验就进行认证	必须单独负责完成项目才可以认证
9	标杆学习	标杆学习未及时提炼,导致收获低于预期	按照标杆学习流程进行总结提炼
10	标杆学习	标杆学习参加的人员和参加的活动不匹配,导致收获少	根据标杆学习活动的内容安排高相关的人员参加
11	标杆学习	标杆学习后的学习内容没有评估适用性就推广,不符合实际情况	标杆学习的内容经过评估、试点推广再全面推广
12	项目识别	参加项目识别的人员未接受系统的培训,导致识别的项目少,质量不高	在绿带、黑带课程中进行项目识别的培训
13	项目实施	精益项目缺乏规范化的项目管理,导致项目中止或项目目标完成情况低于预期	精益项目按照流程标准开展,有条件的地方通过项目管理信息化平台进行管理
14	项目验收	项目验收的关键点未有效核对	按照项目验收流程,根据不同项目的特点提前制定验收计划,对于关键点重点进行验收
15	项目巩固	对于项目后续巩固措施中偏离标准的情况未及时纠偏	密切监测、出现偏差及时纠偏
16	TPM	未将资源集中在影响设备绩效的关键区域和关键设备上	TPM开展中先将资源集中在影响设备绩效的关键区域和关键设备上
17	简报分享	分享文章的质量不高	精心选题、精心辅导稿件
18	论坛分享	论坛分享内容的质量不高	提前进行彩排
19	现场走动	未聚焦于一个选定的主题	制定现场走动总体计划,每次现场走动一个核心的主题
20	现场走动	现场走动未进行适当沟通	现场走动的核心在于沟通,要通过标准示范以引导规范进行
21	战略展开	制定的精益战略未和组织战略紧密衔接	在精益战略的制定过程中紧密衔接组织战略
22	专家网络	未合理安排专家的工作,导致宝贵的专家人力资源浪费	结合精益工作需要和专家特长合理安排专家工作
23	认可激励	激励设计未以被激励对象为中心展开规划,让被激励者充分满意	以被激励对象为中心展开规划
24	绩效考核	绩效考核设定的缺乏操作性、合理性	根据实际情况吸收各相关方意见制定绩效考核规则并定期调整改进

参 考 文 献

[1] (美) 迈克·鲁斯 (Mike Rother), 约翰·舒克 (John Shook). 学习观察: 通过价值流图创造价值、消除浪费 [M]. 赵克强, 刘健, 译. 北京: 机械工业出版社, 2016.

[2] (美) 莱克 (Liker, J. K). 丰田文化: 复制丰田 DNA 的核心关键 [M]. 王世权, 韦福雷, 胡彩梅, 译. 北京: 机械工业出版社, 2009.

[3] (美) 约翰·舒克 (John Shook). 学习型管理: 培养领导团队的 A3 管理方法 [M]. 鹏宏, 武萌, 汪小帆等, 译. 北京: 机械工业出版社, 2016.

[4] (美) Durward K. Sobek Ⅱ, Art Smalley. A3 思维——丰田 PDCA 管理系统的关键要素 [M]. 扈喜林, 译. 北京: 人民邮电出版社, 2016.

[5] 唐勇, 王林农. 中国式精益化管理 [M]. 广州: 广东经济出版社, 2014.

[6] 拉塞尔·T·韦斯科特 (Russell T. Westcott). 注册质量经理/组织卓越经理手册 [M]. 第三版. 王金德等, 译. 北京: 中国标准出版社, 2007.

[7] (美) 南希·R·泰戈 (Nancy R. Tague). 质量工具箱 [M]. 第二版. 何桢, 施亮星, 译. 北京: 中国标准出版社, 2007.

[8] (荷) J. L. A. 柯仑 (J. L. A. Koolen). 化工厂的简单与稳健化设计 [M]. 刘辉, 阎建民, 杨茹, 译. 北京: 化学工业出版社, 2009.

[9] 李葆文. TnPM 安全宪章 [M]. 北京: 机械工业出版社, 2015.

[10] 薛伟, 蒋祖华. 工业工程概论. 第二版. 北京: 机械工业出版社, 2015.

[11] 约瑟夫·M·朱兰 (Joseph M. Juran), 约瑟夫·A·德费欧 (Joseph A. De Feo). 朱兰质量手册 [M]. 第六版. 焦叔斌, 苏强, 杨坤, 译. 北京: 中国人民大学出版社, 2014.

[12] 中国质量协会. 质量经理手册 [M]. 第二版. 北京: 中国人民大学出版社, 2017.

[13] 中国质量协会. 可靠性工程师手册 [M]. 第二版. 北京: 中国人民大学出版社, 2017.

[14] 中国质量协会. QC 小组基础教材 [M]. 北京: 中国社会出版社, 2017.

[15] 戚维明, 罗国英. 质量文化建设方略 [M]. 北京: 中国标准出版社, 2011.

[16] (美) 厄尔·穆曼, 托马斯·艾伦. 精益企业价值 [M]. 张艳, 译. 北京: 经济管理出版社, 2012.

[17] 张富民. 高效运作项目管理办公室: PMO 实践、案例和启示 [M]. 第二版. 北京: 电子工业出版社, 2016.

[18] 李淑芬, 王成扬, 张毅民. 现代化工导论 [M]. 第三版. 北京: 化学工业出版社, 2016.

[19] 向丹波. 化工操作工必读 [M]. 第二版. 北京: 化学工业出版社, 2018.

[20] 丹尼尔·A 雷恩. 管理思想的演变 [M]. 李柱流, 赵睿, 译. 北京: 中国社会科学出版社, 2004.

[21] 马林. 日本的质量经营 [M]. 北京: 中国经济出版社, 2009.

[22] 何桢. 六西格玛管理 [M]. 第三版. 北京: 中国人民大学出版社, 2014.

[23] 何桢. 六西格玛绿带手册 [M]. 北京: 中国人民大学出版社, 2011.

[24] 马逢时, 周暐, 刘传冰. 六西格玛管理统计指南——MINTAB 使用指导 [M]. 第三版. 北京: 中国人民大学出版社, 2018.

[25] Peter L. King. Lean for the Process Industries: Dealing with Complexity [M]. Productivity Press, 2009.

[26] (日) 今井正明. 改善——日本企业成功的奥秘 [M]. 周亮, 战凤梅, 译. 北京: 机械工业出版社, 2010.

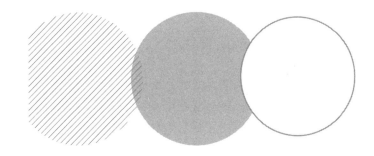

后记

1. 融合发展，精益不止

精益本身也在不断发展。从流程范围上精益生产和精益设计、精益工程不断融合发展；从实现路径上精益化工和数字化工不断融合发展；从整合性上精益进一步融合到组织运营中；从变革对象上精益进一步融合到个人职业发展中。

（1）精益生产和精益设计、精益工程进一步融合发展

在化工行业精益设计、精益工程对于精益目标至关重要。化工装置一旦设计完成、工程建设完成、投入生产，则对其改动需要的费用高、难度大、准备时间长，经常需要大修等窗口时间才可以施工。优化的最佳阶段是靠前的设计和工程阶段。生产和设计、工程紧密结合可以更好实现精益目标。装置设计阶段生产人员通过综合生产过程中的知识积累和行业对标中的收获，反馈更精确全面的需求和设计建议，早期参与到装置设计和工程中，以使设计和工程的质量更加卓越；装置投产后生产人员和设计、工程人员紧密配合，持续进行优化改造，让装置持续保持在最佳运行状态，并不断提升装置运行质量。这方面的工作已经持续在开展，未来的前景可观。

（2）精益化工与数字化工进一步融合发展

① 数字化工蓬勃发展未来可期。

相比其他行业，化工行业本身的数字化基础就比较好，而随着大数据、云计算、人工智能、物联网、工业互联网、智能制造的快速发展，化工行业的数字化在不断蓬勃发展，数字化优秀实践案例不断涌现，数字化标杆工厂不断增加，行业数字化转型在加速推进，未来可期。

② 精益化工和数字化工目标趋同、措施不同。

不管是精益化工还是数字化工都是为了更好地创造价值，满足客户及其他相关方在 S（安全环保）、Q（质量）、C（成本）、D（交期）、M（士气）各方面的需求。两者实现目标的措施不同，精益是通过标准化和改善循环提升的方式，数字化工是通过装置的数字化改造或新建的方式。精益化工和数字化工存在很强的互补性，如果配合得当会取得最佳的协同效果。

③ 数字化工为精益化工的发展注入新动能。

数字化工让精益化工的学习效果更好、实践效能更大、分享效率更高。学习可以通过移动端、虚拟现实等技术等实现线上线下相结合，课前课后相衔接，每个学员的学习更加定制化、差异化；实践方面可以通过数字化管理系统进行改善活动的注册、过程管理、项目辅导、结项报告、项目评价、项目总结，让一些重复的工作通过系统来实现，团队的精力可以全部集中在改善的核心环节；分享可以借助数字化系统全天候、全媒体的进行交互分享，沟通零距离。借助数字化

工，精益化工实施的效率倍增。

④ 精益化工的开展为数字化工构建了良好的发展基础。

精益化工的开展提升了流程的标准化水平、培养了具备数据思维的精益人才队伍，精益化工开展好可以让数字化工实施的方向更准确，流程和人力准备更齐备，实施效果更好。开展精益比较成熟的组织在转型数字化工的过程中会更快更容易。

（3）精益进一步融合到组织运营中

组织运营正面临着多方面的挑战，唯有变革才能适应挑战。客户对于Q（质量）、C（成本）、D（交期）和社会责任各方面的要求越来越高，只有不断改进才能达到并超越客户需求，实现客户满意。精益日益普及越来越成为组织能力的标配组成。我曾经配合接受多个世界500强客户的第二方审核，在审核项目中经常有一部分关于精益或持续改进的审核内容，通常占10%左右。是否导入精益管理？是否有受过规范精益训练的改进人才队伍？是否有成功的改善案例？……当今客户的要求不只是质量、成本、交期等直接绩效要求，还有过程持续改进能力的要求。越来越一致的看法是流程中出现问题不可怕，怕的是没有发现问题、解决问题的流程、方法和手段，没有受过专业精益训练的员工队伍；更可怕的是对问题视而不见，甚至掩盖问题。每个致力于长远优质发展的组织都在整合强化自身的各种管理体系，从ISO质量体系到卓越绩效体系，大部分的体系都有持续改进的部分，精益的文化理念、流程、工具方法可以有效增强各个体系关于这部分的架构，夯实基础，提高表现，而精益也通过这种方式进一步融合到组织运营中，过渡到标准化的体系运行。

（4）精益进一步融合到个人职业发展中

越来越多的岗位都要求人员具备精益的技能以常态化地改进流程。越来越多的职业认证的知识体系纳入了精益的内容，例如PMP（项目经理认证）和CPIM（生产与库存管理认证）这两个认证都有很多精益的内容要求。各个组织内精益的氛围越来越浓厚，身边取得精益认证的同事越来越多，高手也越来越多。员工自己先认真学习精益，在实践的时候多向身边的同事请教，经过持续的实践和分享交流大家都会成长起来，逐步成为精益的高手，而精益也会进一步融合到个人职业发展中，成为我们能力的一块压舱石，为我们的职业生涯带来有益的帮助。

2. 持续旅程，价值永恒

（1）精益是一场持续流程，什么时候开始都不晚

当我们了解了精益，不妨从小的地方开始尝试做起来。做的过程中，我们会

增强对精益的理解。一开始做的不完善没有关系，我们可以持续地 PDCA，在不断的尝试中去找到更好的改善措施。什么时候我们都可以马上开始精益，早一天开始就会多一份收益。

（2）精益始于对价值的思考和对价值的追求，什么时候停止都不对

当我们畅想组织精益愿景的时候，组织系统的各构成要素都存在无限的挑战空间。最优化的流程、最优化的操作、绝对的设备可靠性、最高的资产利用率、对员工的非凡吸引力、最高的敬业度、最高涨的士气、最佳的技术应用效果、最高的技术开发效率、持续高增长的产值、最满意的利润率、卓越的安全环保绩效、最优良的文化、绝对的供应稳定性、最好的供应质量、最优化的供应成本、最高的资源利用率、最佳的产品质量、最有竞争力的产品价格、最短最具柔性的产品交期、最高的客户满意度、绝对的客户忠诚度……广阔的舞台在召唤着我们，未来永远值得期待，在追求完美价值的旅程中，我们永远在路上！

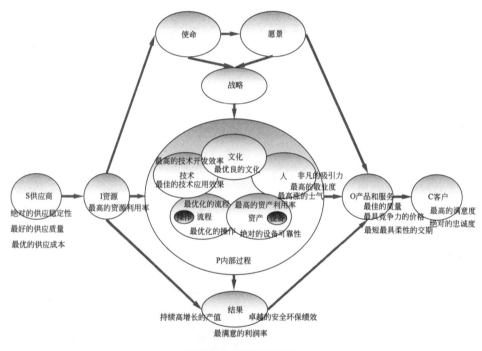

组织各要素的精益愿景